南昌大学社会科学学术著作出版基金项目（12xcz15）

江西省高校人文社会科学研究项目（ZZ1208）

欧盟东扩的
安全因素分析

Analysis of Security Factors in the
EU Eastward Expansion

易文彬 / 著

社会科学文献出版社
SOCIAL SCIENCES ACADEMIC PRESS (CHINA)

目 录
CONTENTS

绪　论 ··· 1
  一　选题的意义 / 1
  二　国内外研究现状 / 4
  三　研究方法与创新 / 21
  四　主要内容与基本框架 / 24

第一章　问题的提出 ·· 26
  一　东扩安全问题的缘起 / 26
  二　欧盟新安全观 / 31
  三　安全因素的界定 / 42

第二章　欧盟东扩的安全动因 ···································· 45
  一　欧盟历次扩大的安全动因 / 45
  二　推动欧盟东扩的安全动因 / 48
  三　中东欧加入欧盟的安全动因 / 61

第三章　东扩后的内部安全问题 ·································· 69
  一　老成员国的新安全顾虑 / 70
  二　新成员国的新安全忧虑 / 83
  三　新老成员国共同的安全挑战 / 91

第四章　东扩后的外部安全问题 ·································· 96
  一　东扩后的周边安全环境 / 96

二　欧盟东扩与欧俄安全关系 / 98
　　三　土耳其对欧盟的安全挑战 / 121
　　四　西巴尔干对欧盟的安全挑战 / 133

第五章　欧盟的安全政策 …………………………………… 141
　　一　推动司法与警务合作 / 141
　　二　实施共同的移民政策 / 143
　　三　实施共同的外交与安全政策 / 148
　　四　实施不同的邻居政策 / 151
　　五　推动次区域合作 / 156

第六章　欧盟的安全前景 …………………………………… 160
　　一　欧盟安全之模式 / 160
　　二　欧盟安全模式面临的挑战 / 168
　　三　欧盟的安全形势 / 184

参考文献 ……………………………………………………… 187

后　　记 ……………………………………………………… 219

绪　论

一　选题的意义

　　欧洲联盟简称欧盟，是当今世界最大的地区一体化组织。1991年12月，欧洲共同体马斯特里赫特首脑会议通过《欧洲联盟条约》，也称《马斯特里赫特条约》（简称《马约》）。1993年11月1日，《马约》正式生效，欧洲联盟正式诞生。欧盟是西欧一体化发展的必然产物，欧盟的前身是欧共体，欧共体是从最初的欧洲煤钢共同体逐步演化而来的。从欧盟的发展历史看，一体化的深化与成员国的增多一直就紧密联系在一起；欧盟的扩大与深化互相促进，成员国的增多本身也是一体化在空间上的深化。1973年，欧盟第一次扩大，英国、爱尔兰和丹麦三个国家加入；1981年，第二次扩大，南欧的希腊加入；1986年第三次扩大，对象是西班牙和葡萄牙；1995年，欧盟第四次扩大，也是冷战后的第一次扩大，对象是芬兰、瑞典和奥地利。2004年5月1日，欧盟第五次扩大，中东欧的波兰、匈牙利、捷克、斯洛伐克、拉脱维亚、爱沙尼亚、立陶宛、斯洛文尼亚，加上地中海的塞浦路斯和马耳他，共10个国家一起加入欧洲联盟。这是欧盟历史上最大的一次扩大。①

　　第五次扩大的规模与对象同前几次相比有自己的独特性。这次规模最大，有10个国家同时加入欧盟，这是史无前例的。欧盟以后还会扩大，但规模不可能超过这次，最多能有三五个国家同时加入。从扩大的对象来看，这次主要是中东欧的新民主国家，它们的共同特点是：属于原苏联社会主义

---

① 这是从国家数目上讲的；人口最多的扩大是1973年，面积最大的扩大是1995年。

阵营的东欧国家，除波兰外都是经济落后的小国，且大多处于向政治民主化、多元化和经济市场化、私有化转型过程中。这与1995年的扩大不同，虽然两次扩大都发生在冷战结束之后。1995年扩大的对象主要是中欧的发达资本主义国家，没有超出冷战时期的东西方分界线，还停留在"铁幕"的西部地区。而2004年扩大的对象主要是地缘政治意义上具有特殊历史经历的原东欧社会主义国家。欧盟一体化首次从西欧地区向中东欧地区扩展，故2004年5月的欧盟第五次扩大被称为"欧盟东扩"。

2004年以后，欧盟还会继续扩大，但从一定程度上讲，都是2004年欧盟扩大的继续。欧盟东扩，因为其扩大的规模大和对象特殊，影响极为深远，具有代表性。2007年1月1日，保加利亚和罗马尼亚加入欧盟，标志着欧盟第五次扩大的完成。[①] 而塞浦路斯和马耳他两个地处欧洲南部的地中海小国加入欧盟，有利于巩固欧盟南翼安全和地中海的利益，但由于其影响和分量不够，不是我们分析的重点。

同时应该说明的是，由于欧盟东扩进程从冷战结束之后欧盟与中东欧国家签订"欧洲协定"确立联系国家地位开始，到2004年5月入盟，历时14年之久，而且还在继续进行当中；东扩的对象有十几个国家，东扩对每一个国家的影响既有相同的地方，也存在一些差异。所以，写作对象看起来庞大复杂，不太好把握。但是，当我们把"欧盟东扩"看作欧盟实施的一项长期的对外政策或对外战略，并截取其中具有代表性的2004年东扩为对象，或者说把研究对象锁定在2004年东扩这个时间节点上，问题就简化了，我们可以从总体上解析这种政策或战略的动机、过程及其实施的后果。

欧盟东扩对欧洲与世界都具有重大的历史和现实意义。它标志着欧洲结束了二战后东西欧分裂的局面，也是欧洲统一的初步实现。扩大后的欧盟拥有25个成员国，共4.5亿人口，面积增加了34%，国内生产总值和贸易额分别占世界的30%，综合实力和国际影响力同步增加。再者，东扩的对象主要是原属于苏联势力范围的社会主义国家。从地缘政治的角度讲，是西方战胜东方，西风压倒东风。因此，东扩具有特殊的政治和战略意义。欧盟东扩是值得国际社会关注的一件大事。

---

① "Enlargement Strategy and Main Challenges 2006 – 2007," http：//ec. europa. eu/enlargement/pdf/key_ documents/2006/nov/fyrom_ sec_ 649_ en. pdf, p. 2.

欧盟东扩作为欧盟的一项对外战略，不仅对欧洲的地缘政治格局变动产生重大的影响，而且会对整个欧亚大陆乃至世界的地缘政治格局产生深远的影响。欧盟的泛欧洲属性和欧盟本身的强大，对于建立一个多极化的世界至关重要。中国，无论是作为欧亚大陆的"战略棋手"，还是作为具有世界影响的发展中大国或多极化世界中的一极，以及发展与欧盟的战略伙伴关系，都需要对欧盟的发展动向予以高度关注。人们大多从对外政策和欧洲一体化的角度看欧盟东扩，注重其经济与政治意义，而从安全角度分析欧盟东扩的，到目前为止，无论是国内还是国外，都还没有专门的论著，而多是在谈欧盟东扩的诸多挑战时提及。人们已经意识到欧盟东扩有其安全方面的考量，也常常提到东扩的安全意义和安全挑战，但却没有专门系统的分析。因此，从安全角度来看待和分析欧盟东扩战略是对当前欧盟东扩研究的一个有益补充。它有助于进一步了解欧盟在新世纪的总体战略部署和在世界舞台上的政治诉求，也有助于了解欧盟深化和扩大存在的问题及其对策。

欧盟是欧洲一体化组织之一，也是当今世界上众多区域一体化发展的最成功的典范。它最初的目的就是为了化解法国与德国之间的世仇，为了解决民族国家间的"安全困境"。安全是其首要的目的。通过经济一体化，即通过经济的超国家调节和经济的相互依赖来实现政治的合作和共同安全。从1951年欧洲煤钢共同体创立到1993年欧洲联盟成立，从最初的6国，到1995年的15国，欧盟，主要是通过一体化和部分主权的让渡实现了半个多世纪的和平与繁荣。一体化是对主权国家体系的超越，也是对无政府状态下的"安全困境"的克服。过去的60余年，欧盟的尝试或试验是成功的。通过集体安全和地区安全实现了国家安全和个人的安全，通过多边主义的制度机制创建了一个"和平、繁荣、自由"的安全区。

但2004年的欧盟东扩，10个经济落后、历史背景复杂，且民族主义意识和主权观念强烈的小国家加入，新成员新问题，25/27国的大欧盟还能通过一体化方式实现繁荣与和平吗？新成员就有新邻居。面对动荡的伊斯兰世界和所谓的"邪恶轴心国"，以及与俄罗斯直接接壤而带来的安全关系挑战，等等，"超级"欧盟能同时实现内部安全与外部（周边）安全吗？欧盟东扩带来的诸多安全问题是值得学界探讨和深思的。这对我国努力谋求的东亚区域一体化也实现具有借鉴意义。

欧盟是欧洲一体化发展的最高和最新的组织形式。扩大和深化是一体化发展的两个向度。如果扩大的对象太多，联盟的疆域太大，联盟控制和管理的难度就将加大。换句话说，欧盟东扩，10国甚至更多国家加入，规模太大对欧盟本身是存在风险的。因为深化就必然更多地触及国家主权让渡这个敏感的核心问题。现在说欧盟东扩是成功的，还为时过早。欧盟东扩对老成员国和新成员国的安全利得是不一样的，对西欧核心国德国和法国也存在差异。欧盟东扩带来的安全利益和风险的分配是不均衡的。而且欧盟新老成员国的历史和传统也存在差别，比如，新成员国的亲美政策和仇俄心理，等等，这些对欧盟一体化事业来说都是新安全隐患，要完全克服实属不易。

有人质疑"把欧盟东扩与安全问题联系起来"，认为这不合适。这大概是人们习惯把欧盟看成一个经济政治组织，而把北约看成军事安全组织的缘故。其实，不但没有不合适的地方，而且非常有必要。欧盟是一个经济政治组织，但也是欧洲最重要的安全组织。欧盟不仅发挥着欧洲人所称的"软安全"作用，即维护经济、政治、社会稳定的作用，也发挥着国际维和、人道主义救援等"新安全"作用，甚至在西欧联盟纳入欧盟框架和其共同安全与防务政策的形成发展过程中也发挥着武装干涉的"硬安全"作用。与北约相比，欧盟的军事色彩淡一些，但其"军事臂膀"在建设之中，可以肯定，欧盟已经是一个地地道道的准安全组织。所以，把欧盟东扩与安全问题联系起来，或从新综合安全角度来看待和分析欧盟东扩，是非常有必要的，具有重要的理论价值和实践意义。

二　国内外研究现状

（一）国外研究现状

欧盟东扩是欧洲的大事，也是世界政治中的大事。欧盟东扩进程及其后效是国际政治关注的热点之一。欧美关于欧盟东扩的研究主要有三种情况。第一类是官方的。欧盟官员的报告和讲话，比如，2003年12月欧盟外交与安全高级代表索拉纳的安全战略报告"A Secure Europe in a Better World—European Security Strategy"，2006年5月30日欧盟对外关系与欧洲邻居政策委员费雷罗-瓦尔德纳（Ferrero-Waldner）在布鲁塞尔"Protecting Europe: Policies for Enhancing Security in the European Union"论坛上的讲话《欧盟在保护欧洲安全方面的作用》；2006年11月8日欧盟委员会评估西巴尔干的官方报告"Enlargement Strategy and Main Challenges 2006－2007"①，迪·本迪尔（Samantha de Bendern）和弗朗斯·卡麦隆（Fraser Cameron）的"欧盟与俄罗斯关系的前景"②等。第二类，半官方性的，把东扩作为一项对外战略做总体评估，从经济、政治和安全角度分析欧盟东扩的机遇与挑战。比如：荷兰前首相库克（Wim Kok）2003年3月底呈给欧盟委员会的报告"Enlarging the European Union—Achievements and Challenges"，2003年10月在欧盟网站发表的"More Unity and More Diversity—The European Union's Biggest Enlargement"③，2006年3月欧盟信息沟通委员会发表的"The Future of Europe"④等。英国的欧洲改革研究中心（Center for European Reform，简称"CER"），虽然是独立的研究机构，但其研究主要是为欧盟服务的，而且该机构所持的观点与欧盟官方很接近，所以笔者也把它归为半官方性的研究。第三类非官方或学术界的，这类学者从不同的角度研究欧盟东扩。有研究欧俄安全关系的，比如，卡婷卡·布莱斯克（Katinka Barysch）的"The EU and Russia—Strategic Partner or Squabbling Neighbours?"；赫兹·梯摩尔马（Heinz Timmermann）的"European-Russian Partnership：What Future?"⑤等；有的研究欧盟与土耳其关系，如戴维德·巴尔查德（David Barchard）的"Turkey and the European Union"，嘎孟泽·阿夫茨（Gamze Avci）的"Putting the Turkish EU Candidacy into Context"⑥等；有研究波罗的海三国的，如Peter Van Elsuwegr的"The Baltic States on the Road to EU Accession：Opportunities and Challenges"⑦等；有研究东南欧巴尔干的，如Eric Philippart的"The Euro-Mediterranean Partnership：A Critical Evaluation of an Ambitions"⑧等。应该说，欧盟东扩面临的安全问题，除了巴尔干和波罗的海三国之外，最重要的就是俄罗斯和土耳其。

---

① http：//ec. europa. eu/enlargement/pdf/key_ documents/2006/nov/fyrom_ sec_ 649_ en. pdf.
② EPC Issue Paper No. 19, Nov. 10, 2004, http：//www. clicktoconvert. com.
③ http：//ec. europa. eu/publications/booklets/move/41/index_ en. htm.
④ http：//europa. eu. int/comm/communication_ white_ paper/index_ en. htm.
⑤ *European Foreign Affairs Review* 5, 2000, pp. 165－174.
⑥ *European Foreign Affairs Review* 7, 2002, pp. 91－110.
⑦ *European Foreign Affairs Review* 7, 2002, pp. 171－192.
⑧ *European Foreign Affairs Review* 8, 2003, pp. 181－199.

从东扩后的安全议题分类。研究欧洲新安全的有：艾米儿·克尔奇纳（Emil Kirchner）和詹姆士·斯皮尔林（James Sperling）的"The New Security Threats in Europe: Theory and Evidence"[1]等；研究中东欧新安全的有：克里斯蒂安·哈尔普富尔（Christian Haerpfer）、策扎日·米咯斯克（Cezary Milosinski）和克莱尔·华莱士（Claire Wallace）的"Old and New Security Issues in Post-Communist Eastern Europe: Results of an 11 Nation Study"[2]，理孟·特色尔（Lynm M. Tesser）的"East-central Europe's New Security Concern: Foreign Land Ownership"[3]，杰兹·揭德利克（Jerzy Jedlicki）的"Historical Memory as a Source of Conflicts in Eastern Europe"[4]，等等。研究巴尔干安全的有：科林·劳森（Colin Lawson）和道格拉斯·萨尔马尔舍（Douglas Saltmarshe）的"Security and Economic Transition: Evidence from North Albania"[5]，义欧特·图兰（Ilter Turan）和迪勒克·巴尔拉斯（Dilek Barlas）的"Turkish-Greek Balance: A Key to Peace and Cooperation in the Balkans"[6]，等等。分析东扩后的移民问题的有：彼得·霍摩尔司切（Peter Vermeersch: "EU Enlargement and Immigration Policy in Poland and Slovakia"[7]，乔尼安·范塞尔门（Joanne van Selm）的"Safe Third Countries. Extending the EU Asylum and Immigration Policies to Central and Eastern Europe"[8]等。

此外，还有研究中东欧国家的民族主义、宗教、种族矛盾和冲突等问题的，比如，罗森·瓦斯勒夫（Rossen Vassilev）的"Bulgaria's Ethnic Problems"[9]，格扎·杰斯珍斯茨克（Geza Jeszenszky）的"More Bosnias? National and Ethnic Tensions in the Post-Communist World"[10]，阿勒萨德鲁·杜图（Alexandru Dutu）的"National Identity and Tensional Factors in South

---

[1] *European Foreign Affairs Review* 7, 2002, pp. 423 – 452.
[2] *Europe-Asia Studies*, Abingdon, Sep. 1999, Vol. 51, Iss. 6, pp. 989 – 1011.
[3] *Communist and Post-Communist Uary Studies* 37, 2004, pp. 213 – 239.
[4] *Communist and Post-Communist Uary Studies* 32, 1999, pp. 225 – 232.
[5] *Europe-Asia Studies*, Abingdon, January 2000, Vol. 52, Iss. 1, pp. 133 – 148.
[6] *East European Quarterly*, Winter 1998, 32, 4, Academic Research Library, p. 469.
[7] *Communist and Post-Communist Studies* 38, 2005, pp. 71 – 88.
[8] *Europe-Asia Studies*, Abingdon, May 2000, Vol. 52, Iss. 3, pp. 581 – 582.
[9] *East European Quarterly*, Spring 2002, 36, 1, Academic Research Library, p. 103.
[10] *East European Quarterly*, Fall 1997, 31, 3, Academic Research Library, p. 283.

Eastern Europe"①，等等。

从欧美学者研究欧盟东扩的视角来看，归纳起来，主要有以下几种观点。

1. 从一体化的角度看欧盟东扩

按照哈斯的定义，一体化是"说服若干不同国家的政治领导人将忠诚、期望和政治活动转向一个新中心的过程"。一体化是在自愿平等的基础上通过主权让渡而实现的在一定领域内的共同调节和管理，并由此产生了新的行动体或组织的过程。一体化发展的收益以及其内在的发展逻辑使得一体化没有回头路可走。欧盟东扩是欧洲一体化运动和思想发展的必然要求，也是西欧一体化在地理上的"外溢"。冷战结束为东扩提供了千载难逢的机遇。回顾欧洲统一或一体化的发展历程——从"欧洲运动"到"欧洲建设"，再到"欧洲组织起来"；从西欧大陆一体化到西欧一体化，再到欧洲大陆的一体化；从部门一体化到经济一体化，再到政治一体化和"欧洲联盟"的建立；从解决西欧经济复兴和德国问题，到抵御苏联侵略和避免被美苏交易出卖的厄运，再到后冷战多极化时期谋求成为世界格局中的独立一极——可以看出，欧洲，尤其是西欧，始终朝着欧洲统一的目标前进。欧盟东扩是西欧为实现欧洲大陆的统一而采取的最重要的对外政策。它是欧盟扩大发展的新阶段，既是欧洲统一或"欧洲合众国"思想发展的必然要求，也是在冷战结束的特定历史条件下，在欧洲一体化的动力和中东欧国家"回归欧洲"战略的双重作用下，由欧盟实施的一项重大地区战略。欧盟东扩对欧盟现存的机制和政策将形成挑战，中东欧错综复杂的种族、宗教和边界矛盾，以及转轨时期的经济、政治、社会的动荡和冲突也会对欧盟安全形成挑战，但与欧盟东扩的地缘政治经济收益相比，这些困难是完全可以克服的或微不足道的。法国学者法布里斯·拉哈的新著《欧洲一体化史（1945～2004）》就持这种观点。作者打破东西界限，从欧洲一体化的角度论述欧盟东扩，认为"新成员加入欧盟将使欧盟具有货真价实的欧洲范畴"，"伴随着一次次扩大，欧盟的欧洲色彩越来越浓，并且似乎代表着整个欧洲大陆的未来"，②即走向泛欧建构。但诸如欧盟的最后边界、欧洲公民的认同、土耳其的欧洲

---

① *East European Quarterly*, Summer 1997, 31, 2, Academic Research Library, p.195.
② 〔法〕法布里斯·拉哈：《欧洲一体化史（1945～2004）》，中国社会科学出版社，2005，第110～113页。

特性等问题也会对欧盟的一体化事业构成严重挑战。

2. 从现实主义角度看欧盟东扩

传统的现实主义认为，国家追求权力；新现实主义认为，国家追求安全，权力是其手段。但它们都认为，实力就是权力，实力愈大权力愈大，权力越大越安全。通过2004年的东扩（第五次扩大），欧洲联盟作为多极化世界的重要一极，其综合实力大增，成员国由15个跃升至25个；人口增加近1/3，由3.7亿升至4.8亿，超过俄美两国人口之和；面积扩大了34%，从320万增至430万平方公里；经济总量增加了5000多亿欧元。欧盟东扩使欧盟成为了世界经济政治的强大一极，从而会加快摆脱对美国依附的步伐，成为更加独立自信的世界政治力量，会更大胆地表达和谋求自己的战略利益，大欧盟自身也变得更加安全了。"新欧洲"再亲美也要受欧盟宪法和欧盟共同利益的制约，不可能走得太远。欧美最终会建立"平等的伙伴关系"。在与俄罗斯的安全竞争中，欧盟也越来越居于有利地位：通过东扩对俄构成挤压之势，并且构筑了广阔的战略纵深和缓冲地带以防俄再度崛起。

当然，也有持悲观态度的，比如肯尼思·沃尔兹，他认为欧盟东扩难以成功，因为不能摆脱主权国家体系的结构性制约。在1993年的《形成中的国际政治结构》一文中，他指出，欧盟"因为它已经走得那么远，以致它不可能走得更远"，经济一体化与政治一体化是两码事，前者容易，后者难，对欧洲一体化表示了高度怀疑的态度。① 有研究指出，在欧盟东扩前夕美国报刊已开始散布欧盟东扩可能导致欧盟终结的悲观论调。② 美国新保守主义代表人物罗伯特·卡根则认为，欧洲的成功（从霍布斯世界走向康德的永久和平世界）是美国的功劳，是美国帮助欧洲人解决了康德悖论，维护了世界秩序并从外部提供安全保护。令美国人难以接受的是，欧盟东扩却是冲着自己来的，"欧洲一体化的目的就在于遏制'霸权野心'，特别是单个国家的霸权野心"。③ 因此，东扩战略可能使欧盟走向一个"超级大国"，

---

① Kenneth N. Waltz, "The Emerging Structure of International Policies," *International Security*, Fall 1993, p. 70.
② 丁原洪：《欧盟扩大和欧洲一体化建设》，《和平与发展》（季刊）2004年第2期，第47页。
③ 〔美〕罗伯特·卡根：《天堂与实力：世界新秩序下的美国与欧洲》，新华出版社，2004，第82~112页。

挑战美国的单极霸权。

3. 从自由主义角度看欧盟东扩

苏联垮台和冷战的结束，以及中东欧国家的改制转轨，在西方看来，就是西方和平演变的胜利，是资本主义政治经济制度和自由民主价值观对社会主义制度和价值观的胜利。欧盟东扩就是自由主义对极权专制主义，市场经济对计划经济的胜利。美国前国家安全顾问布热津斯基指出，"欧洲的东扩将巩固20世纪90年代民主的胜利"。[①] 欧盟东扩和中东欧国家选择西方，代表资本主义在与以苏联为首的社会主义的政治和意识形态斗争中获得了最终的胜利。用欧盟扩大网站的卷首语说，欧盟扩大是欧盟和平民主的胜利。

美国著名的欧洲问题专家戴维·卡莱欧也认为东扩是欧盟和平力量的发展和民主的胜利。但同时他列举和分析了欧盟东扩中存在的种种威胁和挑战，对东扩持矛盾心态。他认为，"欧盟根本的职责所在是稳固西欧，这一点做不到就不可能有一个称心如意的泛欧洲。打起一个似乎并不可信的成员扩大的旗号，不仅是拿欧盟来之不易的凝聚力冒险，而且还存在妨碍建立进一步的泛欧洲机构的危险"。[②] 显然，卡莱欧是为美国的全球战略利益服务的，他并不希望欧盟东扩和欧洲统一，更不希望欧盟东扩对北约东扩构成竞争和威胁。他一再提醒美国，一定要和欧盟合作，共构欧亚大陆的安全秩序，即美欧合作领导世界。他建议构建三极泛欧洲模式，以便把过于庞大的美国、欧盟和俄罗斯包容其中。北约和欧盟仍然是西方性质，但通过和平伙伴关系和泛欧洲经济安排把俄罗斯逐渐融入其中。欧安组织仍然要发挥作用，让俄罗斯有伸展的空间而变得温和开明，否则就是制造了新的冷战和对抗，会带来更大的不安定因素。

4. 从地缘政治角度看欧盟东扩

欧盟东扩是欧盟挤压俄罗斯战略空间，填补冷战后中东欧权力真空，夺取历来为兵家必争之地——欧亚大陆心脏地带之门户的行动。东欧是历史上许多欧洲政治家想通过战争夺取而不得的战略要地。如今欧盟通过和平的方式实现了他们的梦想。这对欧盟来说是了不起的胜利。欧盟东扩是欧盟对整

---

① 〔美〕兹比格涅夫·布热津斯基：《大棋局：美国的首要地位及其地缘战略》，上海人民出版社，2007，第47页。

② 〔美〕戴维·卡莱欧：《欧洲的未来》，上海人民出版社，2003，第320页。

个欧洲乃至欧亚大陆实施的一项具有深远地缘战略意义的对外政策，对欧洲和欧亚大陆的安全格局会产生重大影响。欧盟东扩后，整个欧洲的地缘政治生态发生了巨变，其重心向东北方向转移，波罗的海成为欧盟的内海。而随着 2007 年保加利亚和罗马尼亚的正式入盟，以及未来东南欧巴尔干国家和土耳其成为欧盟成员国，再加上欧盟的"新邻居政策"的实施，欧盟就基本上控制了泛黑海经济区和欧亚能源走廊。欧盟将获得三重战略稳定，即增加自身的战略纵深，可以有效地预防大中东对大西洋沿岸的冲击，提高了欧洲能源供应的安全系数。[①] 总之，通过东扩，欧盟从西欧扩张到中东欧，基本上已经占领了欧亚大陆心脏地带的西端，其疆域延伸到了欧亚大陆的纵深地，触摸到欧亚非三大洲结合部的敏感神经，欧盟的综合实力和对外影响力得到了空前增强。随着欧盟东扩的发展，现有的国际关系体系和地区组织，以及行为规则都有可能对欧盟的发展和所持的理念做出调适和反映，特别是美国和俄罗斯等大国都密切关注欧盟东扩动向，并随时准备应对之策。俄罗斯不断调整对外政策，欧盟或欧洲是其外交的"重中之重"，力求与欧盟建立"欧洲统一经济空间"，借重欧盟平衡美国的压力。而美国则积极推动北约东扩，炮制所谓的"新欧洲"离间欧盟新老成员国的关系。俄美对欧盟东扩的态度、立场和政策大相径庭，反映了它们不同的国力和战略诉求。

也有人担心欧盟东扩会削弱欧盟的凝聚力，成员国的增加和多样性的存在，会导致欧盟的离心力增大，以及决策效率降低，尤其是共同的外交和安全政策会受到挑战。欧盟始终存在布鲁塞尔主义和国家民族主义，或超国家主义和国家主义的矛盾，也存在亲欧派和疑欧派的斗争。而英国著名地缘政治学者杰弗里·帕克在《地缘政治学：过去、现在和未来》一书中则提出了一种新的地缘政治解释，与传统或标准的以权力维护为中心的地缘政治不同，"替代地缘政治过程是小国或弱国在既要维护独立又要建立整体秩序时通过联合的方式把权力从主权国家转移到一个超国家实体中去"。"这种共同体扩展与超级大国的领土扩张完全不同，前者是和平自愿的方式，后者一般是武力或强制方式。"[②] 这样就对欧洲一体化和欧盟东扩做了一个自由主

---

① 中国社会科学院欧洲研究所等编《大欧盟 新欧洲：2004~2005 欧洲发展报告》，中国社会科学出版社，2005，第 21 页。
② 〔英〕杰弗里·帕克：《地缘政治学：过去、现在和未来》，新华出版社，2003，第 205~207 页。

义性质的地缘政治解释。

5. 从建构主义角度看欧盟东扩

在建构主义者看来，国际结构不仅是物质的，而且是文化的。由于建构主义重视过程，认为国际体系结构和行为体的身份是在不断的互动过程中实现的，即可以建构也可以解构，因此国际政治本质具有可变性。在温特看来，国际结构或文化的变化主要是通过文化选择来进行的，即行为体原有的身份可以经由模仿和社会习得得到重新建构，而新的行为体身份导致行为体共有知识或文化的变异，进而完成结构的变迁。欧盟东扩既是中东欧国家认同欧洲文明和欧盟身份的结果，又是欧盟或西欧认同和接纳中东欧国家历史、文化、宗教以及政治经济制度的结果。著名的法国学者埃德加·莫兰在他的《反思欧洲》一书中，从文化的角度探讨了欧洲由命运共同体和利益共同体过渡到文化和文明的认同，最后导致欧洲观念的形成和东西欧的融合和统一的过程。换句话说，欧盟东扩是西欧和中东欧共同建构"大欧盟、新欧洲"的过程。英国著名的安全问题专家巴瑞·布赞和丹麦年轻学者奥利·维夫以及迪·怀尔德共同主编的《新安全论》一书中提出了"主体间性"的社会建构主义安全观，也从广义安全观角度对欧洲统一和欧盟扩大做出了一种建构主义的诠释。① 他们认为，东西欧的融合，除了共同的历史、文化、宗教之外，还在于冷战后东西欧经济、文化的交流和互动，并在此之上建立起互信和共同的认同，从而使得欧盟愿意接纳中东欧，而中东欧国家愿意将部分主权让渡给超国家性质的欧盟。这也是那些信奉伊斯兰教的国家和斯拉夫民族国家申请加入欧盟"难"的原因。

6. 从地区主义看欧盟东扩

全球化形势下，世界市场的激烈竞争使得地理上邻近的国家逐渐走上联合的道路，通过区域内的分工合作增强集体的竞争力。欧洲要在世界政治中发挥重要作用，就必须联合起来，作为一个整体让世界听到自己的声音。单个欧洲国家不再具备影响世界的实力。这是二战以来，欧洲各国，尤其是德、法、英三个大国在冷战时期得出的最重要的经验和教训。所以，法德轴心积极推动欧洲一体化发展和欧盟东扩。而中东欧的若干小国，夹在大国之

---

① 〔英〕巴瑞·布赞、〔丹麦〕奥利·维夫、〔丹麦〕迪·怀尔德：《新安全论》，浙江人民出版社，2003，第41~43页。

间，为了生存和发展，在历史上就有结盟的传统。摆脱苏联的控制之后就必须找到新的依靠，否则就有可能陷入动荡不安的权力真空状态。而从文明、文化和历史联系，以及政治经济转轨的社会改制的性质来看，"回归欧洲"，不仅是文明的认同，也是政治经济发展的必然结果；选择欧盟，不仅有利于中东欧国家的安全归属，也有利于这些国家的经济发展和政治转向。因此，欧盟东扩是东西欧两厢情愿的事。德国著名的国际关系学家奥托·岑皮尔在《变革中的世界政治：东西方冲突结束后的国际体系》一书中表达了类似的观点。他着眼于冷战结束对国际格局的深远影响，认为冷战的结束导致世界政治发生的具有决定性意义的变化是，区域化世界、社会世界和经济世界，而不再是国家世界。① 也就是我们所说的，和平与发展代替战争与对抗成为了时代的主题。为适应新世界的变化和竞争，欧洲必须走联合自强的区域化道路，发展经济，实现和平。

另有一种拉丁学派的观点，它从社会结构主义的角度分析欧盟东扩问题，认为欧盟扩大会在欧盟内部产生"中心"或"中心地带"与"外围"的格局。实际上，在欧盟存在的欧元区核心国、非欧元区老成员国、新成员国、候选国和联系国，客观上制造了一种类似于世界政治经济体系的结构性等级体系。特别是新入盟的中东欧国家都是一些经济文化比较落后的国家，这些国家加入欧盟，一方面会增加欧盟的经济负担；另一方面却为欧盟的投资和经济发展提供了广阔的潜在市场，为欧盟经济的长足发展提供了巨大动力。欧盟内部发达与落后的界限泾渭分明，自然会产生所谓的"依附问题"，而要缩小东西欧差距尚需时日，在此过程中免不了会有诸多矛盾和斗争。美国的"新欧洲战略"就意在利用新成员国的不满制造欧盟内部的分裂。与此同时，东扩导致的贸易转移和贸易创造效应，也会对俄罗斯及其他广大发展中国家的外贸经济产生负面影响，从而影响欧盟与亚非拉发展中国家的政治关系。

以上这些文献从不同的角度探究了欧盟东扩的安全问题，为本课题研究提供了丰富的外文资料，也有助于启发思维，使笔者能在一个更全面的框架内进一步探讨和分析欧盟东扩的安全动机以及由此带来的安全问题。

---

① 〔德〕奥托·岑皮尔：《变革中的世界政治：东西方冲突结束后的国际体系》，华东师范大学出版社，2000。

（二）国内研究现状

从 1995 年以来，尤其是 2003 年之后，国内学者对欧盟东扩的研究逐渐增多。从检索的情况来看，直接研究欧盟东扩的论文有几十篇，相关的文章有百余篇。但基本上是对欧盟的某项政策或一体化的研究。对欧盟东扩的研究也各有侧重，有关于动力的，有关于机制的，也有关于原因和影响的，更有关于欧盟东扩与北约东扩的比较研究。这些研究都非常有价值。从出版的专著来看，最具有代表性的是：郑秉文主编的《欧洲发展报告：欧元与欧洲改革》（社会科学文献出版社，2002），郑秉文主编的《欧洲发展报告：欧盟东扩》（社会科学文献出版社，2003），中国社会科学院欧洲研究所、中国欧洲学会编的《大欧盟　新欧洲：2004～2005 欧洲发展报告》（中国社会科学出版社，2005），陆齐华的《俄罗斯与欧洲安全》（中央编译出版社，2001），朱立群的《欧洲安全组织与安全结构》（世界知识出版社，2002），吴志成的《治理创新：欧洲治理的历史、理论与实践》（天津人民出版社，2003），童世骏、曹卫东编的《老欧洲新欧洲》（华东师范大学出版社，2004），朱晓中的《中东欧与欧洲一体化》（社会科学文献出版社，2002），陈志敏、古斯塔夫·盖拉茨合著的《欧洲联盟对外政策一体化——不可能的使命?》（时事出版社，2003）等。其中，对欧盟东扩进行了专题研究的只有三本书，即郑秉文主编的《欧洲发展报告：欧盟东扩》，中国社会科学院欧洲研究所、中国欧洲学会编的《大欧盟　新欧洲：2004～2005 欧洲发展报告》以及朱晓中的《中东欧与欧洲一体化》；但前两本书又多是资料性的介绍，缺少系统性的理论分析，只有朱晓中博士的《中东欧与欧洲一体化》一书对欧盟东扩的历史进程及其政策做了较为全面的介绍，并对欧盟东扩对中东欧国家的安全影响做了初步的分析，但其分析的侧重点是欧盟东扩的政策及其对中东欧国家的影响。由于写作时间是 2002 年，而中东欧国家在 2004 年 5 月 1 日才正式入盟，因此该著作无法涉及欧盟东扩的最新发展情况及其影响。金鑫、辛伟主编的《世界热点问题报告》（浙江人民出版社，2004）也专辟一章谈论欧盟东扩问题，指出"东扩对欧盟和中东欧国家而言，既是机遇，也是挑战"，"而且，只有融入欧洲，东欧国家才能取得安全保障"。观点客观中肯，提示我们可以更多地从安全角度思考欧盟东扩问题。而今，欧盟启动东扩已经近十年，有必要也有条件对欧盟东扩的安全问题做进一步的跟踪研究。

而研究所采用的理论方法和工具也呈多样化的发展趋势，有历史方法、经济学方法和政治学方法；有用一体化理论的，也有用地缘政治理论和大国关系理论的，等等。总之，欧盟东扩的研究有了一定的积极成果。

从广义安全观看，安全不仅包括传统的军事安全，即领土安全和主权安全，也包括经济安全、环境安全、政治安全、社会安全等。① 而无论东方还是西方，安全的一般含义是指稳定、完整，不存在威胁和危险。② 因此，欧盟东扩所面临的问题和挑战，从广义的安全观看，都可以视为轻重不一的安全问题，因为挑战就是对既有的稳定、完整和秩序的威胁。近年来国内学界对欧盟东扩问题的相关研究成果，归纳起来主要有如下几个方面的内容。

1. 欧盟东扩的安全动因研究

欧盟东扩作为欧洲一体化发展的重大战略，既是欧盟自身发展和实现"统一欧洲"之梦的必然选择，也与国际形势变化和两极格局终结提供的历史机遇有关。有人认为，地缘政治的安全需求是欧盟东扩的内在动力。也有人在总结欧盟东扩及其历次扩大背景的基础上，认为东扩的安全意义在于：第一，实现了欧盟对整个欧洲大陆的统一，初步完成了欧洲先贤的"欧洲合众国"之梦；第二，东扩强大了欧盟，确立了欧盟在欧洲大陆的泛欧洲组织的主导地位；③ 第三，欧盟强大的世界意义是，在多极化发展的世界政治格局中欧盟成为了名副其实的一极，这对制约美国单极霸权和维护世界和平具有深远意义。④ 罗志刚教授则简要概括了欧盟东扩的安全动机和目标。首先，促进中东欧国家实现政治经济稳定，并将它们完全纳入西方体系加以控制。其次，企图全面加强欧盟实力，以提高其在欧洲安全机构中的地位和影响，主导欧洲安全事务。这实际上就是制衡美国或与以美国为首的北约竞争安全主导权。最后，降低俄罗斯对西欧的军事威胁，加强防范德国破坏欧洲安全的可能性。⑤

---

① 〔英〕巴瑞·布赞、〔丹麦〕奥利·维夫、〔丹麦〕迪·怀尔德主编《新安全论》，浙江人民出版社，2003，第10页。
② 丛鹏主编《大国安全观比较》，时事出版社，2004，第4页。
③ 戴炳然：《欧盟东扩的政治含义》，《国际观察》2004年第2期。
④ 苏惠民：《西欧在多极化世界中寻找自我》，《和平与发展》1999年第2期。
⑤ 罗志刚：《欧盟东扩与俄罗斯》，《现代国际关系》2001年第9期，第34~36页。

2. 欧盟东扩的历程及其安全政策研究

欧盟东扩历程或欧盟与中东欧国家关系的发展一般可以分为四个阶段。①1989~1993年为初始阶段，其特点是以经济关系为主。在这一阶段，欧盟启动了对中东欧国家进行财政援助的"法尔计划"，每年拨款金额大约33亿欧元，主要用于支持中东欧国家提高体制建设能力。②1993~1997年为确立入盟标准和发展战略阶段。其间，欧盟与10个中东欧国家签订了联系国协定，并加强了对支持中东欧国家的各项计划的协调。③1998~2002年为谈判和准备入盟阶段。欧盟于1998年3月31日开始与候选国进行谈判，并于2002年底结束入盟谈判。不同的学者对此的划分有所差别，但大同小异。④2002~2004年为最后加入阶段。2004年5月，10个候选国正式加入欧盟。① 20世纪90年代初期以来，欧盟及中东欧国家均为东扩的顺利实现采取过一系列有力的政策及措施。欧盟方面，为了从外部影响和促进中东欧国家的政治与经济转轨，先后启动了"24国援助计划"及"法尔计划"，出台了"哥本哈根入盟标准"，并与中东欧国家签订了"联系国协定"，通过经济措施实现其影响转轨国家的政治目的。西方的援助不仅对减缓中东欧国家经济转轨中出现的困难，规范中东欧国家的政治、经济和行政行为具有重要意义，更重要的是"间接地对中东欧联系国发挥政治影响，培养它们接受西方的价值观、政治和经济行为准则的意识和习惯，为最终融入西欧的政治和经济体系做准备"。因此，"'欧洲协定'是一种特殊形式的联系国协定"，它的签订"标志着欧共体同中东欧国家的经济关系的主要内容从以援助为主转向以贸易为主，从而构成了欧共体同中东欧国家长期和有序的经济和政治关系"。② 这些政策确保了中东欧国家转轨的有序进行，也确保了欧盟边界的和平与稳定。

3. 欧盟东扩对欧洲一体化事业的挑战

从宏观来说，欧盟东扩是欧盟主导下在空间上实现欧洲统一的地区战略，是欧洲一体化发展的必然要求。同时，欧盟东扩也是冷战结束后中东欧国家改革转轨中"回归欧洲"战略的必然选择。③ 欧盟东扩对欧洲一体化的影响主

---

① 对欧盟东扩的主要过程及其政策的介绍最为全面、翔实的是朱晓中博士的《中东欧与欧洲一体化》一书。
② 朱晓中：《中东欧与欧洲一体化》，社会科学文献出版社，2002，第51页。
③ 丁原洪：《欧盟扩大和欧洲一体化建设》，《和平与发展》2004年第2期；罗松涛：《统一欧洲的大战略——欧盟东扩论》，《国际问题研究》2000年第4期。

要体现在两个方面。第一，对欧盟机构和决策方式的改革必然造成欧盟的运作机制，即"共同体方式"发生相应变化。第二，东扩还将改变欧盟一体化的模式，使其在未来实行更灵活的一体化方式。所谓一体化，乃指"将原来相互分离的单位转变为一个紧密系统的结合体"。① 另外，欧盟东扩也会对欧盟一体化后续发展构成一定的威胁。其主要原因是中东欧国家的民族主义情绪和亲美倾向，以及经济落后和对欧盟运作方式的陌生等。欧盟面临一个更加多样性和差异性的挑战。伊拉克战争中反映出来的"新欧洲"问题就是对欧盟共同外交和安全政策的挑战。欧洲在世界上要用一个声音说话还有困难。② 欧盟为此增设欧盟共同外交与安全政策高级代表，有助于化解这一难题，但短期内要磨合东西欧国家的利益分歧和差异还有困难。

4. 北约东扩对欧盟东扩的挑战

欧盟和北约都是在冷战时期产生的，但它们的功能不同。欧盟是一个政治经济组织，由西欧的大国法德主导；而北约是由美国主导的军事组织。冷战结束后，北约由军事性组织向军事政治组织转型，功能由防御性变为进攻性，由抵御华约变为控制欧洲，变成美国实现全球霸权的一个工具。而与此同时，欧盟也逐渐发展自身的安全与防务特性。尽管二者都处在转型之中，但二者存在竞争却是不争的事实。北约东扩的目的是"遏制俄罗斯"和"制约西欧"，而欧盟东扩的目的是"实现完整意义上的欧洲大一统"和"抗衡美国"。③ 因此，欧盟东扩和北约东扩在挤压俄罗斯上有共同的利益；但二者存在潜在的对抗性矛盾，即控制与反控制的矛盾。另一方面，欧盟东扩与北约东扩也是欧、美争夺欧洲安全主导权的战略行为，这对欧洲的安全结构会产生极大影响。有学者认为，"随着北约、欧盟新一轮东扩的即将启动，欧洲新的安全结构愈益凸显出来。这个新结构完全不同于欧洲历史上的均势或两极结构，而是一种复合中心圆结构。它是以北约和欧盟为核心的两个交叠但不重合的中心圆，北约中心圆发挥的作用以军事安全为主，欧盟中

---

① 张业亮：《论欧盟东扩及其对欧洲一体化的影响》，《国外社会科学情况》1998年第4期，第21～22页。

② 龚子方、刘文秀：《欧盟东扩对共同外交与安全政策的负面影响》，《领导科学》2005年第14期；陈志敏、古斯塔夫·盖拉茨：《欧洲联盟对外政策一体化——不可能的使命?》，时事出版社，2003。

③ 吴潮、宋春兰：《北约东扩与欧盟东扩的比较分析》，《浙江师范大学学报》（社会科学报）1999年第6期，第49～50页。

心圆作为'安全锚地'发挥'软安全'作用",并且这种"复合中心圆结构对欧亚大陆自西向东构成三种压力:力量压力、制度压力和文化压力"。①但这种功能上的互补性会因为北约的硬安全优势和美国的霸权强势,以及中东欧国家中的亲美力量,使东扩稀释欧盟的安全自主性或欧盟软安全功能凝固化。这与欧盟建立"欧洲人的欧洲"的理想相悖。

5. 中东欧对欧盟东扩的挑战

处于转型中的中东欧国家需要寻找国家的发展方向和制定国家的发展战略。为了摆脱俄罗斯的控制,这些国家必须寻找支持,加入北约可以解决其眼前的安全问题,加入欧盟可以获得政治经济发展和国家转轨的支持。因此,"回归欧洲"成了大多数中东欧国家的战略选择。欧盟东扩意味着欧盟向中东欧国家敞开大门,接纳符合"哥本哈根入盟标准"的国家。中东欧国家只有按照入盟标准,实现政治民主化,经济市场化、私有化,才能加入欧盟。这也为这些国家的转型确定了明确的目标和方向。② 显然,欧盟东扩及其入盟标准的确立,有助于巩固中东欧国家的多党制,人权改善,及其亲欧的执政民主党的地位。这是积极的一面。但随着欧盟东扩的发展,这些国家的亲欧党和疑欧党会因为入盟的得失算计而发生一定的争斗。③ 而且,欧盟东扩或中东国家入盟也不全是有利的,也有不少弊端和挑战。第一,入盟使中东欧国家对本国经济的自主权和控制力下降。加入欧盟就意味着部分主权的让渡,使中东欧国家农业、海关、财政、货币等多项经济政策受到欧盟标准的限制。第二,入盟使中东欧国内市场面临西欧企业的冲击。第三,入盟会使中东欧各国物价上涨,短期内实际生活水平下降。第四,中东欧国家在经济、社会、科技等方面与西欧发达国家的巨大差距短时间内无法根本改变,甚至会因为市场竞争力弱而变大。从长期看,中东欧国家"加入欧盟利大于弊";但短期内,中东欧国家的政治、经济、社会发展的不确定性,尤其容易激发这些国家的激进民族主义势力的抬头,会对欧盟的统一和安全

---

① 朱立群:《北约、欧盟"双扩"与欧洲新安全结构》,《国际问题研究》2002年第6期,第48~56页。
② 崔宏伟:《欧盟东扩与中东欧国家的发展战略》,《世界经济研究》1997年第2期;方雷:《欧盟东扩对中东欧政治转轨的影响》,《国际学术动态》2004年第1期。
③ 高歌:《试析欧盟东扩对中东欧新成员国政党制度的影响》,《俄罗斯中亚东欧研究》2004年第5期。

构成一定的威胁。①

6. 俄罗斯对欧盟东扩的挑战

欧盟东扩对俄罗斯的影响及俄罗斯对欧盟东扩的态度与对策是我国学界关心的重点之一。欧盟通过东扩抢占俄罗斯传统的势力范围，并对俄罗斯构成挤压之势。这是对俄罗斯不利的一面。俄罗斯也不会完全退出中东欧，会采取一些补救措施加强与这个地区国家的关系。欧俄之间会有一番角逐。俄罗斯加强与波兰等中东欧国家之间的关系就是佐证。俄罗斯还有一张牌，就是与这些国家传统的经济联系密切，尤其是能源优势是欧盟无法替代的。从一定意义上讲，中东欧国家修好与俄罗斯的关系也有其深远的战略考虑。②但是，与北约东扩相比，欧盟东扩没有北约东扩那样的攻击性。而俄罗斯欲分化欧美，借重欧盟抗衡和缓解来自美国的压力，所以俄罗斯对北约和欧盟东扩采取不同的政策，反对前者而支持后者。③而且从全球多极化的眼光看，欧俄在反对美国单极霸权上有共同的利益和立场。欧俄接近是美国单极霸权主义行径的结果。俄罗斯已经非正式地提出了加入欧盟的要求，并要借建立"一个共同的欧洲家园"，建立"统一的经济空间"等措施，化解欧盟东扩的负面影响。④

但从俄罗斯加里宁格勒飞地问题的解决情况看，欧俄既合作又竞争，既斗争又妥协。俄罗斯仍然是一个军事核大国，欧盟不想过分激怒俄罗斯，俄罗斯也懂得在妥协中尽量维护民族利益。总体态势是欧攻俄守。俄罗斯要重振大国雄风，在资金、技术上有求于欧盟。俄罗斯对欧盟最大的挑战是：欧盟接不接纳俄罗斯入盟？对于俄罗斯加入欧盟，我国学者普遍不持乐观态度。第一，欧盟对俄的未来不放心。认为俄罗斯有帝国扩张传统和强烈的民族主义情结，一旦再度崛起将构成极大威胁。第二，欧盟认为俄罗斯文明不属于西方。欧盟是一个价值共同体，而俄罗

---

① 周谦：《入盟对中东欧国家的利与弊》，《中国党政干部论坛》2004 年第 8 期；宋耀：《欧盟东扩对中东欧国家的负面影响分析》，《俄罗斯中亚东欧研究》2005 年第 1 期。

② 罗志刚：《欧盟东扩战略与俄罗斯》，《现代国际关系》2001 年第 9 期；徐之明、王正泉：《欧盟东扩与俄罗斯》，《国际观察》2003 年第 6 期。

③ 李兴：《北约欧盟双东扩：俄罗斯不同对策及其原因分析》，《俄罗斯中亚东欧研究》2005 年第 2 期。

④ 马风书：《融入欧洲：欧盟东扩与俄罗斯的欧洲战略》，《欧洲研究》2003 年第 2 期；张晓阳、杨大伟：《浅谈欧盟与俄罗斯关系的发展》，《东欧中亚研究》1996 年第 6 期。

斯文明是欧亚文明的会合，且东方特性明显。第三，欧盟无法消化入盟后的俄罗斯。俄罗斯太大了，其领土人口数量超过了法德两国之和。① 所以，即使俄罗斯加入欧盟，那也是遥远的事。但不接纳俄罗斯，欧盟的泛欧洲特性就不足，代表性就不够。

7. 美国对欧盟东扩的挑战

美国对欧盟东扩的影响主要体现在：在欧洲与欧盟争夺欧洲安全主导权，阻碍欧盟建立"欧洲人的欧洲"。② 在美国看来，欧盟东扩本可以与北约东扩相补充，北约主导安全事务，欧盟主导政治经济事务。但欧盟要发展独立的欧洲安全与防务，那就是挑战北约的地位。所以对不断发展安全与防务特性的欧盟及其东扩，美国极为警惕。美国是坚决反对欧盟发展独立的安全防务力量的，认为没必要，是一种重复建设，浪费资源，也是对以美国为首的北约的挑战，不利于跨大西洋联盟的团结。美国前国务卿奥尔布赖特关于"三D"（Delinkage：欧洲对美战略脱钩；Duplication：欧洲发展独立防务是对北约的重复建设；Discrimination：对非欧盟成员的北约成员国和中立国的歧视）的说法反映了这种疑虑和担心。③ 在反对无效的情况下，就积极谋划，对欧盟安全防务建设和东扩设限：利用土耳其这张牌，通过北约与欧盟有关安全防务合作分工的"柏林及其附加协定"制约欧盟的安全与防务发展；对欧盟东扩设置障碍，借伊拉克战争之机推出了分化欧盟的"新欧洲"战略，可谓用心良苦。④ 这样就在欧盟内部制造了亲美派和反美派，造成了极大离心力，对欧盟一体化的发展构成了极大威胁。

总之，欧盟东扩不可能是一帆风顺的，必然有不少来自内部和外部的挑战与安全问题。⑤ 概括起来主要有下面几个。第一，经济安全。经济上，东扩将进一步造成欧盟财政上的困难和加剧各国的利益纠纷和经济矛盾。为了

---

① 王郦久：《普京的"融入"欧洲战略及其前景评估》，《现代国际关系》2003年第7期；祝政宏：《论俄罗斯"融入西方"的可能性》，《新疆大学学报》（社会科学版）2003年第4期。
② 冯绍雷：《欧盟东扩与大国博弈》，《俄罗斯研究》2004年第2期。
③ 朱立群：《欧洲安全组织与安全结构》，世界知识出版社，2002，第135页。
④ 苏惠民：《评"新欧洲"、"老欧洲"论》，《国际问题研究》2003年第6期。
⑤ 参见孙逊《论欧盟东扩所面临的困境和挑战》，《国际论坛》2002年第3期；潘琪昌：《欧盟东扩的机遇与风险》，《当代世界》2004年第5期；杨逢珉、张永安：《欧盟东扩进程及其困难》，《世界经济研究》2002年第1期；陈玉刚：《欧盟东扩：跨世纪的挑战》，《国际观察》1999年第2期。

帮助中东欧国家顺利转轨和向欧盟标准靠拢，欧盟国家已经向中东欧国家提供了大量经济援助和支持。但目前中东欧国家只有斯洛文尼亚一个国家符合欧元区标准。经济一体化可能停滞不前。第二，东扩将使欧盟的决策机制面临更大的考验。在未东扩之前，欧盟就存在决策程序太复杂、决策效率低下、决策欠透明、议而不决、决策不灵的状况。东扩使更多国家参与到欧盟的决策中来，这将使决策问题更为突出。欧盟必须在东扩之前进行机构改革。这是东扩带来的政治安全问题。第三，中东欧国家转型中的政治社会问题会带入欧盟。欧盟自身存在一些诸如失业率较高等社会问题，中东欧国家的转轨也派生了一些社会问题，如犯罪率上升、失业问题严重、贫困人口增加、贫富分化加大和走私贩毒猖獗等，二者叠加交错从而影响到大欧盟的稳定和繁荣。第四，欧盟的共同外交和防务政策将随着中东欧国家的加入而更加难以制定和执行。中东欧国家的与美关系的特殊性，会影响欧盟"用一个声音说话"。[1] 第五，东扩后新老成员国之间的磨合和利益协调，力量重心东移以及权力分配不均等问题都会产生矛盾。[2] 第六，东扩后还存在社会安全问题，即认同问题。对欧盟的新的政治认同还有待考验。特别是中东欧国家，刚刚从苏联的阴影中走出来，有的还是独立不久的新国家，民族主义和国家主义都很强烈。这对欧盟的政治忠诚造成极大负面影响。[3] 尤其是那些具有不同宗教信仰和传统的专制国家的加入，对欧盟更是一个挑战。[4] 第七，欧盟东扩使欧盟直接与巴尔干、原苏联地区接壤，与中东靠近，面临新的地缘安全挑战。总之，东扩给欧盟带来了政治、经济、社会以及地缘安全问题。这些都有待进一步观察和研究。

有如此多的挑战，那么欧盟东扩的前景如何？对此，欧洲学者普遍持乐观态度，但中国学者一般持谨慎态度。欧盟东扩的前景问题，涉及四个方面。第一，如何定义欧洲，是地理意义上的欧洲，还是政治或文化价值共同

---

[1] 杨烨：《欧盟东扩中的"波兰现象"评析》，《俄罗斯中亚东欧研究》2004年第4期。
[2] 姚勤华、戴轶尘、朱雯霞：《从"魏玛三角"到"波兰现象"——欧盟东扩与整合中的利益博弈》，《现代国际关系》2004年第5期；方雷：《欧盟东扩与利益均衡》，《国际观察》2003年第4期。
[3] 张生祥：《浅析欧洲的民族认同及其新认同政治》，《中共长春市委党校学报》2005年第3期；张业亮：《科索沃危机与欧洲安全》，《世界经济与政治论坛》1999年第3期。
[4] 张健：《试析欧盟对土耳其政策的矛盾性》，《现代国际关系》2005年第6期；王维：《土耳其加入欧盟问题》，外交学院硕士论文，2005。

体？这取决于欧盟的定位和最终的奋斗目标。第二，欧盟本身的整合和接纳新成员国的能力如何？这取决于欧盟机构的运作效率和法、德等大国的意愿。第三，欧盟如何看待和评估申请入盟国家？比如，2006年初乌克兰总统就提出了加入欧盟的战略目标。这不仅取决于申请国的政治经济制度、历史传统、文化状况，也取决于欧盟的意愿及双方谈判的结果。第四，欧盟东扩的最终边界在哪？这是前面三个问题的延伸，即欧盟最终会发展成一个怎样的国际组织。对于欧洲的定义，从欧盟本身来说，欧盟显然是一个政治共同体，从一定意义上讲，更是一个价值共同体，而不是地理上的欧洲共同体。东扩是多方面因素起作用的结果，具有许多的不确定性。①不过，从欧洲的政治或价值定义的角度看东扩的前景，就不会偏离太远。从全球化和全球治理的角度看，欧盟治理是否有从欧洲治理向世界治理逐渐过渡的雄心壮志，还是仅仅停留在欧洲范围内而为其他地区治理提供参照模式？欧盟发展安全防务特性，北约增加政治功能，它们想做什么？联合国的地位和作用会不会被边缘化？这些也都有待观察和跟踪研究。

　　研究中存在的主要问题。①从体系层次和地区层次对欧盟东扩的大背景研究不够。冷战的结束，多极化格局的发展，以及美俄在欧盟东扩中的影响都有待深入探讨。②对欧盟东扩对中东欧个别国家的影响关注不够，仅有关于欧盟东扩对波兰和匈牙利影响的少量文献。中东欧国家都是社会转型国家，探讨它们在接受欧盟共同成果（政治经济价值观）的过程中出现的问题对中国的社会主义市场经济建设很有借鉴意义。③对欧盟东扩对欧亚大陆的地缘政治经济和世界地缘格局的影响的关注也不够。欧亚大陆始终是世界政治经济的中心，而欧盟东扩对欧亚大陆的地缘政治经济格局将会产生深远的影响。④对欧盟东扩的安全问题关注不够，没有从安全角度对欧盟东扩进行系统分析。

三 研究方法与创新

　　本书拟从安全的角度对欧盟东扩进行整体的系统分析，探讨欧盟东扩的

---

① 王志强、戴启秀：《后冷战欧洲界定与欧盟东扩》，《国际观察》2001年第2期；周军：《欧盟的"大欧洲"之路》，《世界经济与政治》2001年第9期；李明祥：《欧盟东扩：欲圆大欧洲之梦》，《当代世界》2001年第7期。

各种安全问题及其对欧洲乃至世界安全格局的影响。主要的创新之处体现在以下几个方面。

第一，对欧盟扩大与欧盟东扩做出学理上的区分。

欧盟东扩是特指冷战后欧盟向中东欧国家的扩展。有三个标准：时空上是冷战后发生的向东扩大，对象主要是原处于华约集团的中东欧社会主义国家，而且必须是由欧盟主导的。从这个定义出发，欧盟东扩不包括第四次欧盟扩大，目前只有第五次扩大是欧盟东扩的研究范围。从时空和对象来说，西德对东德的扩张属于欧盟东扩的内容，但是，西德与东德的统一是在西德主导下进行的，而不是由欧盟主导的，所以，它基本上还是属于一个民族国家恢复统一的内部问题，而不是本书要探讨的欧盟东扩问题。不过应该指出，欧盟东扩是一个不断发展的过程，从2004年开始，它还会陆续接纳罗马尼亚、保加利亚、土耳其、马其顿、克罗地亚等东南欧国家。但近期内不可能扩大到原苏联的加盟共和国。若干年后会不会？只能等若干年后再看，因为不确定的因素太多。

第二，系统分析归纳欧盟的综合安全观。

通过对欧盟的安全战略和安全政策的分析，并结合欧洲大国的安全观和欧洲学界的观点，力争提出反映欧洲实际的安全观，即欧盟安全观，并解析其主要的内涵和特征，突出欧盟安全的特殊性，即安全悖论，在霍布斯的无序世界中享受康德的和平生活。应该肯定，欧盟安全观是二战后的欧洲安全环境变化的反映，也是欧盟在欧洲安全实践的基础上形成的，与美国安全观有较大区别的一种新综合安全观。这种安全观在不排除军事领土安全的前提下，重视经济、政治、环境和社会安全，重视用非军事手段解决国际冲突，重视发掘安全的根源并力求通过经济发展和政治民主来预防冲突和实现安全。欧盟东扩作为一个重要的安全战略和工具，是欧盟安全观的实践和尝试，即通过经济援助和推动政治民主化改革实现安全与稳定，通过扩展欧盟一体化的范围，把周边落后的不稳定国家和地区纳入欧盟，用欧盟的超国家机构和一体化机制化解民族国家间的冲突。欧盟安全观是一种新的综合安全观，也是一种合作安全和共同安全观。

第三，采用综合分析方法，特别是层次结构比较分析方法。

坚持辩证历史唯物主义的根本方法，从实际出发，分析欧盟东扩的安全关系，区分老成员国与新成员国的安全动机和安全利得，充分运用矛盾分析法分析问题。在具体分析方法上，将巴瑞·布赞提出的层次分析和领域分析结合起来，把欧盟东扩的安全问题分为内部安全与外部安全，从而使得空间或地理的分析方法，可以涵盖传统的领域分析法和层次分析法的内容。因为内部安全中有经济安全、环境安全等领域分析方法的内容，也有国家安全、人的安全等层次分析法的内容，外部安全也一样。所以，空间分析法是一种较为简便而实用的包容性强的分析方法。由此对欧盟东扩进行纵横两个向度的综合分析，从微观到宏观逐步展开，在把握一般的前提下突出重点，将整体分析和个案分析有机结合在一起。既考虑欧盟东扩对欧盟整体安全的影响，又顾及西欧和东欧的安全利益差别；既考虑传统的安全，又着重分析冷战后东扩引发的新安全问题，特别是东西欧国家和人民普遍关心的安全问题。运用国际政治学、历史学和经济学理论综合分析安全问题，也是本研究的一个特色。另外，为行文的方便，把积极的安全影响称为"正安全"，把消极的安全影响称为"负安全"。

第四，以中国的视角看欧盟东扩。

把欧盟东扩放在欧亚大陆以及全球秩序的大视野中，分析其对欧洲、欧亚大陆乃至整个世界安全秩序的冲击和影响。结合全球化和多极化理论，以及区域一体化理论，对欧盟东扩展开进一步的分析和预测，凸显中国视角。在自己独立思考的基础上，大量收集运用第一手的原始资料，对欧美有关欧盟东扩的各种观点有选择地加以运用，努力得出自己的结论。总的结论是，东扩在总体上会使欧盟变得更加安全，但由于东扩导致欧盟内部的安全利得不同或安全利益的分配不均，尤其是世界性的无政府状态没有根本改变，欧盟的安全风险一时是难以避免和消除的。欧盟东扩获得了一定的成功，但潜在的风险和挑战还有很多，路还很长。

此外，有一个用语上的解释。

研究欧盟及其扩大的安全问题，需要把对象严格地界定在"欧盟"身上，但"伴随着一次次扩大，欧盟的欧洲色彩越来越浓，并且似乎代表着整个欧洲大陆的未来。有一种观点已经在西方国家的日常用语中得到认可，即'欧洲'一词用作主语时，通常是作为'欧盟'的同义词来指称欧盟"。[①] 所以，

---

① 〔法〕法布里斯·拉哈：《欧洲一体化史（1945~2004）》，中国社会科学出版社，2005，第113页。

虽然笔者时时注意用词，把欧盟与欧洲区别开来，但所引用的文献却常常存在欧洲与欧盟不分的问题。对此，只有期待细心的读者依据具体的语境做出辨别。而且，欧盟作为西欧一体化发展的产物，是从欧洲煤钢共同体演变过来的，所以欧盟诞生以后，其前身欧共体笔者有时也称欧盟。

当然，本书的写作也有些困难需要克服。由于国内外没有人专门研究过欧盟东扩的安全问题，没有可直接参考的文献，只有在阅读大量的原始资料的基础之上再行取舍，难免挂一漏万。另外，"安全化"（按奥利·维夫的定义是指把某问题当做安全议题看待）的边界难以把握，或者说安全问题的界定是存在困难的，很容易导致安全问题泛化，所以写作过程中需要做出一般的取舍和梳理。而研究方法或理论工具，任何单个国际关系理论都无法对欧盟东扩的安全问题做出完全的解释，所以需要对各种安全观进行比较分析，提出一种综合的更具适应性和解释力的安全观。而且欧盟东扩所引起的安全问题范围极广。从空间看，有新老成员国之间的安全关系，也有东扩之后欧盟与新邻居的安全关系。从性质与内容看，有传统的安全问题，也有非传统安全问题；有政治安全，也有经济、社会和文化安全问题等。因此，在写作中就存在一个内容广泛和突出重点的矛盾需要解决。笔者将尽力克服这些困难。

四　主要内容与基本框架

从一定意义上讲，欧盟东扩就是欧盟实施的一项重要的地区安全战略。本书从综合安全观角度剖析了欧盟和中东欧候选国对东扩的安全动机，东扩后欧盟新旧成员国面临的内部和外部安全问题，以及欧盟在新安全观指导下所采取的一系列安全政策。

除了绪论，全书共分六章。

第一章主要回答了为什么要从安全角度研究欧盟东扩的问题。与经济等其他因素相比，安全因素是欧盟东扩的最主要的动机，欧盟东扩的目的在于维护欧盟周边安全，避免欧洲重新陷入分裂。欧盟的安全观是在冷战结束和全球化发展的新安全环境下形成的新综合安全观，它不排斥传统的军事、领土安全，但以非传统安全为主，包括经济安全、社会安全、环境安全等。本书简要回顾和梳理了欧盟成立以来历次扩大的安全动因。

第二章具体分析欧盟新老成员国推动欧盟东扩的安全动因。老成员国推动东扩，一是要实现欧盟周边安全和欧洲的统一，二是要借此制衡统一后的德国，三是要抗衡美国，四是要挤压俄罗斯的势力范围，最终实现欧洲大陆的和平。新成员国处于社会转型期，从经济、政治、社会等综合安全出发，极需要欧盟的援助和支持，加入欧盟，不仅可以实现融入欧洲的梦想，也可以彻底摆脱再度落入俄罗斯控制的梦魇。

第三章解析东扩后欧盟新老成员国面临的内部安全问题。老成员国担心移民、跨国犯罪、环境安全等新问题，也担心东扩利益分配不均会激起新民族主义；新成员国担心"土地外国人所有权"，东部移民，以及传统的民族种族纠纷等安全威胁。新老成员国面临的共同安全问题是边界安全、欧盟整合能力等新问题。

第四章探讨东扩后欧盟面临的外部安全问题。东扩后的欧盟面临一个全新的周边安全环境，安全形势总体良好，但邻近欧亚大陆的"动荡的弧形地带"，有不少安全挑战。本书对来自俄罗斯、土耳其以及西巴尔干的安全挑战分别做了详细分析。

第五章简要介绍了欧盟为应对内部安全和外部安全挑战所采取的一系列安全政策。比如，司法与警务合作、共同外交与安全、"新邻居政策"等。

第六章是结语性的。欧盟已经存在一种独特的安全模式，其本质是一体化，通过地区主义超越民族国家安全困境，实现共同安全。在对欧盟安全模式及其实施效果做了一番评估之后，本书展望了东扩后的欧盟安全前景。欧盟东扩总体上有助于改善欧盟的内外安全环境，但根深蒂固的民族主义以及国际政治的无政府状态会从内外两个方面对欧盟安全模式产生持久的冲击，其前景存在不确定性。

第一章

问题的提出

一 东扩安全问题的缘起

把欧盟东扩与安全问题联系起来,首先要解决的问题是,欧盟作为一个地区组织本身是否具有安全属性。如果欧盟没有安全属性和功能,那么欧盟东扩就没有安全意义。欧盟首先是一个超国家的地区政治经济组织,所以人们常常不习惯把它与安全问题联系起来,更不习惯把它的东扩与安全问题联系起来。但实际上,欧盟确实具有安全属性与功能。

(一) 欧盟的安全属性与功能

欧盟自成立之日起就具有很强的安全功能,而且是一个逐渐形成的准军事组织。第一,从传统安全意义上讲,欧盟已经是一个准安全组织。欧盟自《马约》提出建设"共同外交与安全政策"的第二根支柱以来,特别是《阿姆斯特丹条约》(简称《阿约》)设立了"外交与安全政策高级代表"和科隆、赫尔辛基会议之后欧盟的安全防务特性飞速发展,甚至欧洲"快速反应部队"也在积极建设之中。欧盟在东扩之前已经是一个具有军事属性的准安全组织了。尽管其一体化程度没有经济一体化高,还停留在政府间性质上,但也已经介入了波黑、马其顿、科索沃等地区的维和行动。所以,欧盟实施东扩战略自然含有安全方面的考量和影响。第二,从非传统安全角度看,欧盟作为一个区域化的政治经济组织具有强大的非传统安全功能。这是冷战后国际安全格局演化,以及全球化发展而导致的"非传统安全"问题凸显及安全含义泛化的结果。

随着冷战的结束和全球化的发展，欧洲安全形势发生了根本性的变化。两极对立的结构性制约突然消失，地区大国活动的自由和使用武力的可能性增大，地区冲突加剧；全球化所导致的安全问题的跨国性和渗透性，非传统安全威胁凸显。冷战后欧洲面临的安全威胁不再是大规模的军事入侵，而主要是来自一些地区性的武装冲突、恐怖主义活动以及欧盟周边地区一些危机外溢造成的难民问题。欧洲安全防务的任务也不再是冷战时期的"领土防御"，而是危机的预防、控制与处理等。与此同时，冷战后全球化的迅速发展，安全概念的扩展及安全内涵的复杂化，"软安全"越来越与"硬安全"具有同等的重要性。经济安全、环境安全等问题都被认为是真正的安全问题。① 面对新的综合安全威胁，与纯军事安全组织的北约相比，具有超国家性质的政治经济组织的欧盟的非传统安全功能却逐渐凸显起来。"欧盟比北约更适应迎接新的综合安全的挑战。"② 无论对东欧还是对西欧来说，"由欧盟来解决冷战后欧洲存在的安全问题被各国视为最佳的选择"。③ 中东欧要加入欧盟，欧盟要接纳中东欧，一个共同的目标就是建立欧洲安全共同体。

因此，从广义安全观讲，欧盟是一个地地道道的安全组织，把它与安全问题联系起来是合理的。正如朱立群所说，"从安全与稳定角度出发的欧盟东扩战略，体现了一种前所未有的'软安全'力量"。④ 事实上，欧盟不仅具有政治安全、经济安全、社会安全、环境安全等"软安全"功能，也具有维和、危机处理等"硬安全"功能。欧盟东扩实际上是欧盟安全功能的空间扩展，自然含有安全的意义与影响。

（二）欧盟东扩的主要动机是安全

冷战结束和苏联解体，意味着西欧不再面临外来大规模的军事威胁。但

---

① Anne Aldis, Graeme Herd, "Managing Soft Security Threats: Current Progress and Future Prospects," *European Security*, Spring 2004, Vol. 13, Iss. 1/2, p. 169.
② Emil Kirchner and James Sperling, "The New Security Threats in Europe: Theory and Evidence," *European Foreign Affairs Review* 7, 2002, p. 450; Fotios Moustakis, "Soft Security Threats in the New Europe: The case of the Balkan Region," *European Security*, Spring 2004, Vol. 13, Iss. 1/2, p. 139; James Sherr, "Strengthening 'Soft' Security: What Is to Be Done?" *European Security*, Spring 2004, Vol. 13, Iss. 1/2, p. 157.
③ 李世安、刘丽云等：《欧洲一体化史》，河北人民出版社，2003，第291页。
④ 朱立群：《欧洲安全组织与安全结构》，世界知识出版社，2002，第161页。

欧盟周边的中东欧转型国家，经济落后，民主政治初建，冷战期间被压制的边界、宗教和种族矛盾释放。这些国家，无论是内部安全还是外部安全，都面临诸多挑战。1992年的波黑战争、1999年的科索沃战争，都显示欧洲大陆的和平与安全并没有像人们所预计的那样美好。1951年欧共体（欧盟前身）成立之初，它的宗旨就是实现欧洲的统一与和平。而且，中东欧国家的政治民主化和经济私有化市场化改革也是以西方为榜样的。所以，从道义上讲，欧盟有义务帮助中东欧国家实现和平与安全。从地缘政治的角度讲，中东欧与西欧同属于一个相对狭小的欧洲大陆，它们是近邻。没有中东欧的和平与安全，就没有欧洲大陆的和平与安全，也就没有西欧的和平与安全。为了西欧自身的安全，以西欧为核心的欧盟也有必要帮助中东欧国家实现稳定与安全。通过经济发展实现国家与社会的稳定是欧盟安全观的一个重要思想。欧盟通过"法尔计划"和"欧洲协定"对中东欧国家进行了大量的经济援助和投资，基本实现了中东欧国家的稳定，巩固了这些国家经济和政治改革的成果，也稳定了这些国家民主派的执政地位和普通百姓对改革的支持。欧盟为什么还要从组织上吸纳这些国家入盟？它的主要动机是什么？

经济利益是一个因素，但不是主要因素。因为中东欧国家的"西化"改革，已经为西欧在这些国家谋求经济利益提供了一个制度基础，也可以在WTO的世界贸易组织的框架下发展经贸关系。欧盟不东扩或不将中东欧国家纳入欧盟也可以就近实现其经济利益。更何况，与其他新兴市场相比，中东欧并不是最佳的投资场所。东亚——尤其是中国和印度——的投资政策更优惠，劳动力更便宜，而且有广阔的消费市场可以就地销售产品。再说，在全球化的条件下，交通通信的高度发达，经济要素在全球自由流动，地理上的距离对经济的制约不大。而与此同时，中东欧10国，人口1.03亿，面积110多万平方公里，但经济总量才相当于荷兰一国。东扩给中东欧候选国带来的收益要远远大于给欧盟带来的收益。[①] 显然，经济利益不是欧盟东扩的主要目的。所以有人讲，"与经济相比，综合安全是欧洲一体化及其扩大中更主要的考虑因素，经济是实现欧洲团结、和谐与统一的手段，经济收益是欧洲综合安全建设的副产品"。[②]

[①] 郑秉文主编《欧洲发展报告：欧盟东扩》，社会科学文献出版社，2003，第9页。
[②] 陈玉刚：《欧盟东扩：跨世纪的挑战》，《国际观察》1999年第2期，第23页。

地缘因素是一个因素，但主要是在全球化条件下才更具有安全意义。没有邻居的和平与安全就没有自己的和平与安全。冷战时期，东西欧对峙，"铁幕"一拉，东西两个部分就隔绝了，东部的安全问题就很难冲击西部的安全。冷战时期，中东欧发生了很多事情，如 1956 年的匈牙利事件、1968 年苏联出兵捷克等，对西欧的安全都没有造成直接的冲击。换句话说，只要实施"硬"边界管理，地缘因素也就不是主要安全原因了。但在全球化的条件下，安全具有跨国性，可以穿透国家的"硬壳"——领土边界。有组织的跨国犯罪、恐怖主义、移民、传染病、环境污染等，新的非传统安全具有"扩散性"，"硬边界"不硬了。

　　本杰明·莫斯特（Benjamin Most）和哈维·斯达尔（Harvey Starr）在他们过去开创性的研究中阐述了安全的"扩散机制"理论。他们坚持现实主义的假设，认为在全球化条件下国家仍然是国际政治的主要行为体，但新的安全威胁很容易在"互动频率较高的国家间扩散"，而"地理上的接近和网络却使一个国家内部安全问题蔓延到周边的国家"。[1] 全球化导致了国家之间的高度相互依存。所以，欧盟为适应新的安全环境，改变冷战时期的"铁幕"政策，采取包容性的东扩政策。欧盟东扩就是欧盟改变冷战时期对抗性的"排外逻辑"，采取把"外人"变成"自己人"的"包容性逻辑"的对外政策。[2] 把中东欧国家纳入欧盟的组织框架，既可以显示欧盟的自信和建立泛欧洲的决心，又可以运用欧盟积 60 年一体化之经验，用欧盟的多边主义超国家框架化解民族国家之间的冲突和仇恨，从而实现欧洲大陆的安全与稳定。把欧盟的"安全与繁荣区"延伸到中东欧国家，就是把欧盟的安全机制和模式运用到中东欧国家，抑制和解决中东欧国家间业已存在的边界冲突和种族矛盾，实现其稳定与安全。一句话，"从安全角度来看，欧盟东扩也将有助于遏制、化解冷战后东欧地区频频发生的民族冲突和战争危机"，[3] 也有助于解决全球化大环境下的贩毒和有组织的跨国犯罪等非传统安全问题。所以，欧盟东扩的真正动因或最主要的动机是安全因素。

---

[1] Emil Kirchner and James Sperling, "The New Security Threats in Europe: Theory and Evidence," *European Foreign Affairs Review* 7, 2002, pp. 425–430.
[2] Anne Myrjord, "Governance Beyond the Union: EU Boundaries in the Barents Euro-Arctic Region," *European Foreign Affairs Review* 8, 2003, pp. 239–257.
[3] 郑秉文主编《欧洲发展报告：欧盟东扩》，社会科学文献出版社，2003，第7~8页。

1993年北约新概念出炉，北约东扩议题逐渐浮出水面。1999年北约50年庆典之际吸纳了维谢格莱德三国，而且表示要继续接纳中东欧国家。而与此同时，俄罗斯因为西方口惠而实不至，对西方失望和怨恨，民族主义抬头，加强了对独联体国家的控制，放弃了向西方一边倒的外交政策，实行独立的东西方兼顾的"双头鹰"政策。① 一方面，欧盟担心美国借北约东扩继续主导欧洲安全事务。这是欧盟，特别是德、法所不能接受的。欧盟东扩明显有与北约东扩竞争欧洲安全主导权的动机。另一方面，俄罗斯的民族主义抬头，特别是某些欧盟成员国默许俄罗斯对车臣的入侵，引起了中东欧国家对自身安全的忧虑。而长期将中东欧排除在欧盟之外也使西欧国家感到种种担心：环境恶化失去控制、非法核交易泛滥，甚至这些国家滑出欧洲边缘，等等。所以"安全是向东扩大中最令人关心的问题"。②

尤其是俄罗斯有传统的帝国扩张历史，欧盟也担心中东欧再次落入俄罗斯之手，不仅十几年的安全投资化为乌有，而且俄罗斯强大的军事实力也会对西欧再次构成威胁。1994年4月14日，欧盟负责同中东欧经贸关系的高级专员布里坦接受法国《世界报》记者采访时说，接纳中东欧国家在政治上很重要，"因为如果我们拒绝，就会把它们推向俄罗斯，这是与我们的愿望相反的"。③ 欧盟东扩不仅可将中东欧纳入自己的控制范围，救其于水火之中，而且可以在西欧或核心欧洲与俄罗斯之间，以及西欧与动荡的伊斯兰中东阿拉伯世界之间建立一个广阔的缓冲地带。所以欧盟东扩，对欧盟来说最主要的动机是安全，强化对俄优势，扭转对美劣势。欧盟东扩刺激了俄美安全政策的调整，促使欧洲安全结构的"欧盟、北约和欧安组织"的三极泛安全体系的形成。④ 这对意在建立"欧洲人的欧洲"的欧盟来说，无疑争取了安全事务上的主动。

---

① Vladimir Shlapentokh, "'Old', 'New' and 'Post' Liberal Attitudes Toward the West: From Love to Hate," *Communist and Post-Communist Studies*, Vol. 31, No. 3, 1998, pp. 199 – 216; Andrei P. Tsygankov, "Hard-line Eurasianism and Russia's Contending Geopolitical Perspectives," *East European Quarterly*, Fall 1998, 32, 3, Academic Research Library, pp. 315 – 335.

② 〔英〕乔治·维萨拉：《欧盟与东欧的关系及向东扩大》，《欧洲》1995年第4期，第24~32页。

③ 朱晓中：《中东欧与欧洲一体化》，社会科学文献出版社，2002，第15页。

④ 黄雯：《欧盟东扩与欧洲安全体系的重塑》，《法制与社会》2006年第7期，第162~163页。

而中东欧国家不仅没有像西欧老成员国那样处于有利的地理位置，而且国力弱小无力保全自己的安全，夹在大国之间，只有两权相害取其轻——宁愿放弃一部分主权投入欧盟的怀抱，也不肯再落入俄罗斯之手。更何况加入欧盟，中东欧能得到经济实惠。所以，对中东欧国家来说，传统安全的最佳选择是加入北约，但综合安全的最佳选择是加入欧盟。考虑到冷战的结束，安全环境的变化，以及北约与欧盟的联系，①加入欧盟是它们最大的对外战略目标。由于北约重地缘，欧盟重经济，且加入欧盟的标准细化具体，所以加入欧盟比加入北约的难度大。②这就是中东欧国家加入北约的速度比加入欧盟的速度快的原因。但"事实上，加入一个组织亦即隐含也是另一个组织成员的意思。由于欧盟绝大部分成员也是北约组织会员国，也由于我们无法想象在欧洲统合达到某一地步之后，它们会不理会一个会员国受到攻击之事实，所谓欧盟借必将导致北约组织保障的事实延伸"。③因此，加入北约并不自动加入欧盟，但加入欧盟就近乎加入了北约。正如布热津斯基所说，"欧洲的政治联合与安全不可分割，这一点是不言自明的。……有资格开始并被邀请同欧盟进行入盟谈判的那些国家，从此时起也应自然而然地被视为事实上已被置于北约的假定保护之下"。④因此，从综合安全或相比较而言，加入欧盟才是中东欧国家的最佳选择，加入欧盟不仅意味着能获得欧盟的政治经济援助，也意味着间接自动获得了北约的保护。

对于欧盟东扩具体的安全动机，东扩带来的安全问题及其对策，笔者将在下文加以阐述。在回答这些问题之前，我们必须解决一个理论问题：东扩作为欧盟实施的一项重要的安全政策或战略，是建立在欧盟的安全观基础之上的，即欧盟是如何看待和解决安全问题的？

二 欧盟新安全观

无论是国内还是国外的学者，都把"欧洲安全观"等同于"欧盟安全

---

① Erik Yessonnato, "Nato EU and Russia: Reforming Europe's Security Institutions," *European Foreign Affairs Review* 6, 2001, pp. 197 – 221.
② 朱晓中：《进北约易入欧盟难》，《世界知识》2003 年第 1 期，第 24~25 页。
③ 〔美〕亨利·基辛格：《大外交》，海南出版社，1998，第 796 页。
④ 〔美〕兹比格涅夫·布热津斯基：《大棋局：美国的首要地位及其地缘战略》，上海人民出版社，2007，第 69 页。

观"。但笔者认为,"欧洲安全观"是一个有歧义的概念。西欧学者和官方用"欧洲安全观",是一种优越感的表现,认为西欧就代表了整个欧洲,他们的"欧洲安全观"其实是西欧的安全观。欧洲安全观应该是整个欧洲对安全的基本看法。但西欧、中欧以及东欧,特别是俄罗斯,它们对安全的看法存在很大的差异,很难说有一个统一的欧洲安全观。用"欧洲安全观"指代欧盟安全观,是对中东欧国家安全话语权的一种剥夺。"欧盟安全观"其实是以法德为核心的西欧对安全问题的基本看法的概括和总结。而且,欧盟安全观还在演变之中,我们只是就当前欧盟安全实践与政策提炼出其基本要义。

(一) 不同学派的安全认知

什么是安全问题?为什么会有安全问题?如何解决安全问题?这是安全观要回答的三个基本问题。什么是安全问题?即界定安全因素的问题,留待下节分析。我们先来回答其他两个问题。理性主义国际关系理论,包括现实主义和自由主义,对安全产生的原因的看法是基于以下两个假设之上:第一,国际的无政府状态,没有国际权威提供安全保护和帮助,国际行为体(主要指国家)只有依靠自助;第二,国家是理性的行为体,按照国家利益的原则行事。"由于所有国家都处于一个自助体系之中,国家间的相互信任程度很低,所以一国无法确定其他国家以防御为目的的军备建设会不会转化成进攻能力。因此,国家会加强军备以寻求安全优势。这种国家之间的相互猜疑导致军备竞赛,这就是国际体系的特征——安全困境。"[1]"安全困境"是无政府国际体系中普遍存在的安全问题。只要国际体系的性质没变,安全困境就不可能彻底解决,只有改善,实现没有战争的"可控安全"。

但现实主义和自由主义解决安全问题的思路和态度不同。第一,现实主义认为人性或国际体系结构性质决定国家的行为,而自由主义认为国家的性质决定国家的行为。第二,由于人性是客观存在且难以改变的,国际体系也是客观存在的、不以人的意志为转移的,所以国际冲突和国家间的威胁是客观存在的,现实主义对安全持悲观的态度。而自由主义认为国家的属性影响

---

[1] 〔美〕詹姆斯·多尔蒂、小罗伯特·普法尔茨格拉夫:《争论中的国际关系理论》,世界知识出版社,2003,第69页。

国家的行为,而国家的属性是可塑的,所以安全问题是可以通过改造一个国家的性质得以解决的。民主和平论就是自由主义的代表性的观点,认为民主国家间很少或不会发生战争。自由主义对安全持乐观的态度。第三,体现在"安全困境"的解决方式上。现实主义的解决办法是追求安全优势。古典现实主义追求权力,权力越大越安全;新现实主义追求霸权,霸权国家最安全。如果称不了霸,就采取均势或结盟的办法维持自身安全。小国的安全听命于大国。历史证明,小国或依附于大国,或自取灭亡,没有真正的中立可言。比如,历史上波兰三次被周边大国瓜分;冷战时期的"芬兰现象"——芬兰表面中立,实则依从苏联。而自由主义认为,国际体系的无政府性质无法改变,但国家性质是可以塑造的。民主国家间沟通和互信比较好,而且受到国民的制约,它们之间能和平相处,即所谓的民主和平论。加强国家间的经济交往和依存程度,你中有我,我中有你,也有助于实现国家间的安全,即相互依存和平论。另外,通过建立国际机制可以建少国家间的猜疑,增强互信,也可以解决安全困境,减少战争,即国际机制和平论。第四,与非理性主义相比,理性主义主要着眼于传统的国家领土安全或军事安全,对"非传统安全"关注不够。而建构主义对安全的认识,是基于安全产生的主观因素,即非理性主义原因。它认为,安全产生的主要原因是由于缺乏信任,互相猜疑。所以文化在安全关系上扮演了重要的角色。霍布斯文化是"所有人反对所有人",国家间是"敌对关系",只存在"零和博弈",一方之所得为另一方之所失,安全问题很难解决;洛克文化是"你存在,也允许我存在",是一种友善的竞争关系,博弈为非零和性质;而康德文化是一种"朋友关系",大家和平相处,双方互利互惠,博弈为双赢,安全共享。所以,安全是一种"主体间性"的关系,在于社会沟通和建构。安全是可以通过主观努力而建构的。我们不能否定建构主义安全观的积极意义,但没有实力,国家建构安全是不现实的。

人们常常遗忘马克思主义国际政治安全观的科学价值。在笔者看来,现实主义是一种政治哲学思维,只讲存在的决定作用,实力(权力)决定安全,忽视意识的反作用;自由主义认识到意识观念对存在具有反作用,如国际机制和平论;而建构主义则进一步强调意识的能动作用,安全可以通过主观努力建构。所以,在辩证唯物主义的框架下看安全问题也许更全面、更科学:既看到实力或存在的决定作用,又看到意识的能动作用,把存在与意识辩证地统一起来,把现实主义、自由主义,以及建构主义有机地综合起来;不能脱离实力求和平,也不能脱离制度或机制维持和平,二者不可偏废。

而矛盾的对立统一规律或许对安全问题具有更大的解释力。矛盾是客观存在的,是事物发展的原动力,矛盾的对立性表现为矛盾双方的互相排斥和互相斗争。这是安全问题产生的哲学根源。矛盾的统一性表现为矛盾双方的互相依存和互相融通,在安全问题上则是我们常说的"共同安全"、"集体安全"等。矛盾的斗争性是客观的、绝对的;矛盾的统一性是相对的、有条件的。所以,安全问题是客观存在的,只能面对,无法回避;只能缓解,不能消灭。任何安全问题,对于矛盾双方来说,和则两利,斗则两伤,关键是要找到利益共同点或相互依赖性。正如罗伯特·基欧汉所说,"合作涉及相互的调整,而且,合作也只有在冲突或者潜在的冲突状态中才得以出现"。[①] 没有矛盾冲突,就是和谐,就没有安全问题,也就不用合作了。只要存在共同的消极利益或互补利益,就有合作的可能和空间。因此这种辩证法体现了矛盾的斗争性与统一性的统一。

我们无需像现实主义者那样悲观,也不能像自由主义者那样乐观。我们面对安全问题所需的是理性分析和沉着应对。根据辩证唯物主义的分析,矛盾是客观存在和变化发展的。所以,安全问题在不同的历史时期内容不同,处于不断变化之中,冷战时期主要是军事领土的传统安全,冷战后主要是非传统安全。但矛盾的解决方式不变,有三种:矛盾的一方战胜另一方,比如,美国打阿富汗和伊拉克;双方融合为一体,比如,东西德统一,欧盟东扩,把中东欧国家纳入欧盟框架组织;双方同归于尽,比如,自杀性爆炸。安全问题实质上是安全主体与安全客体的对立统一关系,包括人与人、国家与国家、地区与地区,以及人与自然之间的关系。在国际政治中,国家既是安全主体,又是安全客体。战争通常以一方胜利、另一方失败而告终;法国与德国在二战后的和解并最终建立欧洲联盟是安全双方的融合,南斯拉夫也是东南欧巴尔干各国融合的结果;而核安全和环境安全恶化的最终结局则是安全双方的共同毁灭。安全问题本质上是一种安全关系,可以有不同的解决

---

① 〔美〕罗伯特·基欧汉:《霸权之后:世界政治经济中的合作与纷争》,上海人民出版社,2001,第76页。

办法。不同的历史经历和利益考量决定不同的安全关系和解决方式。辩证唯物主义为我们解决安全问题提供了诸多启发。

当然,对安全做一种自由主义经济学分析也是有意义的,这也与欧盟安全观密切相关。安全是作为一种与私有品相对的公共品而存在的。国内政治中,由国家垄断暴力并向社会大众提供安全,人们纳税付费。欧盟及其政治精英试图把这种安全模式引入欧盟超国家层面。第一,安全是一种公共品,而不是私有品。把安全当私有品,单个国家谋求自己的安全优势只会导致所谓的"安全陷阱",反而变得越来越不安全,所以必须改变过去的错误思想,把安全当公共品,你的安全就是我的安全,而不是"你的安全就是我的不安全",努力构筑安全共同体,建设集体安全大厦。虽然安全主导权在成员国,但安全协调和政策一体化的动力在欧盟,欧盟可以在提供安全公共品方面发挥越来越大的作用。欧盟发展司法与内务一体化,实现共同的安全与防务政策,建设快速反应部队等都是朝这个方向迈进的重要步骤。第二,公共品的特点容易导致"搭便车"的机会主义行为,所以欧盟推动超国家一体化发展的同时,努力完善其制度和机制约束,比如《马约》《阿约》,以及《欧盟宪法草案》的出台,使欧盟的超国家性质越来越强,为提供安全公共品奠定制度基础。而关税和按比例摊派费用又保证了欧盟正常运行所需的经费。

(二)欧盟新安全观的内涵

欧盟新安全观的形成来之不易。回顾欧洲历史,自威斯特伐利亚民族国家体系在欧洲诞生到二战结束,欧洲历史就是一部列强争霸的战争史。争霸与均势是欧洲国家安全的核心内容。但二战使欧洲失去了世界政治中心的领导地位,也使欧洲大国有机会反思过去所信奉的现实主义政治哲学。显然,现实主义的争霸和均势战略没能给欧洲带来和平与安全,反而使欧洲受到战争的重创而受制于人,让美苏操持了欧洲安全的生杀大权。而一战后的国际联盟生不逢时,昙花一现。当时欧洲各大国并没有改变争霸和均势的现实主义思维,而集体安全由于成员国的安全利得不同,担心相对利益不公会使本国处于竞争的劣势和不安全的境地,所以各国并没有赋予国联太多的实权,国联只是橡皮图章,没有给欧洲带来安全。反而由于集体安全的存在,大国互相推卸责任,搭便车,对德国法西斯没有及时采取集体措施,以致酿成第二次世界大战的恶果，给欧洲带来史无前例的浩劫。①

有了这两次教训，二战后的欧洲先贤们，以法国的舒曼为代表，试图解决民族国家无政府体系的安全问题。他们通过建立煤钢共同体，通过对战争物资煤钢的超国家控制，使国家间的战争变得不可能。实践证明，这种超国家的一体化模式化解了法德世仇，实现了西欧国家间 60 余年的和平与安全。除了冷战特殊的两极格局和美国提供的大量经济援助和安全保障外，法、德两国之间的和解与超国家一体化的煤钢共同调节是欧盟成功的关键。罗伯特·吉尔平说，"日益扩大的区域一体化运动可以概括为对政治学家所谓'安全困境'的一种反应"。② 而从经济一体化到实现政治一体化，最终实现西欧的和平与繁荣，则不是预先设计的道路，而是在实践中逐步演进和自我强化的过程。后人概括为功能主义和平道路。显然，欧盟安全观的形成之初，主要还是以国家安全为出发点的理性主义假设为前提的。但欧盟从创立到今天，已经形成了自己独特的新综合安全观。

如前所述，是冷战结束和全球化的发展改变了欧盟的安全环境和安全内容，跨国犯罪、贩毒、非法移民、恐怖主义等"非传统安全"逐渐取代领土安全成为安全的主要内容。欧盟面临的是一种包括军事安全在内的综合安全。③ 存在决定意识，有什么样的安全环境就有什么样的安全观。德国联邦国防军大学国际政治、安全政策、国防及国际法研究所所长施塔克教授（Prof. Michael Staack）认为，"欧盟的安全观是广义的、广泛的，并不局限于军事领域，而且包括法制国家和市民社会建设，这是更全面、现代的新安全政策"。④ 德国路德维希—马克西米利安慕尼黑大学（Ludwig Maximilian Muenchen Unitversitaet）应用政治研究中心欧洲外交、安全与防务政策及欧洲与亚洲关系的项目负责人弗兰科·阿尔吉利也认为，欧盟对"安全"的

---

① 据统计，欧洲有大约 3000 万人死于第二次世界大战。法国损失了 62 万人，英国 26 万，德国大致损失了 500 万，苏联估计不下 2500 万。农业产量下降 37%，工业产量下降 32%。〔美〕戴维·卡莱欧：《欧洲的未来》，上海人民出版社，2003，第 37 页。

② 〔美〕罗伯特·吉尔平：《全球政治经济学：解读国际经济秩序》，上海人民出版社，2003，第 378 页。

③ Julian Lindley-French, "The Revolution in Security Affairs: Hard and Soft Security Dynamics in the 21st Century," *European Security*, Spring 2004, Vol. 13, Iss. 1/2, p. 1.

④ 刘立群、孙彦红：《德国教授谈欧盟共同外交与安全政策》，《欧洲研究》2004 年第 6 期，第 151 页。

定义是根据一种全面的理解做出的,"其战略首先是扩大欧洲周边地区的安全带;其次是加强建立在规范基础之上的世界秩序;最后是对付威胁特别是恐怖主义和大规模杀伤性武器的扩散"。① 2003 年底索拉纳提交的欧洲安全报告也反映出欧盟安全观是一种立足于多边主义的综合安全观。②

2004 年 9 月 15 日,由各国高官和学者组成的"欧洲安全能力研究小组"将一份题为《欧洲人类安全理念》的报告正式呈交给索拉纳。它主要包含三方面内容。其一是提出"人类安全"理念。报告指出,在恐怖主义、大规模杀伤性武器扩散和跨国犯罪等诸多新的安全威胁面前,欧盟应以保护人类安全取代传统的国土安全。其二是提出解决冲突的手段。欧盟新安全理念反对美国的先发制人和迷信武力手段,认为只有用人道主义干预和多边主义才能真正应对国际社会面临的新安全威胁与挑战。其三是建议组建"人类安全干预部队"。报告建议组建一支由军人、警察和司法人员参加的"人类安全志愿者服务队",负责地区冲突的预防、干预和事后处理,并为各成员国和欧盟共同外交政策协调提供依据。该部队必须信守 7 个原则,其中包括尊重基本人权、确保政治权力透明、奉行多边主义、合理使用武力等。索拉纳称,报告提出的新安全理念是对 2003 年出台的《欧洲安全战略》的补充。③

因此,欧盟安全观的基本内容可以概括如下。第一,民族国家体系的安全问题可以通过超国家机构的一体化多边主义办法和平解决。通过经济一体化可以实现政治一体化,实现经济发展和国家安全。民族主义是国际安全的大敌。正如法国思想家莫兰所说,"我们开始明白,和最坏的民族主义斗争的最好办法是通过超国家的各种联合方式来维护和捍卫每个民族的权利"。④ 第二,非传统安全因素和传统安全因素一样都是安全威胁,安全不再是单一的领土安全,而是包括恐怖主义、跨国犯罪和武器扩散等在内的综合安全。第三,在全球化时代,国家安全与地区安全和人类安全是联系在一起的,个人和国家安全只有通过地区和人类安全来实现。第四,强调用和平谈判和多边主义方法,而不是武力解决国家安全问题。第五,强调欧洲价值观是安全

---

① 〔德〕弗兰科·阿尔吉利:《对欧盟共同外交与安全政策的要求》,《世界政治与经济》2004 年第 8 期,第 63 页。
② 冯仲平:《欧洲安全观与欧美关系》,《欧洲》2003 年第 5 期。
③ 孙晓青、江穗春:《2004 年的欧盟形势》,《国际资料信息》2005 年第 1 期,第 30 页。
④ 〔法〕埃德加·莫兰:《反思欧洲》,生活·读书·新知三联书店,2005,第 141 页。

的基础。吸纳南部欧洲的葡萄牙、西班牙和希腊的成功经验证明，发展市场经济是国家安全的基础，政治民主是国家安全的保障。《东南欧稳定公约》就称，只有当民主原则和民主的价值观在东南欧国家真正实行了的时候，持久的和平和稳定才能在那里扎根。显然，欧盟安全观基本上是一种综合安全观，包含现实主义安全观的假设，但以自由主义安全观为主，并有建构主义的成分。以非传统安全观为主，但并没有完全放弃传统安全的考量。

同时，笔者还想指出的是，在全球化的时代，传统安全与非传统安全的界限在逐渐模糊。传统安全是指以国家为中心的军事安全，非传统安全是指以人为中心的安全。但在全球化条件下，恐怖主义在全球范围迅速蔓延，及其获取大规模杀伤性武器的可能性增大，恐怖主义不仅对社会和个人造成了极大伤害，也对国家构成了极大威胁。"9·11"事件对美国造成的经济损失和人员伤亡远远超过了美国在一般的战争中付出的代价。所以，"国际恐怖主义对于美国已经从过去的非传统安全变成了传统安全"。① 俄罗斯车臣极端恐怖主义不仅对当地人民的生产生活造成极大的破坏，而且对俄罗斯国家的统一和稳定构成了严重的威胁。因此，传统安全与非传统安全的界限模糊，安全问题的传统与非传统的二分法思维已经不适应全球化条件下的国际安全实践和现实。我们必须以新的综合安全观代替传统的安全思维。新安全观应是包括军事安全在内的政治、经济、社会和环境安全等，一种反映安全现实的安全观。但有两点必须明白。一，非传统安全对不同的国家威胁程度是不同的。有的国家，特别是发展中国家，传统安全还是主要的安全威胁。而发达国家可能利用非传统安全问题，比如反恐问题，干涉他国内政。二，从非传统安全产生的根源来看，发达国家，特别是殖民主义和霸权国家应承担更多的国际义务和责任。

（三）欧盟新安全观的成因

美国新现实主义代表人物罗伯特·卡根认为，欧盟产生这种安全观的主要原因是欧盟的军事实力太弱，没有能力像美国那样打赢战争。所以欧盟提出的安全问题都是可以用非军事手段解决的软安全问题。正如一位欧

---

① 李兴：《论全球治理与中国外交新思维》，《毛泽东邓小平理论研究》2006年第1期，第56页。

洲舆论研究者埃弗茨指出的:"美国人谈论外国'威胁'时,是指诸如'大规模杀伤性武器扩散、恐怖主义和无赖国家'。但是,欧洲人所看到的'挑战'是'种族冲突、移民、有组织犯罪、贫穷和环境恶化'。""强国和弱国,它们对危险和威胁的估计和判断不同,对安全的定义不同,对不安全的承受力也不同。军事强国比弱国更趋向于认为实力是解决国际关系的有效手段。"①

2003年索拉纳的安全战略报告也谈到了"大规模杀伤性武器扩散、恐怖主义和无赖国家等"。有人说,这表明欧美安全观接近。但实际上,这是伊拉克战争之后,欧盟想修补欧美关系的一个策略性举动,为2003年底的欧美峰会准备的一份献礼。欧盟明白,以美国为首的北约仍然是欧盟安全的支柱。欧盟安全与防务政策还不足以代替北约。但欧盟经过几十年形成的安全观也不可能一夜之间就发生巨变。欧盟对安全的基本观念没有改变。欧盟安全观产生的原因不是军事实力弱的问题,比起伊拉克、伊朗、以色列等,欧盟的军事实力不知要强多少倍。它产生的原因,主要有以下四点。

第一,历史因素。

二战前,欧洲的历史是一部列强争霸的历史,也是一部残酷的流血史,特别是两次世界大战给欧洲带来了无尽的灾难。欧洲人厌恶战争。1949年9月21日,阿登纳在就职演说中指出,"如果我们要在欧洲建立和平……只有采取全新的方法",那就是"争取建立欧洲联邦",为此,"我决心要以改善德法关系作为我的政策的核心。如果德法之间缺乏根本谅解,欧洲合作是无法实现的"。② 对法国来说,唯一的办法是"寻求一个新体制,使德国在这个新体制中,沿着不但可以减轻法国对它的恐惧,而且有可能对两国都会有实际利益的途径去发展"。③ 以舒曼和让·莫纳为代表的新一代政治家开始探索一条成功的避免战争和化解冲突的道路,即一体化模式,通过经济一体化和超国家的调节,实现政治一体化和国家之间的和解。二战前后的

---

① 〔美〕罗伯特·卡根:《天堂与实力:世界新秩序下的美国与欧洲》,新华出版社,2004,第40~48页。

② 〔德〕康拉德·阿登纳:《阿登纳回忆录》第1卷,上海人民出版社,1976,第289期。

③ W. Jr. Diebold, "The Schuman Plan: A Study in Economic Cooperation 1950 – 1959," Published for the Council on Foreign Relations by Praiger, 1959, pp. 11 – 12.

历史教训和经验告诉欧洲，一体化及其衍生出来的国际制度和机制可以解决民族国家间的冲突，实现和平。欧盟扩大只是欧盟一体化在地理空间上的实现而已。"对欧洲公众而言，一体化不只是被看成是一次启蒙，也是对欧洲大陆血腥的过去、对其现在和未来所面临的挑战这两者的明确回应。"① 这是一般持新现实主义观点的美国人无法理解的。他们认为，欧盟之所以有和平，是因为美国提供了军事安全保障，而不是一体化。在美国人眼里，实力就是和平，霸权就是和平。而在欧盟看来，一体化机制就是和平，去民族主义就是和平。欧盟在努力超越民族国家体系，而美国还在民族国家中挣扎。

第二，欧盟特殊的安全环境。

二战后，欧盟（欧共体）是生活在以美国首的北约的核保护伞下的。传统的领土安全问题交给了美国，中东欧在苏联控制下不可能成为争夺的对象，而德国一分为二，又处于被占领、被缴械的战败国地位，一时半会儿还不可能成为威胁。这些都为法国改变传统安全思维提供了结构性条件。传统的均势战略由于英国的亲美政策，联英抗德的想法不现实。法国在无奈的情况下，选择了放弃民族仇恨，寻求与德国和解。对于一个有着悠久民族主义传统的国家来说，迈出这一步是非常不容易的。而德国处于被占领的地位，没有正规的军队，对法国和周边国家构不成威胁，相反，寻求正常的国家地位成了阿登纳政府的首要目标。"舒曼计划"正好迎合了法、德两国的要求，从军事战略物资煤和钢的超国家一体化开始，通过经济一体化实现政治一体化，使战争变得不可能。60余年的经验证明，这是一个成功的安全模式。自诞生以来，欧盟已经扩大了四次，每一次都成功地壮大了自己，增强了欧洲的安全。欧盟安全模式的成功经验，及其在实践中的不断丰富完善，使欧盟对自己的扩大充满了信心。"一体化"使欧盟成员国都获益，这种惯性的作用使谁都不愿意放弃。如莫纳所说，"除了联盟，欧洲人民没有其他的选择"。

冷战后，欧洲安全环境发生了巨变。对欧盟安全有决定意义的是：东欧剧变，德国统一，苏联解体。俄罗斯是苏联的法定继承人，但由于经济衰落，一时构不成欧盟的安全威胁；更何况，北约也没有随之解体，仍然

① 〔美〕戴维·卡莱欧：《欧洲的未来》，上海人民出版社，2003，第233页。

是欧盟安全的基石。东欧国家实行"私有化、市场化、民主化",纷纷倒向西欧,申请加入欧盟,不可能再次成为争夺的对象。德国还是选择留在欧盟内,建设"欧盟的德国"。这样,欧盟安全观及其战略在冷战后不仅没有过时,反而可以大显身手,实施具有战略性的东扩,实现欧洲的统一与和平。

第三,全球化使得非传统安全问题凸显。

全球化对安全的重大影响有两点。①安全议题范围扩大。在全球化背景下,安全的内涵开始突破传统的军事和政治安全,"广义安全"出现。"广义安全"是在纵横两个方向上将安全的含义延伸和扩展,横向上的安全包括政治、经济、社会、环境和军事,纵向上包括人、国家和全球三个层次。因此,在政治和军事领域的传统安全之外,产生了非传统安全的新问题领域。① ②安全的跨国性。全球化时代,发达的交通通信使得世界变小,国家间的边界变得模糊。单个国家无法解决诸如环境污染、跨国犯罪、恐怖主义、传染病、非法移民等安全威胁,加上核战争的毁灭性威慑,安全的相互依赖性,迫使国家间进行合作,以寻求合作安全和共同安全。欧盟安全观正好顺应了全球化时代综合安全的需要。

第四,安全范式或思维方式的转变。

欧盟60多年的一体化历史为欧盟赢得了和平,也逐渐改变了欧盟安全思维方式,即不仅要应对安全威胁,也要寻找和解决安全问题产生的根源。美国反恐怖主义战争得到了全世界人民的支持,但越反越恐,伊拉克战争后竟陷入了空前的孤立。美国的超强实力并没有给美国人带来安全。美国人困惑了,迷茫了。② 美国只迷信自己的军事实力,而很少寻找问题产生的原因、反省自身的行为。正是因为美国在中东偏袒以色列才招致伊斯兰世界的仇恨,正是因为经济落后和南北差距扩大才引起发展中国家的动荡和非法移民,包括有组织的跨国犯罪。所以,在美国追求军事霸权和"暴力和平"的时候,欧盟的有识之士则在探索另一条和平之路。巴瑞·布赞的"安全共同体"理论,强调综合安全和共同安全,强调安全的"主体间建构"。英

---

① 刘兴华:《非传统安全与安全共同体的建构》,《世界经济与政治》2004年第6期。
② 李兴:《国家民族主义情结,文化民族主义焦虑》,《国际问题研究》2005年第5期,第66~67页。

国著名学者罗杰斯则明确提出了"安全范式"的转换,认为"有必要提出一种增进和平、限制冲突的范式。该范式的核心应该以制止社会经济分化、提高经济的可持续发展力以及控制扩散和军事化进程为基础,目标是提高全球公共安全"。① 欧洲学者的这些自由主义和建构主义观点既是对欧盟一体化实践与历史的总结,同时也会对欧盟的实践和政策选择产生影响。美国只是救火扑火,治标不治本,欧盟则追求标本兼治;美国只注重眼前的短期安全,欧盟则追求永久或长期的安全与和平。思路决定出路。美国越反越恐,无形中陷入了"安全困境"之中,欧盟却实现了60多年的和平与繁荣。与美国的现实主义安全观相比,以西欧为核心的欧盟的安全观越来越具有自由主义和建构主义色彩,代表了人类安全关系发展的新方向。

三 安全因素的界定

界定哪些问题是安全问题,哪些问题不是安全问题,是安全问题研究的首要问题。有什么样的安全观就有什么样的安全因素或安全问题界定。对此笔者在前文已有所阐述。在此,笔者要在欧盟安全观的指导下进一步解析安全问题的内容与结构。安全问题是由安全因素界定的。根据《牛津高阶英汉双解词典》的解释,"因素"(factor)的含义是指产生某种结果的事实、环境等(fact、circumstance, etc. that help to produce a result),② 《朗文当代英语词典》的解释与此相似,"因素"(factor)指导致某种结果的各种力量、条件、影响等(any of the forces, conditions, influence, etc that act with others to bring a result)。③ 概括起来,"因素"指导致某种结果的各种原因的总和。

而《汉语大词典》(汉语大词典出版社,1991年版)对"因素"的解释是:决定事物发展的原因、条件;构成事物的要素、成分(第605页);对"安全"的解释是:平安,无危险;保护,保全(第1316页)。④ 按照这种解释,"安全因素"就不仅指导致安全的各种原因、条件,也包括构成安

---

① 〔英〕保罗·罗杰斯:《失控:21世纪的全球安全》,新华出版社,2004,第193页。
② 《牛津高阶英汉双解词典》,商务印书馆,1997,第517页。
③ 《朗文当代英语词典》,上海世界图书出版社,1993,第362页。
④ 《汉语大词典》,汉语大词典出版社,1991,第605页、第1316页。

全本身的各个要素。笔者认为,这种解释比较全面,贴近现实,所以采用这种解释。欧盟东扩的安全问题研究就是从安全的角度对欧盟东扩事件进行诠释,包括欧盟东扩的安全动因以及东扩带来的各种安全问题。尽管欧盟东扩是一个发展的过程,但为了行文的方便,本书主要把它作为一个整体的战略看待。而且,如果把欧盟东扩过程中的安全问题也包容进来,那就等于把许多琐碎的细节塞进来,将冲淡论题的主旨。过程是重要的,但结果出来之后,过程就显得微不足道了,因为结果包含了过程的痕迹。把欧盟东扩作为一个整体事件看待和分析,有助于集中精力从宏观上把握论题的主要问题和环节。在一个全球化的时代,由于非传统安全的泛化,任何一个问题都有可能被"安全化"为安全议题。

由于欧盟的安全观是一种较为独特的综合安全观,以这种安全观观察欧盟东扩,如前文所述,东扩的最主要的动机是安全。从传统安全的角度看,东扩内可制衡德国,外可抗衡美国和防范俄罗斯,可以在欧亚大陆棋盘上占据有利的地缘优势。从非传统安全角度看,可以通过经济、政治手段解决欧盟周边的安全问题。东扩意味着接纳新成员。而巴尔干是欧洲的"火药桶",是地缘政治学上的"破碎地带"(shatter zone)(它指国际上位于两个或更多的强盛和稳定区域之间的不稳定地带)。在欧亚大陆的地缘政治地图上,可以清楚地看到三条"危机弧"的"破碎地带",第一条就是沿原苏联的主要势力范围——波罗的海、中欧和巴尔干分布的"破碎地带"。① 吸纳12个中东欧国家入盟,就意味着把这些国家现有的安全问题纳入欧盟,它们将成为欧盟的新安全问题。通过对中东欧国家的"欧洲化",把外部人变成内部人,通过超国家的一体化模式,欧盟实现了整个欧洲大陆的安全与繁荣。

而由于东西欧存在经济差距,可能导致大量的经济移民冲击西欧劳动力市场,对西欧老成员国社会和经济稳定构成威胁。再者,欧盟东扩之后,统一市场扩大,人员自由流动,而中东欧是跨国犯罪和非法移民的主要发源地,这些非传统安全问题会波及西欧老成员国家。由于各国的刑法和法律又存在较大差异,欧洲的跨国犯罪、非法移民和恐怖主义可能因扩大而变得容易滋生并蔓延。整个欧盟的内部安全面临诸多新挑战。所以,美国著名欧洲

---

① 王逸舟:《当代国际政治析论》,上海人民出版社,1995,第209~210页。

问题专家戴维·卡莱欧说,"新的大欧洲安全问题越来越具有内政式的、错综复杂的特征,使得一个外部力量处理起来时显得更加困难和更不适当"。①新成员又意味着新邻居。面对新的周边安全环境,新的外部安全威胁,欧盟采取了一系列的对策,意在构筑一个广大的具有安全缓冲性质的"朋友圈"。以上这些议题都是本书将要探讨的安全问题。

---

① 〔美〕戴维·卡莱欧:《欧洲的未来》,上海人民出版社,2003,第5页。

第二章

欧盟东扩的安全动因

欧盟东扩是欧盟与中东欧国家双方互动的过程。本章主要考察欧盟与中东欧国家对"东扩"的安全动机。为了更清楚地了解欧盟东扩的安全动机,我们有必要先回顾一下欧盟过去四次扩大的安全动因。我们可以从对比分析中看到,尽管安全环境在不断变化,但安全利益一直是欧盟扩大的最主要的动机。

一 欧盟历次扩大的安全动因

欧盟的前身是欧共体,欧共体成立之初的安全动机就是寻求法德和解,实现西欧的和平与安全。法国在一战后一直想建立英法联盟和借助美国的力量平衡德国的威胁。但那时的英国还没有放弃均势的欧洲政策,而美国也没做好领导欧洲和世界的准备,没有放弃开国元勋的"孤立主义"政策。二战的爆发及其对法国和欧洲造成的伤害使法国先贤们积极谋求与德国的和解。因为法国当时太虚弱,戴高乐曾求助于斯大林,但斯大林没有把法国当成平等的伙伴,他宁愿与德国打交道。法国也努力谋求与美国和英国建立特殊的安全保障关系,但都归于失败。所以,剩下的安全之路,就只有靠自己强大或与德国谋求和解。基辛格认为,法国选择了追随德国霸权的道路。但实际上并不完全是这样,相反,经济相对落后的法国却有可能利用一体化超国家机制在欧盟中谋求对德国和西欧的政治领导地位。1950年5月9日,法国外长罗伯特·舒曼提出一项计划,从进行战争所必需的煤、钢工业入手,建立一个包括法德在内的煤钢共同体。用舒曼的话讲,这种

"实际的联合"将"使法、德之间的战争不但不可思议,而且极不可能进行";"它可以成为一种催化剂,促使因粗暴的分割而长期敌对的国家,相互形成一个更大和更牢固的社区"。其目标就是"为了提高生活水平和促进和平"。①

所以,"大欧洲思想的第一步具体动机在于驱除旧威胁和新威胁幽灵的强烈需要"。② 德国在二战后处于分治和被占的局面,只有经济发展权,要想恢复主权,就必须"洗心革面""重新做人",洗刷过去"战争魔鬼"的旧形象。而欧共体的成立恰好使得德国可以在超国家机构中恢复部分主权,获得国际地位。所以,欧盟的成立满足了法德两个大国在二战后的安全与政治需求,从而得到普遍的支持和迅速发展。

欧盟的第一次扩大是 1973 年,英国、爱尔兰和丹麦加入欧共体。但大家都知道,在此之前英国的两次申请都被法国否决了。为什么法国偏偏在这个时候同意英国加入呢?除了法英两国更换了领导人以外,最主要的原因是政治安全考虑。之前,英国被法国看成是美国打入欧共体的"特洛伊木马"。③ 戴高乐认为,"一旦英国加入欧洲经济体,就可能成为美国打进欧洲的'特洛伊木马',把欧洲经济共同体熔化到大西洋共同体中去,从而使欧洲经济共同体听命于美国"。④ 而且,英国加入欧共体会削弱法国在欧共体内的领导地位。而 1967 年德国总理勃兰特上台之后,在西欧政治合作毫无进展之际,寻求与东方的和解,承认东德和东部边界,这就是史称的"新东方政策"。1969 年,苏联直接与西德勃兰特政府进行缔结苏德条约的谈判;由于西德的经济优势,1971 年,西德不顾法国的反对,宣布西德马克自由浮动。法国又感到了难以驾驭西德之痛。为了平衡实力不断增长的西德,法国总统蓬皮杜才同意英国、丹麦和爱尔兰加入欧共体。一位戴高乐派议员说过:"德国力量的重要性现在使得法国人认为大不列颠加入共同市场是非常有用的。"基辛格在他的回忆录中也写道:蓬皮杜断言,担心德国东山再起使他改变了戴高乐反对英国加入欧洲一体化的政策。他甚至谈到了要建立巴

---

① 李巍、王学玉编《欧洲一体化理论与历史文献选读》,山东人民出版社,2001,第10~11页。
② 〔法〕埃德加·莫兰:《反思欧洲》,生活·读书·新知三联书店,2005,第79页。
③ 刘德斌主编《国际关系史》,高等教育出版社,2003,第395页。
④ 伍贻康、周建平、戴炳然、蒋三铭:《欧洲经济共同体》,人民出版社,1983,第43页。

黎－伦敦轴心以平衡无法控制的德国民族主义。① 由此可见，安全问题是法国做出让步的关键原因。法国希望以英国的加入来平衡德国实力的增长威胁。

1981年欧盟第二次扩大，对象是希腊；1986年第三次扩大，对象是西班牙和葡萄牙。把这两次扩大放在一起分析，因为这三个国家有许多共同点。它们都经历了短暂的专制统治，都是经济比较落后的南部地中海国家。欧共体通过经济援助和实施"入盟"战略，帮助它们发展经济改革政治。稳住了这三个国家的民主政治，也就维护了欧洲南部的稳定与安全。除了安全利益，欧共体吸纳这三个穷国没有其他好处。通过这两次扩大，在地理上，"共同体进一步向东南和西南方向伸展，南临爱琴海，西抵直布罗陀海峡，直接扼住地中海东西要道，几乎囊括了整个地中海北岸……增强了遏制苏联从南面合围西欧的力量"。② 因此，欧盟南扩的政治和战略价值在于安全，"稳定南欧政局，增强地中海防务，加强北约南翼阵地"，抑制和抗衡苏联在南欧地中海一带的渗透和扩张。

1995年是欧盟第四次扩大，也是冷战后的第一次扩大，对象是芬兰、瑞典和奥地利三个中立国家。奥地利由于经济上对欧共体市场的严重依赖，希望获得与欧盟成员国平等的决策参与权从而维护自身利益，而冷战后综合安全在国家安全中的地位不断上升，使奥地利对中立政策迅速做出调整并重新选择集体安全，加入欧盟的决定受到绝大多数民众的欢迎。"瑞典模式"带来了高通胀、高赤字、高债务和经济衰退，冷战后瑞典经济增长日益依赖欧共体市场，在政治和商业精英的主导下，瑞典悄然放弃和平中立政策，融入欧盟以寻找经济安全。对芬兰来说，冷战后苏联的崩溃使依赖苏联能源和市场的芬兰货币贬值、经济衰退，而因为俄罗斯的衰落，来自东方的安全威胁减少了，因此芬兰无所顾忌，迅速调整中立政策加入欧盟。③ 显然，这三个中立国家与欧共体在经济已经高度融合，对欧共体市场有高度的依赖。综合安全是它们加入欧盟的主要动因。冷战的结束，东西对峙的终结，加上苏联的解体和俄罗斯的衰落，欧洲安全环境发生了巨大的变化。对这三国而言，中立已经没有实际的安全意义了。面对全球化时代新的非传统安全或综

---

① 金安:《欧洲一体化的政治分析》，学林出版社，2004，第107页。
② 伍贻康、周建平、戴炳然、蒋三铭:《欧洲经济共同体》，人民出版社，1983，第91页。
③ 李业圣:《欧盟第四次扩大及其影响》，武汉大学硕士论文，2005。

合安全，欧盟比北约更有保障。加入欧盟仍然是这些国家的首选。而曾经是两大集团对抗分界点的三个中立国的入盟，不仅标志着欧共体或欧盟在与欧洲自由贸易区的竞争中取得了胜利，取得了欧洲一体化的主导地位，而且标志着欧盟越过了冷战势力范围的分界线，为填补苏联崩溃留下的中东欧权力真空做好了准备。2004年的欧盟东扩就是欧盟一体化发展的继续，但安全因素仍然是其主要的动因。

二 推动欧盟东扩的安全动因

荷兰前首相库克（Wim Kok）在2003年3月底呈给欧盟委员会的报告《扩大的欧盟——成就与挑战》中提到，欧盟扩大给我们带来的最大利益是什么？那就是有助于实现整个欧洲的和平与稳定，即获得巨大的安全利益。他讲了三点：①欧盟扩大有助于欧洲大陆的统一，把西欧几代人所拥有的和平、稳定和繁荣区扩大到中东欧，可以通过经济和政治的一体化避免冲突，乃至战争；②追求欧盟成员国身份有助于巩固中东欧国家业已取得的多元化政治和市场经济改革成就，它们的稳定和持续繁荣有益于新老成员国；③随着冷战的结束，欧洲人为的分裂结束了，但在中东欧国家出现的种族、国家集团和少数民族中存在潜在的冲突，欧盟成员国身份的预期已经解决了其中的大部分问题。[①]

有学者认为，除了谋求经济上的共同繁荣，欧洲一体化的主要目的是：建立抗衡美苏的"第三种力量"和通过联合制约成员国之间的潜在冲突，尤其是化解法、德之间的世仇并实现法、德对欧洲的"合作霸权"。[②] 欧盟东扩作为欧洲一体化发展的重要内容，也是欧盟实施的一项重大的地区安全政策。实际上它是西欧或核心欧洲抓住冷战结束的有利时机，在欧洲以至欧亚大陆谋求最大安全利益的战略举措。有人归纳为欧盟东扩的"双制衡"原则：对内制约德国，对外制衡美国。[③] 其实，欧盟东扩的安全动机不仅在

---

① Wim Kok, "Enlarging the European Union—Achievements and Challenges," 26 March, 2003, http://www.europa-kommissionen.dk/upload/application/03ccc8b7/report_kok_en.pdf.
② 金安:《欧洲一体化的政治分析》，学林出版社，2004，第51页。
③ 李志平:《推动欧盟东扩的"双重"制衡原则》，《山东理工大学学报》（社会科学版）2004年第1期，第53~56页。

于牵制德国、抗衡美国，而且在于挤压俄罗斯，以及实现欧洲大陆的和平与稳定。

（一）稳定欧盟周边安全

从西欧一体化的形成和发展历史看，安全利益始终是其首要的根本的动力。从解决西欧经济复兴和德国问题，到抵御苏联侵略和避免被美苏交易出卖，再到后冷战多极化时期谋求成为世界格局中的独立一极，其间历经曲折与艰难。从"富歇计划"的失败，到"空椅危机"和"卢森堡妥协"，以及英国入盟的一波三折，等等，西欧始终朝着欧洲统一的目标前进，其中根本原因就是要避免欧洲再现历史上的战争和灾难，实现欧洲的永久和平与安全。如前所述，安全是欧盟东扩的根本动机。因为经济利益可以通过自由贸易或市场一体化等经济手段获得，而不必通过需要巨大投资和援助且充满风险的东扩去实现。正如欧盟前负责对外事务的高级专员布鲁克所言："（欧盟）东扩首先是一个有关文明大陆的安全和稳定的政治问题。"①

欧盟东扩可以将欧盟的安全区延伸到中东欧，通过欧盟的援助和投资，以及欧盟一体化和"共同体"方式解决这些国家间存在的矛盾和纷争，同时又有利于加强欧盟与这些国家间的安全合作。有人认为，"欧盟东扩的主要安全利益是同中东欧联系国在非领土防御问题上的合作，即在将不明确的安全保证扩大到新成员国和改善其社会经济条件的问题上，将中东欧国家包容进旨在解决跨国'新危险'（有组织犯罪、非法移民和环境危险）问题的合作框架中来"。② 即通过合作和欧盟的援助解决中东欧国家的非传统安全问题。所以，欧盟的安全功能主要是非军事的政治经济"软安全"功能。欧盟"由于其经济一体化的独特发展和内部的高度稳定，其作为安全中心的功能主要是从'软安全'的角度体现出来，即从政治、经济和社会的角度作为一个'安全锚地'，在欧洲安全结构中发挥重要作用"。③ 应该承认，与军事组织北约相比，欧盟的安全与防务水平比较低，它的政治经济优势比较大，"软安全"功能较强。"在稳定中东欧局势方面，欧盟虽不能像北约

---

① *The Guardian*, 5 November, 1994. 转引自朱晓中《中东欧与欧洲一体化》，社会科学文献出版社，2002，第35页。
② 朱晓中：《中东欧与欧洲一体化》，社会科学文献出版社，2002，第230页。
③ 朱立群：《欧洲安全组织与安全结构》，世界知识出版社，2002，第18页。

那样给予该地区国家军事安全保障,但是可以发挥'民事力量'的优势,通过贸易优惠、各种援助、入盟许诺、入盟谈判和接纳入盟等手段来影响中东欧国家的政策选择,从而使其朝着欧盟希望的方向发展。欧盟委员会认为,'欧洲和平、稳定和繁荣区的延伸将有助于欧洲各国人民的安全'。"①

但笔者认为,欧盟东扩的安全目的,不仅仅在于它稳定中东欧经济、政治和社会的"软安全",而且在于通过运用欧盟半个多世纪积累成型的一体化安全模式解决欧洲安全问题,即一方面通过一体化稀释国家之间的边界作用,使领土边界纠纷变得更容易解决;通过人员的自由流动和尊重少数民族,以及普遍的人权和司法标准使由于战争分割而造成的少数民族问题也变得不那么突出。通过地区安全来实现国家安全是欧盟安全模式的核心内容。另一方面通过"共同体"的超国家机构和一体化机制和平解决国家之间的冲突和矛盾。超国家机构的建立,是欧盟区别于其他一体化组织的重要特征。欧盟作为一个发展中的新型地区组织,经过半个多世纪的探索和试验,积累了许多宝贵的成功经验,这些有助于欧洲在一体化的超国家机制下解决传统的民族国家体系引发的冲突和战争问题,实现欧洲大陆的和平。1999年4月德国《经济周刊》刊登的该刊记者同德国前总理科尔的一篇谈话,很能说明这个问题。当记者问到"战争在欧洲是否会进一步升级"时,科尔说:"在我看来,欧盟的扩大是一个战争与和平的问题。当一个国家成为欧盟成员时,国界的意义会大大缩小。德国和法国的关系说明了这一点。德国和波兰的关系同样说明了这一点。……从长期看,我认为巴尔干冲突唯一真正的解决办法是各国都成为欧盟成员国。"科尔甚至认为,欧盟应包括东南欧所有国家,也就是说,可以通过参加欧盟来消除民族之间的矛盾和冲突。② 而英国前首相约翰·梅杰也说过,"如果不能让东欧和中欧的民主国家加入我们共同体,我们将面临重新造成富国和穷国分裂的危险"。③

欧盟东扩是西欧为实现欧洲大陆的统一而采取的最重要的对外政策,但却只有在冷战结束的特定历史条件下才能实现。它结束了欧洲东西分裂的历

---

① 陈志敏、古斯塔夫·盖拉茨:《欧洲联盟对外政策一体化——不可能的使命?》,时事出版社,2003,第286~287页。
② 张月明、魏晓锋:《欧盟东扩的前景分析》,《当代世界社会主义问题》2000年第1期,第84页。
③ 〔美〕理查德·尼克松:《超越和平》,世界知识出版社,1995,第84页。

史。只要欧洲存在分裂，欧洲的安全就没有真正的保障。按照欧盟的观点，欧盟扩大是"欧盟一项最成功的政策和一个最有力的对外政策工具，由6个发展到25个成员国，把和平和民主空间延伸到整个欧洲大陆"。欧洲是两次世界大战的发源地，所以欧盟能解决欧洲本身的安全问题就是对世界和平与安全的巨大贡献。

（二）通过共同体扩大方式抑制德国

一个"妖魔"德国意味着一个内部不稳定的欧洲，一个需要外部力量平衡的欧洲。戴维·卡莱欧认为，"对德国神秘的潜力的忧虑"是"欧洲联盟的主要理论依据"。① 欧洲一体化的最初动力就是为了解决"德国问题"，为了在一体化的超国家机构框架下化解德法世仇，防止德国再次成为欧洲安全威胁。而欧盟东扩使统一后的德国又处于欧洲大陆的中心地位，欧盟的重心从西欧移向中欧，德国的地缘战略优势凸显。统一使德国的实力大增。在恢复外交"正常化"的旗帜下，德国逐渐放弃"军事克制文化"，存在追求与其国力相称的权力和国际影响力的趋势。"新德国问题"重新出现在欧洲人面前。②

冷战时期，德国处于分裂状态，位于东西方对峙的前沿，面对超级大国苏联和它领导的强大集团，本身安全受到严重威胁。冷战后，苏联解体，东欧集团瓦解，力量大大削弱，使本来因统一而变得强大的德国在欧洲的分量更加重了。两极格局终结之后，世界朝多极格局发展。欧盟属于多极世界的一极，其作用越来越明显，而德国又在欧盟中占主导地位，"不管在北约内部还是外部，德国都将是欧洲舞台上的主角"。德国在世界舞台上也逐渐有了更广阔的活动空间。德国在统一之前的40多年中，一直奉行"自我约束"的准则，坚持"多做事，少出头，甘当法国配角"的原则。③ 而冷战结束之后，统一的德国想要在世界上谋求更大的权力，开始调整对外政策。1992年5月，科尔在访问美国期间发表讲话说："我们德国人今天作为统一和主权国家在欧洲和全世界担负着越来越大的责任。"德国外交家金克尔在

---

① 〔美〕戴维·卡莱欧：《欧洲的未来》，上海人民出版社，2003，第22页。
② 连玉如：《新世界政治与德国外交政策——"新德国问题"探索》，北京大学出版社，2003，第3~7页。
③ 伍贻康：《法德轴心与欧洲一体化》，《欧洲》1996年第1期。

自由民主党的一次讨论外交问题的会议上说得更直截了当:"德国有权要求超出欧洲的范围,在全球从政治和经济上维护自己的利益和履行自己的责任。"①

德国不光有言论,也有行动。1993年,在没有与其他大国商量的情况下,德国率先承认与其有密切历史联系的斯洛文尼亚和克罗地亚等南斯拉夫联盟解体国家。这在冷战时期是不可想象的事。1994年7月12日,德国联邦宪法法院就联邦国防军在北约辖区以外派兵的问题做出裁决,德国参与海外军事行动逐渐升级。德国积极参与北约在巴尔干的军事和维和行动,1994年以后,驻扎在该地区的联邦国防军约有10万之众。政治上,对欧盟的财政支持也没以前的慷慨大方,越来越维护德国的国家利益。德国统一以后,就积极争取联合国安理会常任理事国席位。在海湾战争期间,捐款100亿美元支援盟军;1991年底在南斯拉夫内战问题上,开始采取强硬立场,迫使欧共体对德国妥协;在伊拉克战争中德国敢于公开和美国唱反调,争当政治大国的意识非常强烈。科索沃危机爆发时,德国不加掩饰地说:"我们必须看到,德国的作用已经发生了变化,现在我们不能推卸责任。"② 1999年3月24日,当以美国为首的北约发动对南联盟科索沃的空中打击时,施罗德政府开始举兵国外,除了一支8500人的"维和"部队外,还派轰炸机参加对南联盟的空袭,随后又在南联盟拥有了德国占领区,德国将军也首次成为包括美、英、法在内的派驻科索沃"维和"部队的司令。1997年上台的施罗德继承了前任的欧盟政策,"核心是强化德国对欧盟的领导权"。③

2006年8月25日,新一届德国政府在没有告知波兰政府的情况下在波兰海域进行军演,遭到波兰的强烈抗议。德国的民族主义抬头、国家意识增强对欧盟是福是祸,人们还在观察。在法国及其他国家,"德国梦魇"并没有完全消除。在欧盟东扩过程中,德国作为欧洲第一、世界第四的经济强国,利用其经济和地理的优势,积极向中东欧地区扩展,运用经济手段进行"马克外交",在24个向东欧提供援助的发达工业国家

---

① 潘琪昌:《欧洲国际关系》,经济科学出版社,2001,第367页。
② 周弘:《1999~2000欧洲发展报告》,社会科学文献出版社,2000,第128页。
③ 孙恪勤:《施罗德政府的欧盟政策》,《现代国际关系》2001年第12期,第13~17页。

中，德国提供的捐款居首位占 20%，对这些国家宏观经济的帮助极大，贸易和投资的比重占55%。① 大概用了3年的时间，德国就取代了俄罗斯在中东欧国家中的经济地位和影响力。德国主动提供援助有安全方面的考虑，因为东欧保持稳定对处于中欧的德国来说是十分重要的，但德国扩张影响力的意图也十分明显；而德国的扩张对欧洲其他国家又造成一定的威胁。德意志民族是一个古老而优秀的民族，然而又是一个"好战"的民族，在20世纪发动的两次世界大战给人类造成了深重的灾难。对欧洲而言，德国的分裂一直被认为是维护欧洲和平稳定的重要前提。而德国统一后，实力和地位的直线上升及其采取的扩张性政策必然会引起其他国家的疑惧。它们决心把德国牢牢地拴在欧共体内，避免德国独享冷战胜利果实的不利局面。法国等其他欧盟国家为了牵制德国，就必须顺应时代要求，通过欧盟扩大而不是德国扩张来包容中东欧国家，满足它们融入欧洲的战略需求，同时达到通过欧盟的深化和扩大来抑制德国，使它继续留在欧盟内做一个合格放心的成员，即建设"欧盟的德国"，而不是"德国的欧盟"。而把一大批中东欧原德国受害国纳入欧盟，在一定程度上有利于牵制德国。

当然，有了两次世界大战的惨痛教训，而实际上欧洲一体化又能给德国带来巨大利益，德国政府及其政治精英也愿意继续留在欧盟内。德国前总理科尔就曾坦言，"只有在德国上空盖一个共同的欧洲大屋顶，才能消除这种恐惧感"。② 德意志民族将国家的统一和成为欧洲第一强国并主宰欧洲的渴望融合在一起。因此，欧盟东扩，对法国等其他国家而言，就是为了进一步牵制大国；而对德国而言，则营造了一个消除疑惧的"大屋顶"，一个控制中东欧的合法工具。

（三）制衡美国的单极霸权

欧盟东扩是世界格局由两极向多极转化过程中的历史产物。其中美国因素是最重要的因素。没有美国对苏联的和平演变，就没有冷战的结束和欧盟东扩之机；而欧盟推动东扩，既是欧洲一体化发展之必然，也有谋求制衡美

---

① David B. Walker, "Germany Searches for A New Role in World Affairs," *Current History*, 1991 (11), p. 373.
② 伍贻康：《法德轴心与欧洲一体化》，《欧洲》1996年第1期。

国单极霸权的目的。美国既是欧盟东扩的推动力，也是欧盟东扩的主要目标之一。

首先，冷战结束后美欧关系的调整促进了欧洲一体化的发展，东扩则是其一项重大的地区战略。冷战时期，欧共体为了对付共同的敌人，只有听从美的指挥和调遣，无力也不敢改变美主欧从的局面。冷战结束之后，国际形势发生根本的变化，两极中的一极不复存在了，欧盟的安全困境大为改善，对美的安全依赖没有过去那么严重。欧盟越来越把注意力放在安全以外的经济、政治等其他利益之上，而随着欧盟自身实力的增长和自主性的增强，欧美之间原来存在的矛盾分歧也会随之凸显。美国自建国以来，就一直以"上帝的选民"和"天定命运"为荣，统治世界是其既定的战略目标。冷战的结束，并没有改变美国的冷战思维，相反，其认为苏联的垮台为其实现统治世界、建立美国领导的单极世界秩序提供了历史机遇。于是，美国在亚太强化美日同盟，修改防卫合作指针，部署重兵，以建立美国主导的亚太秩序；在西方则强化北约功能，提出北约新概念，把北约从一个区域内集体防御性的组织变成一个对外攻击性的组织。北约东扩的意义深远，不仅可以防范和遏制俄罗斯东山再起，而且可以继续维持作为冷战产物的北约的存在，维持了北约的存在就等于维持了美国在欧洲安全的主导地位，维持了美国在欧洲的领导地位就维护了美国在欧洲的战略利益，最终有利于建立美国领导的单极的世界。

不仅如此，美国为建立自己的单极霸权体系秩序，还采取一系列的单边主义行动打破现有的国际体系。首先，挑战国际秩序，借反恐之机退出1972年美苏《反导条约》，拒绝批准《全面禁止核试验条约》《禁止杀伤人员地雷公约》，对《禁止生物武器公约》和《化学武器公约》持消极态度，为自己加快部署国家和战区导弹防御体系铺路，使国际安全体系濒于崩溃。其次，严重冲击国际集体决策体制，美国绕过联合国动武，发动如科索沃战争、阿富汗战争和伊拉克战争，使联合国权威式微，使国际政治秩序和传统权威机制陷入困境和失效。美国片面谋求自己的绝对安全和军事优势，严重破坏了世界战略力量平衡，从根本上损害了欧洲的安全利益，与欧盟主张通过世界多极化以实现世界力量结构平衡与稳定的战略相悖。欧美矛盾是全方位、多方面的。双方矛盾的焦点是单边与多边、单极与多极之争，矛盾的实质是控制与反控制的较量。诚然，美欧矛盾是西方联盟的内部矛盾，双方在一些根本问题上合作与协调仍是主要的，但现在欧美关系同冷战时期和冷战结束初期相比，发生了一定程度的实质性变化。欧盟对美国的离心倾向越来越大，大西洋联盟裂痕不断加深。美欧关系正进入一个关键的过渡时期，这就是：欧盟从美国的小伙伴逐渐向独立一极的角色过渡；在联盟中由美主欧从关系向平等伙伴关系过渡；美欧由实质性盟友关系向象征性盟友以至朋友关系过渡。欧盟面对美国的霸权压力，为了维护自身的利益，为了争取与美国平起平坐共同主宰世界，只有以实际行动致力于扩大和深化其一体化进程，加快走向独立一极的步伐。① 欧盟深化一体化的发展，一方面，在深度上通过制度和机制的改革提高欧盟的整体决策和行为能力，在吸取科索沃战争和伊拉克战争的教训的基础上逐渐形成共同的外交和安全政策；另一方面，在广度上，抓住中东欧改革之机，实现欧盟东扩和欧洲的统一，既可壮大实力，又可占据历来兵家必争的欧亚大陆的战略腹地，对于抗拒美国单极霸权行为有着重要而深远的战略意义。所以，美国的单边主义霸权行为也是推动欧盟东扩的一个不可忽视的因素。

其次，美国积极推动北约东扩也助推了欧盟东扩。一个强大而统一的欧洲对美国的单极世界秩序是一种挑战，美国当然不希望欧盟东扩。但北约东扩美国打的旗帜是防范俄罗斯和为了中东欧的和平与稳定，这与欧盟东扩打的旗帜是一样的。美国没有理由反对欧盟东扩。而且北约是以美国为主导、以西欧为主体的军事组织，与以西欧为主体的欧盟政治经济组织，在根本利益上应该是一致的，功能互为补充。在美国看来，北约为欧洲提供安全保障，欧盟为欧洲提供政治尤其是经济发展的保障。欧盟委员会就认为："欧洲和平、稳定和繁荣区的延伸将有助于欧洲各国人民的安全。"② 并且北约和欧盟一同东扩有利于从军事、政治、经济多个方面填补中东欧的战略安全真空，共同挤压和防范俄罗斯。所以美国即使心里不愿意，表面上也只能支持欧盟东扩。但与此同时，美国坚决反对欧盟发展独立的安全防务力量，认为这没必要，是一种重复建设，浪费资源，也是对以美国为首的北约的挑战，不利于跨大西洋联盟的团结。因此，欧盟与北约又存在竞争。1993年

---

① 尹承德：《大国关系调整和世界格局的新变化》，《世界经济与政治》2003年第3期，第49~51页。
② 转引自陈志敏、古斯塔夫·盖拉茨《欧洲联盟对外政策一体化——不可能的使命？》，时事出版社，2003，第286页。

以前，俄罗斯在中东欧的势力还没有完全退出，为避免俄中断退出进程，美闭口不谈北约东扩。到 1996 年，俄的影响已几乎完全退出，美国抓住机会，在 1996 年 12 月的里斯本北约首脑会议上正式提出北约东扩，次年确定首批加入北约的中东欧国家候选国名单。1997 年 7 月，在马德里首脑会议上最终确定波兰、匈牙利和捷克为首批加入国家。这样，北约与欧盟开始了双东扩。这对同样在欧洲谋求安全与防务地位的欧盟来说无疑是一种竞争。因此，进入 1997 年后，欧盟自己也加快了东扩步伐。① 欧盟从 20 世纪 80 年代末开始与中东欧国家建立经济联系，1991 年后与它们签订联系国协定，通过"法尔计划"和 24 国援助计划帮助这些国家实现社会转型。1993 年哥本哈根首脑会议提出了入盟标准，1994 年埃森首脑会议提出"入盟前战略"，加速这些国家的入盟步伐，1998 年初开始启动与候选国的入盟谈判。可以说，是北约东扩推动了欧盟的东扩。欧盟先提出东扩，但北约却捷足先登。欧盟对北约东扩的美国意图心知肚明。而美国只容忍一个不挑战北约欧洲安全主导地位的欧盟东扩。只要欧盟不发展军事防务一体化，欧盟东扩与北约东扩就相得益彰，功能上相补充，反之，就是挑战美国和北约，破坏大西洋联盟。但事实上，欧盟发展防务一体化似乎是一个不可逆转的趋势。这是欧盟建设"欧洲人的欧洲"必然的选择，也是美国在伊拉克战争以来的单极独霸行为给欧洲人的教训和启发。

在欧洲安全格局上，欧盟东扩有利于制衡美国主导的北约东扩。欧盟东扩与北约东扩意在争夺欧洲安全主导权。欧盟和北约都是在冷战时期产生的西欧一体化组织，但它们的性质与功能不同。欧盟主要是一个政治经济组织，由西欧的大国法、德主导；而北约是由美国主导的军事组织。北约是冷战的直接产物，也是冷战的最主要的标志，而欧盟只是冷战的副产品。北约与华约对峙，是以领土安全为主的标准的军事组织，而欧盟则是一个在北约的保护伞下发展起来的以"软安全"为主的经济政治组织。冷战结束后，北约由军事性组织向军事和政治组织转型，功能由防御性变为进攻性，由抵御华约变为控制欧洲，变为美国全球霸权的一个工具。而与此同时，欧盟也逐渐发展自身的安全与防务特性，把西欧联盟纳入欧盟框架，建立欧洲快速反应部队和设立欧盟共同外交与安全政策高级代表等。尽管二者都处在转型

---

① 郭华榕、徐天新主编《欧洲的分与合》，京华出版社，1999，第 478 页。

之中，但二者之间存在竞争却是不争的事实。布热津斯基认为，"欧亚大陆是竞争的大舞台，又是争夺的主要对象，因为它包括世界上大多数政治上最自信、最充满活力的国家，还包括世界上三个经济上最先进地区中的两个：西欧和远东。全面主宰欧亚大陆，就等于在全球获得了霸权地位"。① 美国的单极霸权与欧盟的多极化战略存在根本的冲突。

最后，欧盟东扩有助于增强欧盟的综合实力以制衡美国。"欧盟东扩将不仅吸收中东欧的资源，而且减少了欧洲安全隐患，为欧盟提供了加强自身政治经济力量的机会，加重与美国抗衡的砝码。"② 通过2004年的东扩，欧洲联盟作为多极化世界的重要一极，综合实力大增，变得越来越自信。当今世界政治的主要矛盾就是单极与多极的斗争。欧美虽然有共同的文明和价值观，但同源不同流，分歧随着欧盟的发展和冷战后国际环境的变化而发生了巨大的变化。伊拉克战争是一个分水岭，欧盟从"暗反"到"明反"，走上了谋求与美国平等伙伴关系的道路，用时髦的话说，就是走上了解构单极化的道路。欧盟撇开美国与东盟召开欧亚会议，谋求与亚洲国家的对话和协商，共同构筑亚欧大陆的和平和发展秩序；对俄罗斯和中国的态度也与美国大相径庭，主张通过和平的方法解决分歧，尊重多样性；在中东和加勒比地区，对伊朗、对古巴都主张通过经济和外交的手段解决冲突。总之，与美国建立在高科技军事技术之上的"暴力和平"和单极化安全观不同，欧盟寻求的是非暴力的多极化合作安全。③ 所以，布热津斯基说："一个军事上崛起的欧洲有可能成为美国的一个可怕对手。它最终会对美国的霸主地位形成挑战。……一个在军事上自力更生的欧洲，一支像美国那样的全球政治经济力量，将会使美国面临痛苦的选择：要么完全从欧洲撤出来，要么完全与其共同承担世界范围的决策责任。"④ 因此，欧美分歧与欧盟力量的发展壮大和自主性的提高，有利于世界多极化的发展，有利于世界的和平与安全。

---

① 〔美〕兹比格涅夫·布热津斯基：《大抉择——美国站在十字路口》，新华出版社，2005，第44页。
② 李世安、刘丽云等：《欧洲一体化史》，河北人民出版社，2003，第365页。
③ 易文彬：《全球治理模式述评》，《世界经济与政治论坛》2005年第4期。
④ 〔美〕兹比格涅夫·布热津斯基：《大抉择——美国站在十字路口》，新华出版社，2005，第96~97页。

因此，欧盟东扩和北约东扩在挤压俄罗斯上有共同的利益，但二者存在潜在的对抗性矛盾，即控制与反控制的矛盾。从欧盟发展安全与防务一体化、建设欧洲快速反应部队的事实来看，欧美在欧洲大陆的安全问题上，目前是合作大于竞争，将来必定是竞争大于合作，最终可能将美国霸权逐出欧洲。不过，我们也应该认识到，欧盟反对美国的单极霸权，是想谋求欧美共同主宰世界。同时也要看到欧盟也并非铁板一块，在伊拉克战争中反映出离心倾向的所谓"新欧洲"就是明证。而且，这些国家的亲美政策具有多米诺骨牌效应。2007年罗马尼亚和保加利亚都争相与美国发展军事关系，建立美军事基地以防俄。尤其是西欧大国在2005年底至2006年的政权交接，新生代的领导人的亲美思想比较重，即大西洋主义派的政治家上台会促使欧美接近。我们不能夸大伊拉克战争对大西洋关系的负面影响。① 欧盟也可能放弃谋求多极化的道路，而选择追随美国霸权的政策。因此，从长远看，欧盟东扩和欧盟的壮大也有不利于广大发展中国家的一面，其发展动向值得关注。

（四）挤压、防范俄罗斯

对欧盟来说，传统安全威胁，在内担心德国的法西斯主义死灰复燃，在外担心俄罗斯的帝国扩张主义传统。巴尔干存在安全问题，但没有大国的介入，巴尔干就不可能威胁到欧盟的整体安全。"俄罗斯对欧洲构成威胁的原因是，俄罗斯正在发生的一切都反复无常，不可预料；这使俄罗斯成为欧洲安全中最难以估计的变量。"② 其实，西方对俄罗斯从来就缺乏信任。温斯顿·丘吉尔曾说过："我无法向你预言俄国的行动。它是一个无法捉摸的谜中之谜。但是也许有一个谜底。这个谜底就是俄国的国家利益。"③

在欧洲人眼里，俄罗斯文明是拜占庭文明和东方文明的融合，是一种独特的欧亚文明，而不是欧洲文明。④ 俄罗斯有帝国扩张主义的历史传统，而且

---

① Hanspeter Neuhold, "Transatlantic Turbulences: Rift or Ripples?" *European Foreign Affairs Review* 8, 2003, pp. 457 – 468; Charles Kovacs, "US-European Relations from the Twentieth to the Twenty-first Century," *European Foreign Affairs Review* 8, 2003, pp. 435 – 455; Nanette neuwahl, "The Atlantic Alliance: For Better or for Wars," *Euroean Foreign Affairs Review* 8, 2003, pp. 427 – 434.
② 陆齐华：《俄罗斯与欧洲安全》，中央编译出版社，2001，第92页。
③ 〔美〕理查德·尼克松：《真正的战争》，新华出版社，1980，第351页。
④ Dmitry V. Shlapentokh, "Eurasianism: Past and Present," *Communist and Post-Communist Studies*, Vol. 30, No. 2, 1997, pp. 129 – 151.

是一个衰弱的核大国和能源大国，解体后的发展方向不明，政治民主倒退。①西方国家甚至担心俄罗斯共产主义的复活。②因此俄罗斯是异类，有太多的不确定性，始终是欧盟安全的大隐患。普京上台伊始就明确了俄罗斯要做强国的战略目标，维护俄罗斯的独立性和国家利益。在 2000 年 7 月 8 日的国情咨文中他提出，"俄罗斯唯一现实的选择是选择做强国，做强大而自信的国家"。③这就彻底改变了叶利钦时期向西方一边倒的外交政策。2006 年 12 月 1 日，北约峰会召开之际，以俄罗斯为主导的独联体也同时召开峰会，大有较劲和对着干的气势，从而也迫使亲西方、想加入北约的乌克兰、格鲁吉亚等国家领导人在两个会议之间做出选择。这些国家对俄有离心力，但又不能没有俄罗斯的廉价石油和天然气。所以，最终为了利益还是放弃北约峰会而参加了独联体峰会。这些都给欧盟造成难以言明的压力和使其产生难以琢磨的印象。

为防患于未然，欧盟通过东扩抢占俄罗斯传统的势力范围，并将西欧的安全防线推进到了俄罗斯的边界，为预防俄罗斯重新崛起对大西洋沿岸构成威胁，构建了广阔的战略纵深和缓冲地带。另外，欧盟东扩将欧安组织边缘化。欧安组织是一个泛欧洲安全合作与对话机构，是一个论坛性质的组织，在冷战时期还是发挥了积极作用的。随着欧盟东扩，欧盟变成了一个泛欧洲组织，替代了欧安组织的大部分功能，从而将欧安组织边缘化了。这对倡导欧安组织并欲在其中发挥主导作用的俄罗斯来说也是一种打击。

但欧盟不会过分激怒俄罗斯，否则就没有欧洲大陆的和平与安全。欧盟仍然会在欧安组织内保持与俄罗斯的安全合作。从长远看，欧盟最终会获取欧洲大陆的安全主导权，也会积极寻求与俄罗斯的安全合作。与北约东扩相比，欧盟东扩没有北约东扩那样的攻击性。因此，俄罗斯对北约东扩和欧盟东扩采取不同的政策。④从全球多极化的眼光看，欧俄在反对美国单极霸权

---

① C. Ross, "Putin's Federal Reforms and the Consolidation of Federalism in Russia: One Step Forward, Two Steps Back!" *Communist and Post-Communist Studies* 36, 2003, pp. 29 – 47.

② Roderick Kiewiet, Mikhail G. Myagkov, "Are the Communists Dying Out in Russia?" *Communist and Post-Communist Studies* 35, 2002, pp. 39 – 50; John T. Ishiyama, "Regionalism and the Nationalization of the Legislative Vote in Post-Communist Russian Politics," *Communist and Post-Communist Studies* 35, 2002, pp. 155 – 168.

③ 普京：《普京文集：文章和讲话选集》，中国社会科学出版社，2002，第 78 页。

④ 李兴：《北约欧盟双东扩：俄罗斯不同对策及其原因分析》，《俄罗斯中亚东欧研究》2005 年第 2 期；赵怀普、任珂：《北约欧盟双东扩与美欧俄三边关系》，《国际论坛》2004 年第 6 期。

上有共同的立场和利益。欧盟对俄的基本政策是，通过发展经济政治合作密切俄欧关系，希望俄罗斯不要倒退到民族主义和专制主义时代，而是朝着市场经济和民主政治的方向前进。这符合欧盟的安全利益。俄罗斯已经非正式地提出了加入欧盟的要求，并要借建立"一个共同的欧洲家园"，建立共同的"统一的经济空间"等措施，化解欧盟东扩的负面影响。①

总之，欧盟东扩是欧盟对整个欧洲乃至欧亚大陆实施的一项具有深远地缘政治意义的对外战略，不仅获得三重安全收益，而且通过实施"新邻居政策"，从摩洛哥、突尼斯到叙利亚、约旦，再到外高加索的格鲁吉亚、亚美尼亚和阿塞拜疆，最后到乌克兰、摩尔多瓦，在欧盟周边构筑一个广阔的"朋友圈"作为安全缓冲地带。西欧的大西洋沿岸国家至少具有两道安全网——中东欧战略纵深和周边"朋友圈"。而且，通过东扩，欧盟从西欧扩张到中东欧，基本上已经占领了欧亚大陆的心脏地带门户，其疆域延伸到了欧亚大陆的纵深地，触摸到亚欧非大陆结合部的敏感神经，欧盟的综合实力和对外影响得到了极大的增强。美国在欧亚大陆大棋盘上的首要任务就是防止任何潜在的大国挑战自己的霸权，而欧盟的扩大和实力的增强就意味着它最有可能挑战美国的霸权地位。从长远来看，美欧关系将会逐渐调整并形成正常平等的双边关系。因此，尽管东扩的代价和困难很大，欧盟还是迎难而上。尤其对于西欧大国法、德来说，它们有着深厚的地缘政治思想，都明白中东欧在整个世界政治舞台上的战略地位，能通过和平方式实现历史上想通过战争占领中东欧的梦想是千载难逢的机会。欧盟东扩很大程度上反映了法德轴心的意愿和决心，尽管它们的出发点有所不同——法国想通过一体化的发展抑制德国，而德国则想通过一体化来实现欧洲统一和德国的领导，并以此平衡美国。但不管怎样，"从某种意义上说，欧盟和北约东扩是欧洲的未来和平投资"。② 东扩无疑会给现有的国际利益格局和地缘政治生态带来深远的冲击和影响。可以推断，随着欧盟东扩的发展，现有的国际关系体系和地区组织，以及行为规则都有可能对欧盟的发展和所持的理念做出调适和反应，特别是美国和俄罗斯等大国都密切关注欧盟东扩动向，并随时寻找应对之策，从俄罗斯的对外政策的不断调整和美国主导的北约东扩及其用意深远的"新欧洲"战略可以窥其一斑。

---

① 马风书：《融入欧洲：欧盟东扩与俄罗斯的欧洲战略》，《欧洲研究》2003年第2期。
② 朱晓中：《中东欧与欧洲一体化》，社会科学文献出版社，2002，第172页。

三 中东欧加入欧盟的安全动因

（一）历史记忆与传统安全

中东欧地区是两次世界大战的火药桶，是冷战时期美苏对峙的前哨阵地，也是斯皮克曼所称的大陆边缘地带，战略位置十分重要，历来是大国争夺的对象。而在国际政治的无政府秩序中，为了生存发展，小国弱国必须依附大国或加入联盟才能保平安。所谓的"中立"，要看中立国的地缘战略地位如何，大国间是不存在真正的中立国的。冷战后，华约和苏联解体，北约和欧盟就成了这些国家依附的对象。所以有学者说，"中东欧国家在国际关系中受地缘政治的限制较大。小国与大国或大国集团结盟这个欧洲政治史上的传统依然存在，变化了的只是结盟的对象"。①

中东欧国家历史上是大国争夺的对象，先是东罗马帝国与奥斯曼土耳其帝国，后有奥匈帝国和沙俄帝国。二战时德国法西斯和苏联对该地区进行了势力范围的瓜分，也留下深深的伤痛和余悸。1939年9月，苏德双方正式划定了在东欧的势力范围。德国通过"慕尼黑阴谋"侵占捷克的苏台德地区，进而占领捷克斯洛伐克全境，为进攻波兰、罗马尼亚等做好了准备。苏联兼并了波兰的东部地区即乌克兰和白俄罗斯的西部。1940年6月至1940年12月，苏联为了自身的安全，从控制波罗的海三国到强行兼并，强占罗马尼亚的比萨拉比亚和北布科维纳。匈牙利在德国的支持下，通过所谓的"维也纳仲裁"，于1940年8月30日攫取了罗马尼亚的特兰西瓦尼亚。这样不仅在中东欧留下了伤疤，也为这些国间的矛盾埋下了历史的祸根。从一定意义上讲，巴尔干"火药桶"是大国争霸导致的恶果。②

由于历史的原因，中东欧地区民族、种族、领土、宗教等矛盾错综复杂，这些问题在两极争霸时代曾一度被认为已经或趋于消失。然而，冷战的结束使潘多拉魔盒骤然打开，现在这些问题又重新回到了人们的视野中，而且显然已成为国际政治版图上的最大焦点之一。1992年的波黑战争是领土、

---

① 朱晓中：《中东欧与欧洲一体化》，社会科学文献出版社，2002，第6页。
② 郝时远：《帝国霸权与巴尔干"火药桶"》，社会科学文献出版社，1999。

宗教和种族矛盾激化的结果，1999年的科索沃战争是民族冲突的表现。大克罗地亚主义、大塞尔维亚主义和大阿尔巴尼亚主义在这里交锋争斗，伊斯兰教、基督教和东正教在这里交会竞争。作为几大文明的结合部，东南欧始终存在爆发战争和冲突的可能性。① 而冷战的结束和全球霸权制约的缺失激起了该地区大国追求地区霸权或国家利益的野心，从而引爆了地区的战争和冲突。而且这些国家背后都有大国的支持，比如，克罗地亚有美国、德国的支持，塞尔维亚有俄罗斯，阿尔巴尼亚有土耳其的支持。这样就加剧和恶化了该地区的安全形势。所以，为了摆脱"安全真空"和"无主之地"的局面，中东欧国家根据历史教训和宗教、文化渊源，环顾四周，仇恨俄罗斯，恐惧德国，回归欧洲的现实选择就是加入北约和欧盟。②

统计显示，冷战结束之初的1992年，中东欧国家"认为自己的邻居对本国的和平与安全是一种威胁"的比例都较高：克罗地亚是62%，斯洛伐克46%，罗马尼亚67%，匈牙利64%，波兰63%，保加利亚61%，斯洛文尼亚60%。（白俄罗斯和乌克兰分别是20%和11%，但它们不是欧盟东扩的对象，也不是典型意义上的中东欧国家。）可见，历经战乱的历史记忆在这里也成了一个安全因素。③ 复杂的宗教、种族、边界矛盾使得中东欧国家对传统的领土安全和主权安全极为关心和忧虑。而1993年欧盟制定了"哥本哈根入盟标准"，1994年埃森首脑会议又通过了"中东欧国家准备加入欧盟战略"，1998年春欧盟开始同候选国进行入盟谈判。因此1998年的调查显示，"认为自己的邻居对本国的和平与安全是一种威胁"的人口比例大幅下降：克罗地亚是31%，斯洛伐克30%，罗马尼亚27%，匈牙利23%，波兰20%，保加利亚13%，斯洛文尼亚11%。④ 显然，"欧盟成员国身份"发挥了"稳定器"的作用。中东欧国家回归欧洲吃了"定心丸"，看到了安全

---

① 余建华：《民族主义、国家结构与国际化：南斯拉夫民族问题研究》，民族出版社，2004，第7页。
② John Lowenhardt, "Back to Europe: Central and Eastern Europe and the European Union," *Europe-Asia Studies*, May 1999, Vol. 51, Iss. 3, pp. 521–523.
③ Jerzy Jedlicki, "Historical Memory as a Source of Conflicts in Eastern Europe," *Communist and Post-Communist Studies* 32, 1999, pp. 225–232.
④ Christian Haerpfer, Cezary Milosinski, Claire Wallace, "Old and New Security Issues in Post-Communist Eastern Europe: Results of an 11 nation Study," *Europe-Asia Studies*, Sep. 1999, Vol. 51, Iss. 6, pp. 989–1011.

的依靠和希望，所以不再担心来自邻国的威胁。历史证明，欧盟一体化的安全模式可以化解国家间的冲突、实现和平。北约和欧盟是最重要的西欧一体化组织，是中东欧国家"回归欧洲"寻求安全依靠的必然选择。加入北约也有安全稳定的作用，但加入欧盟比加入北约困难，因为欧盟具有超国家性质，要让渡部分主权，而且加入的条件和程序复杂。所以中欧国家先加入北约，后加入欧盟。但正如前面所说，与北约相比，欧盟仍然是这些国家寻求综合安全的首选。

当然，在国际上也存在一些小国或弱国采取"骑墙政策"，在大国间游走，从中渔利。比如，冷战初期的埃及利用自己在阿拉伯和中东的特殊战略地位，在苏联和美国之间搞平衡，两头叫价获利；而今的韩国也在美、日、中之间搞平衡，左右逢源谋发展。但是，这不仅需要该国政治家的政治智慧和技巧，也取决于该国的地缘战略价值大小，而且有些因素不利于这种策略的运用。第一，时间因素。大国一旦识破了阴谋，就可能会权衡利弊，重新调整政策，甚至严厉制裁小国。第二，环境因素。邻国或周边国家都采取"依附政策"，要做海中一孤岛，风险增大，民众难以跟进。第三，地理因素。处于大国之间还是远离大国，空间距离是影响小国对外政策选择的重要因素。第四，历史传统。像中东欧国家有很重的从众和投机心理。历史上，"东欧各国既有反抗列强鱼肉的一面，又有企图利用大国，甚至有意投靠的一面"。① 所以，冷战结束后中东欧就出现了一边倒的"回归欧洲"战略。

（二）综合安全的需要

从国际形势来看，中东欧国家不再是美苏争夺的牺牲品，不再是防苏的"天然屏障、隔离地带"。然而，这些国家刚刚从冷战的樊篱中解放出来，正处于急剧的社会转型和制度变迁中，其地位、归属尚无定论。冷战结束后，应该说，来自东边的军事威胁已不复存在，但又出现了一些新的不安全因素。北约作为军事组织是解决外来领土威胁的，而冷战的结束以及俄罗斯的衰弱却使这种威胁变得几乎不太可能。相反，在反恐、反跨国犯罪，以及预防和解决地区冲突等安全问题方面，欧盟是最佳的依靠和选择。它不仅可以通过欧盟的援助和投资来巩固中东欧国家社会改制的成果，使它们沿着政

---

① 李兴：《浅议东欧分与合的特点》，《国际政治》（人民大学复印资料）1997年第6期。

治多元化和经济私有化的"西化"的道路继续前进，而且可以通过欧盟的一体化安全模式和平解决中东欧国家之间长期存在的种族、宗教矛盾和边界冲突。冷战后，"中东欧国家认为，对国家安全最大的挑战是这些国家能否实现平稳的政治和经济过渡。这直接关系到本国甚至周边国家的稳定（经济难民问题）"。[1] 欧盟作为具有巨大"软权力"的政治经济组织，恰好能提供中东欧国家之所需。但除了经济政治方面的诉求外，这些国家还有更深层次的战略诉求，那就是以"非传统安全"为主的综合安全。调查显示，中东欧国家认为对国家和平与安全构成威胁的各种因素中（以1998年为例）：少数民族和种族问题是29%，移民与宗教问题为26%，其次是俄罗斯24%，邻国23%，德国和美国各21%。[2] 显然，非传统安全议题已经取代传统安全议题而处于优先考虑的地位。

有人讲，中东欧国家加入北约的目的是安全，加入欧盟的目的是政治经济。但中东欧加入欧盟的根本动机是综合安全——进入欧盟就进入了欧洲的"安全区"，根本无需再加入北约。新的综合安全观更符合冷战后的安全环境，也更有说服力。从一定意义上讲，加入北约是中东欧国家的缓兵之计，也有回报美国"和平演变"华约社会主义集团和支持现有民主政权的成分，甚至也有讨好美国、希冀未来经济政治利益的成分。20世纪80年代末90年代初，中东欧国家相继发生剧变，经济上实行私有化和市场化，政治上实行西方式民主，饱受战争苦难和冷战阴霾笼罩的中东欧人民，迫切需要和平，在和平的环境里发展经济，提高生活水平。如果中东欧国家能达到欧盟入盟的各项标准，成为欧盟成员国，在欧盟的框架下发展经济，推动民主化进程，积极参与国际竞争与合作，既可以解决自身国际地位问题，又可以发展社会政治与经济，有效地维护中东欧地区的和平与稳定。因此，欧盟是中东欧国家的真正的"梦想家园"。

（三）对俄罗斯和德国的疑惧

虽然俄罗斯经济尚不景气，政治态势尚不明朗，俄罗斯的走向还不确

---

[1] 朱晓中：《中东欧与欧洲一体化》，社会科学文献出版社，2002，第8页。
[2] Christian Haerpfer, Cezary Milosinski, Claire Wallace, "Old and New Security Issues in Post-Communist Eastern Europe: Results of an 11 Nation Study," *Europe-Asia Studies*, Sep. 1999, Vol. 51, Iss. 6, pp. 989–1011.

定,但它依然拥有威力巨大的核武器,有幅员辽阔的疆域和丰富的自然资源,有强烈的民族主义精神和高昂的国民士气,并试图重振俄罗斯昔日的大国雄风。所以,"一些苏联原来的卫星国对它们强大邻居的长期目标怀有戒心。它们警告说,即使叶利钦统治下的俄罗斯变得友善和乐于合作了,沙皇时代传承下来的扩张主义倾向仍可能使共产主义在俄罗斯复活"。① 民调显示,到1999年,62%的波兰人仍然对俄罗斯怀有恐惧感。在捷克和斯洛伐克,1992年以来,对俄罗斯的恐惧实际上增加了。而罗马尼亚和克罗地亚则由于与俄罗斯是传统的敌人,对俄恐惧更深。且自普京担任总统以来,俄罗斯重振大国地位的战略目标不仅没有改变,反而更加积极地追求。因此,在中东欧的政治家和民众眼中,俄罗斯仍然是欧洲的最大的潜在威胁。② 欧洲统计调查显示,冷战结束之初的1992年至1998年,中东欧候选国"认为俄罗斯对本国的和平与安全是一种威胁"的人口比例都较高,以1996年为例:克罗地亚是71%,斯洛伐克51%,罗马尼亚55%,匈牙利30%,波兰71%,保加利亚61%。③

因此,中东欧必须在俄罗斯重新崛起之前融入西方的势力范围,寻求安全保障,欧盟有责任和义务给这个"安全真空"提供一个组织归属和保障。波罗的海三国加入欧盟的根本动机直接来自对俄罗斯的恐惧。"因为它们的地缘政治位置和与俄罗斯的历史联系,提高国家安全就是它们外交政策的首要目标",必须"避免处于俄罗斯与欧洲之间的'灰色地带'的厄运"。加入北约意味着有了"硬安全"保障,但同时会被俄罗斯视为威胁,从而陷入"安全困境"的尴尬境地。而"加入欧盟意味着能避免这种安全困境的

---

① 〔美〕詹姆斯·多尔蒂、小罗伯特·普法尔茨格拉夫:《争论中的国际关系理论》,世界知识出版社,2003,第582页。
② A. P. Tsygankov, "Mastering space in Eurasia: Russia's Geopolitical Thinking after the Soviet Break-up," Communist and Post-Communist Studies 36, 2003, pp. 101 – 127; John O'Loughlin, Gearoid O Tuathail, Vladimir Kolossov, "Russian Geopolitical Storylines and Public Opinion in the Wake of 9 – 11: A Critical Geopolitical Analysis and National Survey," Communist and Post-Communist Studies 37, 2004, pp. 281 – 318; Pavel A. Tsygankov, Andrei P. Tsygankov, "Dilemmas and Promises of Russian Liberalism," Communist and Post-Communist Studies 37, 2004, pp. 53 – 70.
③ Christian Haerpfer, Cezary Milosinski, Claire Wallace, "Old and New Security Issues in Post-Communist Eastern Europe: Results of an 11 Nation Study," Europe-Asia Studies, Sep. 1999, Vol. 51, Iss. 6, p. 989 – 1011.

逻辑，而又能从俄罗斯的控制中摆脱出来"。因为欧盟在俄罗斯人眼里不是一个军事组织。① 而欧盟处理波罗的海三国的要求也非常谨慎。1990年3月11日，立陶宛首先宣布恢复独立，欧盟（欧共体）大约过了一年多的时间才给予官方的承认，而且是在1991年8月叶利钦承认波罗的海三国主权之后。欧盟的谨慎是必要的，但对于俄罗斯来说是多余的，因为在俄罗斯人看来，对他们的安全威胁是北约，而不是欧盟。

对德国的恐惧也是一个重要因素。如前所述，"德国问题"是欧盟安全的一个核心因素。德国由于是两次世界大战的发动者和谋求霸权的大国而成为欧洲的重要的安全因素。1992年后，波兰对德国的恐惧感有了较大的下降。德国与波兰的边界问题得到解决有助于减缓波兰人的不安。尽管如此，波兰仍然是仅次于南斯拉夫的第二个害怕德国的国家，到1999年，还有高达42%的波兰人对德国不放心。在捷克、斯洛伐克，也有相当多的人感到德国是一种威胁。欧洲统计调查显示，冷战结束之初的1992年，中东欧候选国"认为德国对本国的和平与安全是一种威胁"的人口比例，以与德国接壤的国家为最高，其中波兰70%，捷克44%，斯洛伐克32%。距离德国越远威胁感就越小，保加利亚只有2%~3%的人认为德国是安全威胁。②

而且德国在文化上的渗透也让中东欧国家不安。由于德国与中东欧国家之间在文化和社会价值观方面存在许多历史渊源，德国文化出版界的一些人士利用中东欧国家政治经济转轨之际，大肆收购东欧国家的报社和其他文化传播媒体。例如，德国巴伐利亚地方报《帕绍新闻报》花1亿马克买下了波兰8家报社。由于在中东欧业务的发展，该报的营业额从1988年的8800万马克增加到1994年的7.5亿马克，由一家小的地方企业变成了一个业务门类齐全的跨国集团公司。在波兰，德国出版厂家发行杂志总量达5000万份。在捷克，以德国为主的外商掌握了该国一半以上的报纸，其中波希米亚地区的报纸全部被德国人接管。在匈牙利，新闻媒介80%的资本为德国所掌握，其中德国的施普林格出版社兼并了匈牙利19家省报中的7家。德国

---

① Peter Van Elsuwege, "The Baltic States on the Road to EU Accession: Opportunities and Challenges," *European Foreign Affairs Review* 7, 2002, pp. 174 – 1175.

② Christian Haerpfer, Cezary Milosinski, Claire Wallace, "Old and New Security Issues in Post-Communist Eastern Europe: Results of an 11 Nation Study," *Europe-Asia Studies*, Sep. 1999, Vol. 51, Iss. 6, p. 989 – 1011.

这种文化上的渗透已经引起了中东欧国家的严重不安。中东欧国家既要避免再度落入俄罗斯之手，也必须摆脱德国的无形控制。担心被大国重新主宰的历史悲剧重演，中东欧国家必须寻找可靠的安全依靠。正如亨利·基辛格所说，"基于避免冲突对峙，必须十分谨慎不在东欧与中欧等多次欧洲冲突的起源地，留出战略和观念上的无主之地"。[①] 所以，欧盟东扩是欧盟与中东欧国家安全战略双向选择的结果。

中东欧国家有四种选择。第一，继续接受苏联的继承国俄罗斯的保护，成为俄罗斯势力范围的一部分，这样可以继续获得廉价的石油、天然气等能源，代价是继续接受俄罗斯的政治控制。但惨痛的历史经历使得中东欧国家不愿意走回头路。它们不愿意接受俄罗斯的高压统治，而俄罗斯也无力支撑苏联留下来的庞大的势力范围。第二，加入北约，依附美国。这样可以解决它们面临的传统安全问题。中东欧国家也是这样做的，但正如前面所说的，北约满足不了它们的综合安全要求，特别是经济安全、环境安全和社会安全要求。美国没有意愿，也没有能力，对中东欧十多个国家提供经济技术支持。所以，加入北约对中东欧国家是远远不够的。第三，依附德国。德国是欧洲经济大国，可以是，实际上也是，东欧国家的主要投资者。但是，这不仅会引起法国、英国等西欧大国的疑惧——担心德国重新谋求欧洲或中东欧的霸权，而且德国也担心和力求避免这种不利局面的出现。欧盟需要德国，德国也需要欧盟。如果德国的实力能够透过欧盟一体化机制的管道发挥影响力，不仅可以消除法、英等大国的疑惧，而且中东欧国家也可以从欧盟获得更多的经济支持。更何况，德国留在这些国家的历史阴影并没有完全消除。第四，加入欧盟。如前所述，这是最佳的选择。与其依附一个国家，不如加入一个地区国际组织。加入欧盟可以获得依附任何一个国家的好处，而且欧盟有60多年的成功经验，可以赋予新成员国想要的综合安全。最有诱惑力的是，加入欧盟可以提高国家的国际地位，可以在欧盟框架下维护国家主权，透过欧盟发挥国际影响。这是一般小国、弱国所期望而难以做到的。

有效地保持中东欧地区的和平与稳定，才能巩固冷战的胜利成果。人们常常重视欧盟东扩的经济动力，"与欧盟东扩的经济动力相比较，安全利益似乎显得不那么重要"，但是，国家安全是最基本的国家利益，只有在安全

---

① 〔美〕亨利·基辛格：《大外交》，海南出版社，1998，第797页。

有保障的情况下,国家才会考虑去争取和实现包括经济利益在内的其他利益。在后冷战时代,中东欧国家保持了相对安全的环境,但这并不说明中东欧国家在申请加入欧盟时就根本不考虑国家安全利益或者让国家安全利益退居次要地位。实际上,和平时期,安全利益是一种消极被动的利益,国家总是小心翼翼,甚至经常加以掩饰和伪装地追求。① 而全球化时代非传统安全议题的凸显,使得综合安全成为各国以及国际组织的共同诉求。

---

① 聂军:《论欧盟东扩的动因》,《襄樊学院学报》2003年第3期。

第三章

东扩后的内部安全问题

安全问题非常复杂,按领域分,有军事安全、政治安全、经济安全、环境安全和社会安全;按层次分,有全球安全、地区安全、国家安全和个人安全;按时间分,有新安全和传统安全;按强度分,有"硬"安全和"软"安全;等等。这些分类很有意义,但本书主要是研究欧盟东扩带来的安全问题,如前所述,是一种综合安全。为了在一般分析前提下突出重点,也为了行文方便,笔者把东扩带来的安全问题,从空间上分为内部安全和外部安全两大部分。另外,由于欧盟新老成员国所处的地理位置和所拥有的政治经济条件不同,它们的安全考虑也有差别,而且新老成员国的东扩安全利得是不一样的,所以有必要从新、老成员国的不同角度分析东扩后的安全问题。西欧远离俄罗斯、中东和南高加索等安全热点地区,又有广阔的中东欧作为缓冲地带,安全威胁的风险相对较小。而中东欧处于欧盟和俄罗斯、中东之间,冷战后处于缺乏国际安全保证且又面临安全威胁的"安全真空"状态。为了国家的生存,两权相害取其轻,加入欧盟是这些国家理性的选择。对老成员国来说,中东欧加入欧盟后,可以更好地发挥安全隔离带的作用。

当然,新成员国的加入会给老成员国带来一些安全忧虑,最主要的是移民问题和核环境安全问题,还有中东欧国家的民族主义,以及严重的领土、宗教和种族等问题也会移植到大欧盟内。而新成员国对老成员国也有安全方面的忧虑,担心自己成为欧盟的"二等公民",成为欧盟的"安全过滤器",特别是维谢格莱德集团(波兰、匈牙利、捷克和斯洛伐克)担心邻居大国德国再回来纠缠领土和德意志民族问题等。而扩大的欧盟,由于统一的市场、内部边界的取消、人员的自由流动，也会出现或加剧一些共同的安全问题，如非法移民、跨国犯罪、恐怖主义等。从理论上讲，老成员国主要秉持自由主义的安全观，而中东欧新成员国所秉持的是以现实主义安全观为主的转型期安全观，兼有自由主义安全观的内容。由于东扩后的内部安全主要是以非传统安全为主的综合安全，中东欧都是小国，对欧盟老成员国的传统安全威胁是非常小的，可以忽略不计。所以，下文谈的是以非传统安全为主的内部安全问题。

一　老成员国的新安全顾虑

（一）新经济移民潮问题

2003年12月，欧盟外交与安全政策高级代表索拉纳的安全战略报告和荷兰前首相库克（Wim Kok）2003年3月底呈现给欧盟委员会的报告"欧盟扩大：机遇与挑战"，以及2006年3月欧盟信息沟通委员会发表的"欧洲的未来"等官方半官方文献所涉及的东扩安全问题主要是从欧盟老成员国角度考虑，立足于老成员国的安全利益。欧盟老成员国的公民非常关心欧盟扩大后他们的生活质量会不会受影响。这些问题包括移民、内部环境安全、核安全以及食物安全等。其中，经济移民问题是欧盟老成员国最大的安全顾虑。因为老成员国近年的经济不景气，存在严重的失业问题，如果扩大后对中东欧开放劳动力市场，那么大量廉价的新成员国劳动力就会涌入老成员国，抢走老成员国劳动力的饭碗。从国际市场分工来说，这有利于老成员国提高经济效率和企业竞争力；但从安全角度讲，老成员国的失业率急剧攀升，会导致社会不稳定，以及民族主义排外情绪的膨胀。

德国慕尼黑经济研究所和波恩未来工作研究所在2000年4月发表的研究报告认为，欧盟东扩后将引发东欧国家较大的经济移民潮。根据这两家研究机构的分析，欧盟东扩后的最初3年，从波兰、罗马尼亚、斯洛伐克、捷克和匈牙利等国进入德国的移民估计将达到100万，10年之内将增加到270万至300万，15年之后移民人数将超过400万。英国教育与就业部也依据一种计量经济学的新方法预测，如果不加以限制，东扩后中东欧国家向西欧移民的比例会更高。波兰人口的6%，保加利亚人口的16%和罗马尼亚人口的27%都有可能会离开自己的国家移居西欧。在随后几年中,具有移民倾向的东欧总人数有可能会达到1100万。上述关于东扩后可能出现的大量移民的预测数据,被国际移民组织提供的民意测验结果所证实。国际移民组织民意测验结果显示,大约1/5的斯洛文尼亚人、波兰人、匈牙利人和捷克人,甚至1/3的罗马尼亚人在可能的情况下希望在今后二三年内移民到西欧国家。另据欧盟委员会2002年5月底发表的一份报告,1999年至2000年间进入欧盟的净移民人数达70万。移民问题导致了西欧近年来极端民族主义、种族主义和排外主义等民粹主义极右思潮的兴起。[1] 这对欧盟内部安全构成严峻的挑战。

当然,老成员国之间的这种安全顾虑也有差别。英国、爱尔兰和丹麦远离新成员国,且一贯奉行经济自由主义,它们几乎没有这种担心,所以它们没有限制新成员国的经济移民。但是英国媒体在东扩前大肆渲染东扩会对英国的劳动力市场和社会福利政策产生极大的压力和负面影响,英国政府也默认这种宣传。据德国的一家研究机构预测,未来30年,到英国的经济移民会从5万增至18万,但只相当于英国200万总劳动力的一小部分,而且相当一部分移民工作几年之后会返回原居住地。所以,有批评家指责英国政府和媒体混淆视听——如此成功的东扩怎么在英国人眼里就变成了一种威胁?[2] 英国政府是否故意让移民问题激起民众的疑欧情绪,进而借以反对欧盟的一体化发展或获得在欧盟内的谈判筹码?显然这两种成分都有。但受2008年金融危机以及后来的欧债危机的影响,2013年3月26日英国卡梅伦政府还是准备出台限制罗马尼亚、保加利亚等东欧国家移民数量的政策。而欧洲大陆的欧盟老成员国,尤其是临近中东欧而又保护主义色彩浓厚的德国、奥地利、法国等,它们很担心东扩后的经济移民潮会冲击它们的劳动力市场和加重社会福利负担,所以在对新成员国开放劳动力市场方面持谨慎的态度,并设有一个至少7年左右的过渡期。7年后开不开放,还要视情况而定。但据欧盟委员会2006年2月8日的一份"关于劳动力从中东欧8国流向15个老成员国的情况"的报告称,截至2005年底,新成员国的劳动力并

---

[1] 刘桂山:《欧洲:极右成潮的背后》,《瞭望新闻周刊》2002年6月10日,第60~61页。
[2] Heather Grabbe, "Where are the Eastern Hordes?" June/July 2004, CER Bulletin, Issue 36, http://www.cer.org.uk.

没有出现原先预想的那样大规模的流动,流动人口只占所有成员国的1%
(其中匈牙利1.4%,爱尔兰3.8%,略微高些);而且,事实证明,劳动力
的自由流动对欧盟经济有积极的影响,可以缓解技术工人短缺和促进经济增
长。① 这可能是老成员国的劳动力市场开放的过渡期政策起了作用,也可能
是新成员国的民众根本没有像人们想象的那样急于离开家乡谋职。背井离
乡,不仅是经济问题,也是文化、社会问题,没有人们想象的那么简单。老
成员国对经济移民问题的担忧也许是过虑了。

(二) 跨国犯罪与非法移民问题

跨国犯罪、贩毒、恐怖主义以及非法移民一直是欧盟关心的安全问题。
"9.11"事件的爆发只是加剧了欧盟各国对这些问题的关注,特别是恐怖主
义、跨国犯罪与非法移民被列为当前的重大安全问题。② 欧盟扩大有助于欧
盟新老成员国在警务、边界和司法方面的合作,有助于解决这些内部安全问
题。但也不可否认,欧盟扩大,内部边界逐渐取消和人员的自由流动,再加
上中东欧国家发展水平参差不齐,也可能会激化这些内部安全问题。欧盟是
一个高度自由化的经济共同体,鼓励商品、服务、资本和人员在联盟内自由
流动,这对欧盟所有的公民都是有利的,但这种自由可能为犯罪,特别是为
跨国犯罪和非法移民创造机会,这对欧盟的内部安全提出了挑战。

既要保护个人的权利和自由,又要维护内部安全,欧盟必须在二者之间
寻找平衡。欧盟《阿姆斯特丹条约》提出创造一个自由、公正与安全的欧盟
的目标,在芬兰的坦佩雷(Tampere)理事会上形成了实现目标的具体细则,
但扩大显然使这项任务变得更艰巨更困难。欧盟为此采取了不少措施,寻求
让欧盟的超国家的第一根支柱发挥更大的作用,成立了欧洲警署(Europol)
和欧洲法庭(Eurojust),实施共同的逮捕令等。这些措施当然有助于缓解内

---

① "Free Movement of Workers since the 2004 Enlargement Had a Positive Impact," http://ec.europa.eu/employment_social/emplweb/news/news_en.cfm?id=119; *The European Union One Year after Enlargement Representing Peace, Freedom and Optimism*, Published by the European Commission, Directorate Press and Communication, May 2005, http://europa.eu.int/comm/public_opinion/index_en.htm.

② Elspeth Guild, "International Terrorism and EU Immigration, Asylum and Borders Policy: The Unexpected Victims of 11 September 2001," *European Foreign Affairs Review* 8, 2003, pp.331 – 346.

部安全问题，但安全还主要是主权国家的内部问题，由各个国家承担主要的责任。而欧盟内部各国的司法差异非常大，特别是大陆法系与英国的判例法体系的差异更大。欧盟内部本来就存在较严重的内部安全问题，老成员国之间的合作存在很大的不足，对扩大带来的更严重的安全问题就更是准备不足。

建立自由、公正和安全的区域是欧盟相对较新的行动领域，在现实与理想之间存在很大的差距。涉及政治庇护、移民管理、外部边界、警务与司法合作等许多问题，而这些问题主要集中在欧盟的第三根支柱（司法与内务合作）和第二根支柱（共同的安全与对外政策）上，这两根支柱采取与第一根支柱（欧共体）不同的工作原则，即政府间主义的一致通过的原则。欧洲议会和欧洲法院的作用有限。司法与安全问题是敏感的政治问题，成员国期望拥有更多的决策权。尤其是新生的新成员国，对主权问题更是敏感。但缺乏政治意愿，以及实施一致通过的原则，就会阻碍和延缓在政治庇护和司法上的合作。

非法移民已经是欧盟公众关心的一个焦点问题。一些国家的政治、经济和社会状况可能会促使一些人到别的国家寻求更好的发展机遇，这种需求为有组织的犯罪提供了"市场"。偷渡的移民大多数不是来自新成员国，但他们是通过这些国家到达欧盟的。有组织的犯罪在非法移民中扮演了重要的角色。移民支付给这些非法人贩商很高的服务费，使他们拥有巨额非法利润。而且，移民为支付偷渡的费用，常常被人贩商利用去从事犯罪活动，比如偷盗或卖淫。因此，有组织的犯罪参与移民偷渡对过境国家和目的地国家都是严重的安全威胁。

非法移民不仅包括人口走私，而且还包括滥用签证（延期滞留，没有许可证从事工作），以及制造假结婚证和假学生证。[1] 许多移民缺乏合法的身份，但他们也没有犯罪记录。非法的身份地位确实减少了移民使用银行系统的机会。但目前还没有简单的解决办法，因为这个问题涉及法律、社会政策以及人权。好的外部边界管理是一个办法，有助于欧盟遏制非法移民和打击其他各种犯罪活动。但为了方便旅游，申根体制要求取消欧盟成员国之间

---

[1] Wim Kok, "Enlarging the European Union-Achievements and Challenges," March 26, 2003, http://www.europa-kommissionen.dk/upload/application/03ccc8b7/report_kok_en.pdf, pp. 53.

的边界控制（英国和爱尔兰除外）。取消边界控制，成员国就必须在共同的外部边疆采取其他的弥补措施，比如，共同的过境规则、检查和监视，共同的签证制度，以及加强打击犯罪和非法移民的合作。但是，按照以往扩大的经验，新成员国加入申根区还有一个7年左右的过渡期。过渡期间，新老成员国之间的边界因为共同的统一市场，变得相对开放，而外部边界因为新成员国的技术、资金以及与东部邻居传统的经济文化联系等原因，一时还达不到申根区的边界管理要求。这样，短期内，老成员国的非法移民、跨国犯罪等非传统安全问题就存在相对上升的趋势。欧洲的许多非法移民不是来自欧盟的邻居，而是来源于那些历经战争和内部冲突的国家和地区。东南欧巴尔干地区是其中一个。根据欧盟2005年发表的欧盟扩大战略报告，土耳其、克罗地亚已经开始了入盟谈判，而东南欧的五国——波黑、阿尔巴尼亚、马其顿、塞尔维亚，以及黑山共和国都是欧盟的潜在候选国。显然，继续东扩是欧盟克服这些非传统安全威胁的主要战略，短期内也可以通过成员国身份调控这些候选国行为，遏制安全问题的蔓延。

　　库克认为，欧盟扩大对欧盟的内部安全会产生三重影响。第一，成员国数量的急剧增加和多样性的增强，会增大欧盟决策时达成共识的难度。尽管欧盟需要改革决策制度以减少一致通过原则的使用范围，并加强民主监督，但对各国政府来说，协调刑法和刑法程序等问题在政治上很敏感。第二，在司法和安全问题上的合作有赖于值得信任的诚实、有效和熟练的管理。新成员国在司法合作方面的有效参与取决于它们的政府能力。尽管有了相当大的改革，但有研究报告称，中东欧的新成员国仍然不能完全保证独立的、能胜任的、负责的司法程序。老成员国也存在这样的问题，但新成员国由于历史的经验和遗产，这些问题更严重。第三，许多新成员国存在少数民族问题。入盟的三条标准，其中政治标准就是要求尊重少数民族的权利。但要落实保护少数民族的法律，还不是一件容易的事。立法是一回事，执法又是另一回事。[①] 这不仅要靠政府，更要靠广大民众的思想意识的根本改变。而这是一个长期的过程，不可能"毕其功于一役"。

　　目前，欧盟境内共有非法移民300多万，每年进入的非法移民约有50万。

[①] Wim Kok, "Enlarging the European Union-Achievements and Challenges," March 26, 2003, http://www.europa‑kommissionen.dk/upload/application/03ccc8b7/report_ kok_ en. pdf, pp. 54 – 55.

他们中部分人的素质较低，缺乏基本工作技能，难以找到工作，成为流浪人群，对社会稳定构成威胁。欧盟公民已经对因移民大量涌入带来的刑事案件增多、社会治安状况恶化多有不满，要求政府采取强力措施制止非法移民，排外情绪也明显增强。在西欧，指向阿拉伯人的排外主义已经在很大程度上取代了指向犹太人的反犹太主义。欧盟东扩后可能出现的由东至西的移民浪潮及其夹带的"微观安全"威胁，已成为西欧成员国反对欧盟进一步东扩的重要理由之一。①

（三）环境与核安全问题

民意调查反映，欧盟老成员国或西欧国家的民众非常关心中东欧国家在共产主义时代所遗留下来的环境遗产。因此，环境成为了一个"扩大问题"。欧盟曾利用"入盟战略"强行要求新成员国实施老成员国的环境保护政策。新成员国为了入盟确实大大改善了环境质量，减少了对环境的破坏和污染。1989年以来，新成员国在欧盟的指导和帮助下，引进新技术，加强组织能力，实现了转型期的可持续发展，许多重工业得到重组和现代化改造，并提高了能源使用效率。

但环境安全不是阶段性的，而是持续性的存在，随时都可能出现反复。既要发展经济追赶老成员国，缩小二者之间的差距，又要实施环保政策，在一定程度上这是有矛盾的。很多计划经济时代的国有企业，只顾就业和生产率，而不顾环境污染问题。如果要实行改制，或加强技术投入，不少企业就只有倒闭和裁员。对转型期的新民主国家来说，不仅对经济，而且对政治和社会都会造成冲击，甚至会被具有民族主义倾向的左派在野党利用，对新生的民主政权产生威胁。除非欧盟提供大量的环保资金和技术支持，否则，中东欧国家的环保政策是难以为继的，一定会出现入盟后的动力消失和"疲劳症"。根据库克的报告，要有效执行欧盟的环保标准就需要加强管理和投入，特别是加强对城市污水和饮用水的管理，处理水环境中的有害物质，对垃圾进行掩埋、焚烧或包装处理等。减少空气污染、加强水和污水管理，以及城市有害垃圾处理需要大量投资。欧盟委员会和欧洲复兴发展银行估计新成员国要达标欧盟的环保要求，实施欧盟环境法，需要800亿~1100亿欧

---

① 杨烨：《东扩进程中的"微观安全"与欧盟的对策》，《华东师范大学学报》（哲学社会科学版）2003年第7期，第28~31页。

元。尽管欧盟和国际金融机构会提供一些经济支持，但主要费用还是由各个国家自己承担。而短期内中东欧国家是无力承受的。有鉴于此，欧盟只有考虑逐步过渡的办法，暂时免除新成员国执行欧盟环境法中的最困难的部分的义务。这部分涉及环境法149条中的15条，需要不少于10年的过渡期。尽管欧盟要求新成员国在入盟前环境标准达标，但实际操作上却做出了如此大的妥协，难免存在为了入盟而牺牲环境安全之嫌。

在扩大的欧盟内，任何国家都有选择电力能源供应的自由，因此可以选择核电。在10个新成员国中，有5个拥有核发电厂。从欧盟提出哥本哈根入盟标准以来，欧盟就一直要求这些候选国采取西方七大工业国的核安全标准。到2004年入盟时，新成员国或已经关闭了危险的核电站，或升级了安全标准。但正如库克所指出的，核安全不仅仅是一种机器设计，它更是一种综合的安全文化，包括有效的独立的管理机制、操作程序化、有效的控制、现代管理方法和培训。欧盟把这些东西送给了新成员国，但新成员国能在短期内落实它或能在短期内培养这种管理文化吗？只有拭目以待了。欧盟所能做的也只有监督、监督、再监督了。

（四）老成员国的民族主义抬头

极端民族主义对欧盟安全是一种威胁。对于西欧国家而言，东扩所带来的民族主义威胁主要有两种：一种是因东扩安全利益分配不均所激起的民族主义威胁；另一种是老成员国的民族主义传统对欧盟和欧盟东扩的低支持率构成的潜在威胁。在东扩过程中，由于地缘政治的缘故，德国是最积极的东扩推动者，也是获利最大的国家。而法国远离中东欧，法国的传统利益在南欧，所以积极推动南扩以平衡德国推动的东扩。① 欧盟各成员国对"东扩"的意图是不同的。除了法、德有分歧，英国认为"欧盟越大越好"，希望欧盟稀释成为一个经济上的自由贸易区，而地中海国家西班牙、葡萄牙、希腊等对东扩持反对态度。② 卡莱欧认为，"扩大的困难显然并不仅仅是经济方面的。新成员的增加也威胁到在老伙伴国存在的地缘政治凝聚力。……欧盟

---

① 朱绍中：《德国的欧洲政策与欧盟的深化和扩展》，《德国研究》1996年第2期，第5~8页。
② 李世安、刘丽云等：《欧洲一体化史》，河北人民出版社，2003，第384~385页。

进一步向东扩展，将以南部拉丁欧洲为代价，大大增加日耳曼中欧的分量。这是一种以法德伙伴关系紧张化作为冒险的趋势，而与此同时，它使法德关系对于欧盟内聚力而言更加至关重要"。① 人们有理由认为，对欧盟的最大威胁是这种特殊关系的失败。法德关系影响着欧洲内部关系的性质。可以说，法德伙伴关系是欧洲安全的核心。冷战结束和法德两国力量的增长，使法德关系日益成为联合欧洲各国力量的主导。"从某种意义上说，在21世纪没有法德的伙伴关系就没有欧洲的稳定和安全。"② 从混合霸权的角度讲（也有人称之为"合作霸权"，cooperative hegemony③），"法国和德国在一个多元化的欧洲当中共同创造了一个混合式的霸权。这一混合霸权有一些特殊的优点。就整体而言，它对于联盟内其他国家的利益更为敏感。当法、德两国确实共同制定一项政策时，相对于两国中一国单独坚持的政策来说，这一政策往往对其他成员国更有吸引力和合法性"。④ 这也许是过去60多年来，法德轴心能够成功推动欧洲一体化的原因。但东扩显示法国以经济让步换取政治领导地位，冷战时期法主德从的格局，在冷战后发生了变化，力量的天平向德国倾斜了。东扩是德国对法国的一次胜利。"欧盟东扩使德国获得新盟友和优势地位，改变了法、德间的力量平衡。德国越来越不愿意屈从于法国。"⑤ 但具有民族主义传统色彩的法国能否接受自己在欧盟地位相对衰落的事实？尽管德国此后以具有南扩性质的"巴塞罗那进程"和地中海创议为补偿，但德国得了头彩，在东扩中获得了较大的比较利益。法德关系出现了裂痕。法德关系处于冷战后最大的变化过程之中。如果民族主义进一步抬头，欧洲则会像现实主义所预言的那样回到均衡的"战国时代"。法德伙伴关系是欧洲安全的关键。如果法、德都能克制自己的民族主义的过度膨胀，21世纪仍然是法、德紧密合作的世纪。

另外，民意调查显示，至2004年底，欧盟老成员国民众的民族自豪感非常强，并没有因为欧盟的一体化发展而削弱，自豪感的平均比例是85%，其中最高的是希腊、爱尔兰和芬兰，希腊和爱尔兰是97%，芬兰是95%，

---

① 〔美〕戴维·卡莱欧：《欧洲的未来》，上海人民出版社，2003，第291页。
② 张东升：《丹麦学者视野中的2010年欧盟安全》，《欧洲》1998年第2期。
③ 金安：《欧洲一体化的政治分析》，学林出版社，2004，第169~121页。
④ 〔美〕戴维·卡莱欧：《欧洲的未来》，上海人民出版社，2003，第166页。
⑤ 郑秉文主编《欧洲发展报告：欧元与欧洲改革》，社会科学文献出版社，2002，第158页。

意大利、葡萄牙和英国是91%，丹麦、瑞典和西班牙是90%，法国和奥地利是86%，最低的国家德国是70%。欧盟15个老成员国对欧盟或欧洲的认同比例并不高，只认同欧洲身份的比例只有4%，同时认同欧洲和国家的比例才接近50%。因此，欧盟15国民众支持东扩的比例也不高，平均比例仅为50%。而几个大国的民众对东扩的支持率更低，德国为43%，法国40%，而英国最低，只有38%。① 可见，民族主义还是一种根深蒂固的感情和认同，东扩也并没有得到大多数欧盟老成员国民众的支持。而东扩的安全利益的分配因地缘因素的不同而存在较大差异，这多少会影响欧盟的一体化事业的进一步发展。爱尔兰曾否决《尼斯条约》，法国和荷兰也否决过《欧盟宪法条约》，也许这些就是民族主义思潮抬头的征兆。法国前总统密特朗在1995年3月15日的告别讲话中说："只有在我们的人民感觉生活在欧洲安全时，欧洲才是一个人民的欧洲。……民族主义意味着战争！"② 西欧国家已经意识到民族主义的危害，相信它们有足够的智慧克服。

（五）中东欧国家的民族主义传统

民族主义是一种集体认同，一种思潮，没有好坏之分。但极端民族主义排斥其他民族，在一个全球化的人员跨国流动的时代，就是背离时代潮流的，对国际和平构成威胁。而中东欧国家在历史上常遭受大国欺凌，普遍具有民族主义传统。③ 匈牙利和波兰尤其如此。匈牙利诗人的诗——"生命诚可贵，爱情价更高；若为自由故，二者皆可抛！"就是生动的写照。最大的挑战来自波兰。波兰有很强的民族自豪感，并且一直强调要在欧洲扮演大国角色。由于历史原因，波兰在历史上多次被瓜分和被占领，波兰民众对相邻各国抱有强烈的戒备心理，因此与英、法、德等国彻底和解及合作尚需较多时日。④ 德国学者也认为，欧盟东扩后的安全合作涉及中东欧国家的态度，会遇到新的挑战，例如争取波兰的合作比争取英国的合作难度大得多。中东欧

---

① 〔法〕法布里斯·拉哈：《欧洲一体化史（1945~2004）》，中国社会科学出版社，2005，第200~204页。
② 〔英〕巴瑞·布赞、〔丹麦〕奥利·维夫、〔丹麦〕迪·怀尔德主编《新安全论》，浙江人民出版社，2003，第43~244页。
③ 李兴：《从全面结盟到分道扬镳》，武汉大学出版社，2000，第36~37页。
④ Gerhard Wagner, "Nationalism and Cultural Memory in Poland: The European Union Turns East," *International Journal of Politics, Culture and Society*, Vol. 17, No. 2, Winter 2003.

国家对欧盟共同安全与防务政策的态度主要源于三个因素：第一，与目前西欧各国相比，所有中东欧国家都不愿意让出更多的主权给欧盟；第二，由于历史的原因，中东欧国家对俄罗斯都怀有很大的不信任情绪；第三，多数中东欧国家在军备领域对美国有较大依赖性。①

在伊拉克战争中公开与法德核心欧洲唱反调的，是以波兰为首的"新欧洲"。"波兰现象"首先源于欧盟东扩所引起的新、老成员之间的利益摩擦。其次，与新成员浓厚的"新大西洋主义"情结有密切关系。② 美国有限地支持欧盟东扩，影响了波兰等国的态度与行为。"扩大的欧洲将会扩大美国影响力的范围——通过吸收中欧新成员国，通过在欧洲委员会内增加亲美成员国——而不必同时建立一个政治上过分一体化的欧洲，避免这样一个欧洲不久就可能在其他地方的重大地缘政治问题上，特别是在中东问题上，向美国提出挑战。"③ 最后，反映了波兰在欧盟中争当次地区大国的强烈愿望。"波兰现象"不仅是欧盟一体化进程中新、老成员利益博弈的必然产物，而且将对欧盟扩大后的发展产生深远影响。④ 所谓的"新欧洲"，就是支持美国打伊拉克的欧洲国家。2007年2月24日，波兰重新照会美国大使，愿意与美国恢复在波兰建立导弹防御系统的会谈，同一时间，捷克外交官也声称，允许美国在捷克建立导弹防御系统不会影响与俄罗斯的关系。实际上，这种亲美的大西洋主义行为不仅会影响欧盟与俄罗斯的安全关系，还会对欧盟的扩大和深化，对共同外交和安全政策建设发出不和谐的声音。对此，2007年3月18日，法国总统希拉克指责美国在捷克和波兰布置导弹防御系统会破坏欧盟与俄罗斯的关系，引起新的军备竞赛；而一贯亲美的德国总理默克尔也对美发出了"要谨慎从事"的警告。正因为如此，法国曾怀疑波兰是美国打入欧盟的"特洛伊木马"。也有人认为，中东欧的新成员国之所

---

① 刘立群、孙彦红：《德国教授谈欧盟共同外交与安全政策》，《欧洲研究》2004年第6期，第151页。
② Janusz Mucha, Marek S Szczepanski, "Polish Society in the Perspective of Its Integration with the European Union," *East European Quarterly*, Winter 2001, 35, 4, Academic Research Library, pp. 483-499.
③ 〔美〕兹比格涅夫·布热津斯基：《大棋局：美国的首要地位及其地缘战略》，上海人民出版社，2007，第162页。
④ 姚勤华等：《从"魏玛三角"到"波兰现象"》，《现代国际关系》2004年第5期，第1~6页。

以这样做，是发泄它们在东扩过程中的不满。整个入盟谈判的过程是由欧盟主导的，新成员国只是被动地接受欧盟的要求。欧盟是收容所，新成员国是被收容者。但无论原因如何，新欧洲的民族主义兴起却是不争的事实。显然，新老欧洲的对美战略、与美关系的差别会影响欧盟的团结和一体化事业的发展。①

如果民族主义导致欧盟不能以一个整体的力量发挥作用，俄罗斯就不会选择欧盟，而是选择欧盟大国作为外交战略优先对象。伊战前夕的法、德、俄反美临时联盟就是征兆。"欧盟东扩还会带来其他一些急迫的问题，因为欧盟的成员国包括一些曾经在很长一段时间内都充当大国外交对象和战略进攻基地的国家。这些国家既不信任俄罗斯，也不信任欧洲的一些主要大国，其中包括德国。这也是它们更倾向美国的原因之一。发生在伊拉克（问题上）的冲突已经证明了，如果欧洲内部不能保持行动一致的话，它在世界政治中会被迅速边缘化。那么就会产生这样一个问题：欧盟在扩大后能否用一个声音说话或者在关键时刻美国每次都能将之成功分化，如果是后者发生，那么俄罗斯将不得不选择的战略优先，与其说是一个扩大后作为一个统一整体的欧洲，不如说其中作为金融经济、外交和国防政策核心的主导国。这种可能的战略已为伊战前夕的法德俄为反对英美联军对伊动武的协作所证实。"② 这对欧盟及其一体化事业是一个严峻的挑战，有可能激起欧洲大国的民族主义情绪和国家利益至上行为。

另外，在政治经济制度转轨的过程中，过渡期出现的问题也很突出，"民主和市场经济并不是规制国际关系的灵丹妙药。发展中的或不成熟的民主很容易受到偏见的伤害，并且极容易被操纵，甚至倾向于不负责和暴力。因此，本身脆弱的新民主可能重新走向极权主义。在欧洲前共产主义国家，我们已经看到这样的征兆"。③ 列宁有一句名言是"文盲在政

---

① Jiri Sedivy, Marcin Zaborowski, "Old Europe, New Europe and Transatlantic Relations," *European Security*, Autumn 2004, Vol. 13, Iss. 3, p. 187.

② 〔俄〕Людмила Воробьёва, *Политические последствия расширения ЕС для Россиим*, еждународной конференции "Европейская интеграция и Россия", 2003。

③ 〔美〕理查德·N·哈斯：《"规制主义"：冷战后的美国全球新战略》，新华出版社，1999，第36页；Gerhard Kummel, "Democratization in Eastern Europe. The Interaction of Internal and External Factors," *East European Quarterly*, Summer 1998, 32, 2, Academic Research Library, pp. 243–268.

治之外"。没有一定的文化基础，民主只会导致私欲横流和社会动荡。民主与市场经济都是一个渐进的演进过程。随着入盟的结束，新成员国中先前被"回归欧洲"的战略目标所掩盖的意识形态斗争和集团利益矛盾逐渐浮出水面。由于欧盟对新老成员国实施不同的农业政策，欧盟对劳动力市场和农业实施保护让新成员国有被欺骗的感觉，好像新成员国成了老成员国的商品倾销地和安全缓冲地带。所以，"随着欧盟东扩进程的推进和在一些中东欧国家的完成，政党制度中的欧洲怀疑论在某些国家得到了一定程度的加强"。①

这种情况很容易被左派政治家利用和操纵来反对欧盟东扩。他们利用历史上的不公正和伤痛来攫取政治资本。比如，二战后捷克斯洛伐克颁布了一个取消苏台德地区德国和匈牙利少数民族的捷克斯洛伐克国籍并没收他们的财产的命令，从而导致250万人的大驱逐。现在要入盟，根据"哥本哈根标准"，要尊重少数民族的权利。所以，西方，尤其是德国、奥地利等国家要求捷克斯洛伐克修改这项法案。捷克斯洛伐克的左派政治家就大肆宣扬，欧盟东扩是德国借机扩大势力范围。民众的民族主义情绪被激发，反对入盟的人从20%增至36%，而赞成的比例从53%下降到41%。当局陷入进退两难的境地。当然，后来在双方的不断妥协中缓解了问题，没有影响东扩的大局。②但问题的出现，对欧盟新老成员都是一个警示。所以西方有学者说，"对欧洲安全的现实威胁来自于东欧和原苏联国家的民族主义对边界和主权的暴力争夺；民族主义曾长期受到抑制，现在趋于表面化了"。民族主义可能打着主权完整的旗帜威胁这些国家新生的民主政权和欧盟一体化事业。③而实际上，新成员国的民众对加入欧盟的态度也存在极大分歧，执政党和政治精英大都是支持加入欧盟的，而据民调，赞成加入欧盟的人口比例最高的维谢格莱德三国，匈牙利是48%，波兰是44%，捷克是43%。其他各新成员国的民众赞成入盟的比例，除了马耳他的47%和塞浦路斯的43%外，都

---

① 高歌：《试析欧盟东扩对中东欧新成员国政党制度的影响》，《俄罗斯中亚东欧研究》2004年第5期，第17~18页。

② Heather Grabbe, "The Beneš Decrees: Implications for EU Enlargement," http://www.cer.org.uk/pdf/briefing_enlargement.pdf, June 2002.

③ 〔美〕拉西特、〔美〕斯塔尔：《世界政治》，王玉珍译，华夏出版社，2001，第305页。Valerie Bunce, "The National Idea: Imperial Legacies and Post-Communist Pathways in Eastern Europe," *East European Politics and Societies*, Summer 2005, Vol. 19, Iss. 3, p. 406.

在四成以下。① 可见,新成员国的入盟也没有得到其国内绝大多数民众的理解和支持。其中的主要原因就是,相当一部分人担心加入欧盟会削弱主权和损害民族利益。

欧盟运用"欧洲化"的条件性机制,利用"入盟标准"和"入盟战略"的政治标准有效地化解新成员国之间的民族主义的威胁。政治标准要求候选国尊重少数民族权利,和平解决边界争端。但这些新生的民主国家对主权和反映国家利益的民族主义过分珍视对欧盟是一种潜在的威胁。欧盟是具有超国家性质的一体化组织,要求成员国让渡部分主权。新成员国的国家利益原则使这些国家的让步变得极其困难。而且,即使政治家做出让步,也难以得到普通民众的支持。由于欧盟的民主原则,许多决策要通过成员国公投决定。比如,欧盟宪法,候选国入盟等重大的决策都要成员国公投表决。中东欧国家的民族主义对欧盟的决策及其进一步扩大存在一定的威胁。

不仅民族主义对欧盟安全构成威胁,而且种族主义也对欧盟构成安全威胁。种族间冲突肆虐国家的安全,比如原南斯拉夫内部的冲突。种族内的竞争也容易导致后共产主义转型国家的暴力,彰显民主制度的不足。比如,执政的克罗地亚民主党和塞尔维亚社会主义党分别受到右翼政党和激进党的挑战和压力,这种种族内的竞争也会爆发冲突,危害新生的民主政权。② 甚至波黑出现了伊斯兰政党,对于信仰基督教的西欧联盟来说肯定是一种不祥。③ 而保加利亚等中东欧国家的共产党也从来就没有被消灭,它们还在利用民主制度和执政民主党的失误伺机再度夺权。④ 这对欧盟也是一个难以挥去的梦魇。随着新成员入盟,新成员国及其之间的多种多样的安全问题就移

---

① 法布里斯·拉哈:《欧洲一体化史(1945~2004)》,中国社会科学出版社,2005,第205页。
② "Hislope Robert Intra-Ethnic in Croatia and Serbia: Flanking and the Consequence for Democracy," *East European Quarterly*, Winter 1996, 30, 4, Academic Research Library, pp. 471.
③ Aydin Babuna, "The Emergence of the First Muslim Party in Bosnia-Hercegovina," *East European Quarterly*, Summer 1996, 30, 2, Academic Research Library, pp. 131 - 152.
④ Georgy Ganev, " Where Has Marxism Gone? Gauging the Impact of Alternative Ideas in Transition Bulgaria," *East European Politics and Societies*, Summer 2005, Vol. 19, Iss. 3, p. 443; Laslo Sekelj, "The Return of the Left in Post-communist States: Current Trends and Future Prospects," *Europe-Asia Studies*, Sep. 2000, Vol. 52, Iss. 6, pp. 1164 - 1166; Barnabas Racz, " The Hungarian socialists in opposition: Stagnation or Renaissance," *Europe-Asia Studies*, Mar. 2000, Vol. 52, Iss. 2, pp. 319 - 348.

植到了欧盟内部,从而对欧盟造成多重安全挑战。① 扩大的欧盟将是一个新欧洲还是一个死胡同?有人已经提出了质疑。②

二 新成员国的新安全忧虑

入盟对新成员国总体而言是利大于弊的。但新成员国也面临来自老成员国的威胁。新成员国入盟有可能成为欧盟的"二等公民",在欧盟内并没有多少发言权。相反,倒有可能在核心欧洲的老成员国与新成员国之间形成一个类似国际体系的"核心—外围"的依附性结构。新成员国只是成了老成员国的安全防护带,"和平演变"和"糖衣炮弹"的俘虏,以及新殖民地,可靠的原料和消费市场。新成员国担心被老成员国愚弄了,老成员国没有把自己当平等的伙伴看待。入盟后,老成员国并没有对新成员国开放劳动力市场,实行再签证制度也是对新成员国的一种歧视或至少是不信任。而实行共同的难民和庇护政策则把新成员国变成了新的收容所。③ 老成员国从自己的利益出发来处理与新成员国的关系,甚至不惜牺牲新成员国的利益来成全自己的利益。愿望与现实的落差,使这些新成员国普遍蒙上淡淡的安全忧虑。

但同时,新成员国内部也不是铁板一块。由于地缘关系,新成员国可以分成相对独立的三大块:波罗的海三国,爱沙尼亚、拉脱维亚和立陶宛;维谢格莱德四国(本来是三国,由于捷克斯洛伐克解体而变成四国),波兰、匈牙利、捷克和斯洛伐克;以及东南欧的罗马尼亚、保加利亚、斯洛文尼亚等巴尔干国家。波罗的海三国与俄罗斯直接接壤,是二战时被苏联强行兼并的,苏联解体时,它们首先宣布独立。但同时,它们担心俄罗斯利用境内的俄罗斯少数民族和边界问题卷土重来,干预内政并谋求重新控制自己。所以,这三国虽然经济落后,但国家主权安全是当务之急。加入北约重于加入

---

① Caius Dobrescu, "Conflict and Diversity in East European Nationalism, on the Basis of a Romanian Case Study," *East European Politics and Societies*, Summer 2003, Vol. 17, Iss. 3, p. 393.
② W Brian Newsome, "'Dead Lands' or 'New Europe'? Reconstructing Europe, Reconfiguring Eastern Europe," *East European Quarterly*, Spring 2002, 36, 1, Academic Research Library, pp. 39 – 63.
③ Joanne van Selm, "Safe Third Countries. Extending the EU Asylum and Immigration Policies to Central and Eastern Europe," *Europe-Asia Studies*, May 2000, Vol. 52, Iss. 3, pp. 581 – 583.

欧盟，加入欧盟是一种福赐。它们的最大威胁是俄罗斯及其少数民族问题，对老成员国几乎没有安全顾虑。巴尔干新成员国，处在动荡的巴尔干周边，1992年的波黑战争、1999年的科索沃战争，都使它们处于极为矛盾的状态。一方面，它们担心巴尔干的冲突和战火会蔓延到本国，至少会带来难民和边界安全问题。它们希望背靠欧盟，依赖欧盟解决巴尔干的危机。另一方面，这些新成员国本身也存在巴尔干式的种族、宗教和边界问题，担心自己没有处理好并引发冲突，从而招致北约的武装干涉。所以，巴尔干地区的新成员国对欧盟老成员国也没有特别的安全忧虑。它们的安全倚重于欧盟，而对北约存在潜在的安全顾虑，担心北约利用所谓的"人权高于主权"的旗帜干预其内政，引发地区动荡，威胁自身安全。维谢格莱德四国，历史上是奥匈帝国统治的地区，受西方文明影响最深，属于基督教文明。所以，它们是欧盟东扩的首选对象。由于文明接近，又有民主传统，所以维谢格莱德四国对老成员国总体上也没有传统安全顾虑。

但有一个特殊情况，它们对德国存在安全忧虑。这不是因为它们处于德国的周边，而是因为二战结束后，德国的东部领土边界西移。它们担心，欧盟东扩会使德国提出领土要求或通过获取土地所有权占有原属于德国的领土，德国人又回到他们自己的家园。事实上，德国尊重二战后的国际协议，并没有提出索回领土要求。但外国人拥有土地所有权问题还是成为了新成员国的新安全问题。理孟·特色尔（Lynm M. Tesser）也认为，外国人拥有土地所有权已经成为了冷战后中东欧国家的安全问题，尽管这个问题在传统的安全研究上被忽视。[①] 其他的新成员国也不同程度地存在来自老成员国的"外国人拥有土地所有权"的安全担心。整个20世纪90年代，中东欧的土地外国人所有权问题与西欧的移民问题一样，成为一个安全热点问题。

（一）"外国人的土地所有权"问题

中东欧国家经济落后，土地相对西欧极为廉价。西欧老成员国的经济发达，地产昂贵，但它们的民众可以到新成员国购买廉价的地产，看准新成员

---

① Lynm M. Tesser, "East-Central Europe's New Security Concern: Foreign Land Ownership," *Communist and Post-Communist Studies* 37, 2004, p. 213.

国的房地产市场会随着市场经济的发展很快升值。这本是一种经济投资行为，为什么变成了一个安全问题？因为领土是一个国家生存的基本条件与保障。领土安全是一个国家最基本的安全诉求。如果土地所有权为外国人所有，外国人拥有土地的处置权，那就意味着国家失去了对土地的控制。土地是国民赖以生存的基础，失去了对土地的控制就等于失去了对国民的安全保障。比如，某一块地被外国人购置用于放牧，那么这块土地上原居住的国民就会被迫迁移。即使国家提供生活保障，国民仍然有不安全感。土地对于人类来说，完全超乎居所的含义，它本身就是安全的问题。如果外国人大量购买本国领土，就像瓜分势力范围一样，会令国家和国民感到不安。所以，这个问题常常被民族主义政党拿来做文章，以提升自己的支持率。

这个问题如此敏感，为什么欧盟还一直要求新成员国向老成员国开放土地市场？那是因为欧盟秉持自由主义的经济观，也有来自 WTO 等国际机构的压力。欧盟的自由主义有三个要点：第一，它提倡个人权利、法治、制度民主、自由和市场经济等古典自由主义观念；第二，它提倡个人言论自由；第三，欧盟的自由主义强调经济一体化。目的有两个：①为成员国之间的人员、商品、资本和服务的自由流动降低或取消边界；②实行市场调节经济。在 1997 年的《阿姆斯特丹条约》的第 6 款就对欧盟的自由主义做出了明确的阐述："欧盟是基于以下原则建立的，即自由、民主、尊重人权，以及法治，这是所有成员国的共同原则。"

欧盟东扩进程从"欧洲协定"的签订和"法尔计划"实施开始，就有明确的目的，就是要用西方的自由民主的价值观改造中东欧候选国。比如"法尔计划"，"法尔"的法语意思就是"灯塔"。① 笔者理解，这里面有两层意思，第一层意思是，从静态看，西欧的灯塔照耀中东欧国家，意味着西欧是东欧的救世主、施恩者；第二层意思，从动态看，灯塔是指引前进方向的，也就意味着中东欧国家要以老成员国为榜样，按照欧盟指引的方向前进，实现政治民主和经济自由。老成员国自然难以明白，外国人的经济行为在新成员国竟变成了安全问题。所以，即使开放土地市场会引起新成员国的安全顾虑，老成员国也不肯让步，只给了维谢格莱德四国一个入盟后开放农

---

① "More Unity and More Diversity—The European Union's Biggest Enlargement," http://ec.europa.eu/europeaid/infopoint/publications/communication/17f_en.htm, Oct. 2003, p. 10.

业土地市场的 10~18 年的过渡期。而波罗的海三国，由于俄罗斯的威胁远远大于土地所有权的安全威胁，急于加入欧盟寻求安全保障，在土地的外国人所有权方面没有表现出明显的安全顾虑。巴尔干新成员国斯洛文尼亚是小国，容易融入欧盟市场，也没有这方面的安全问题。最典型的是维谢格莱德集团，所以接下来笔者以波兰为例做进一步的分析。

像匈牙利一样，波兰在结束共产党统治后就逐步放开房地产市场，但不久就对外国人的土地所有权怀有恐惧和不安，这种恐惧源于东扩导致德国人获得了波兰大量的土地，波兰感到"德国人又回来了"的"威胁"。由于波兰的法律限制，德国人最初是通过与波兰人合资获取波兰土地所有权的。名义上是波兰人拥有，但实际是德国人投资控股。法律的漏洞使德国人在没有获得政府允许之前就已经获得了二战前属于德国的大片土地，即波美拉尼亚（Pomerania），马扎日亚（Mazuria）和奥得（Oder）河沿岸。这引起了波兰政府和民众的警惕，从而引发了对外国人的土地所有权的争论。后来对此做了限制，规定只有三种人可以购买地产，即有波兰国籍的人、与波兰人有婚姻关系的人和拥有波兰永久居住卡的人。① 1996 年，波兰通过了放宽外国人拥有产权的规定，但仍然不允许外国人在边境地区置产，对农业用地也限制在 1 公顷以内。显然，这是有针对性的，害怕"德国人又回来了"。

伴随输出经济自由主义，欧盟强调土地市场的开放，而波兰政府为了国家的利益坚持控制土地。二者之间出现了矛盾。波兰的农民党（The Polish Peasant Party，简称 PSL）和中右团结联盟（The Center-Right Solidarity Coalition，简称 AWS）都反对对外国人开放土地市场。到 1996 年 5 月，波兰农民党获得 72% 的民意支持，而执政的解放自由联盟（Liberal Freedom Union，简称 UW）的支持率只接近 42%。这样执政的民主党就面临欧盟和国内的双重压力。在与欧盟的讨价还价中，波兰要求在欧盟成员国民众在自由购买波兰农业土地之前，要有一个 18 年的过渡期。在 1998 年 3 月开始入盟谈判时，要求一个较长的等待期已成为波兰共识。但不幸的是，这时德国兴起了被驱逐者运动。二战后，苏联将奥德—尼斯河线以东的德国领土11.4 万平方公里交由波兰管辖，自己则将原波兰东部的 20 多万平方公里的

---

① Lynm M. Tesser, "East-Central Europe's New Security Concern: Foreign Land Ownership," *Communist and Post-Communist Studies* 37, 2004, p. 219.

土地和整个普鲁士北部地区占为己有。德意志人被迫"迁出",造成二战以后1500万德国人的大逃亡。① 如今,相关的中东欧国家想加入欧盟,这对德国被驱逐者运动来说是一个绝好的时机,可以利用波兰和捷克想加入欧盟的愿望为筹码要求归还原属于自己的土地和财产。波兰政府选择18年等待期的时间显然也是有针对性的。当然,与候选国的入盟谈判也不仅仅是由被驱逐者运动推动的,当时的德国领导人也支持德国被驱逐者联盟在波兰和捷克加入欧盟后返回原居住地的,至少获得补偿。对波兰、捷克来说,这是入盟要面对的一个极大的挑战。

理孟·特色尔认为,有两个客观原因使波兰害怕对德国开放土地市场。①法律方面的不确定性。自二战结束以来,许多前德国人的财产被租赁了,财产的归属或产权不清晰,找不到债主。②那些依赖德国财产生活的人在社会和文化上又没有扎根。② 二战后,波兰人签订了"永久租赁"租约以拥有前德国人的财产。从理论上讲,至少100年的租期,但租赁者应支付土地价格的15%作为补偿,99年后每年支付1%。德国被驱逐者向谁要这笔钱?是现在的定居者,还是政府?没有法律规定。但德国的目的也不是要这笔钱,而是以此为谈判的筹码,迫使波兰和捷克开放土地市场。新成员国也看透了这一点,所以要求老成员国开放劳动力市场做补偿。开放老成员国的劳动力市场是新成员国的最大期待之一。新成员国处于经济社会转型之中,有大量的廉价剩余劳动力。如果老成员国能开放劳动力市场,则可缓解新成员国的就业压力并使其获得由此带来的经济发展和社会稳定的益处。新老成员国了解彼此的需求,所以最终能达成妥协做成交易。直到2002年7月,欧盟与波兰才达成协议:农业用地和森林12年过渡期,度假村5年,原德国的领土区域有7年的等待期。而老成员国的劳动力市场对新成员国开放也有一个7年的过渡期。而且,过渡期后开不开放,还要老成员国视情况而定。显然,新老成员国在入盟谈判中的地位是不对称的。波兰为了加入欧盟做出了较大让步,而老成员国则为自己留下了很大的回旋余地。

其实,1990年德国就与波兰签订了双边协约,德国统一也有"2+4"

---

① 连玉如:《新世界政治与德国外交政策——"新德国问题"探索》,北京大学出版社,2003,第3页。
② Lynm M. Tesser, "East-Central Europe's New Security Concern: Foreign Land Ownership," *Communist and Post-Communist Studies* 37, 2004, p. 223.

协议，德国承认了现有欧洲领土边界。1975年赫尔辛基会议通过的法案也确认了欧洲边界，任何用武力改变边界的行为都是非法的。但历史的记忆在这里还是成为了波兰人的顾虑。想想过去被德国等大国瓜分的历史，波兰人心头有挥之不去的恐惧感。① 在国际政治中，大国任何时候都可能践踏国际规则以寻求自己的国家利益。美国发动伊拉克战争就是活生生的例子。德国会不会重蹈覆辙？波兰人与其相信国际协议和德国的承诺，还不如自己谨慎从事为好。

（二）少数民族与种族问题

由于过去70多年的种族放逐等历史问题，中东欧几乎每个国家都存在种族和少数民族问题。毫无疑问，激进的种族主义对国家稳定是一种极大威胁。② 对于一个国家来说，国家少数民族（national minority）常常也被看成是一种不稳定的因素。1938年，德国侵略捷克斯洛伐克就是打着"解救"生活在那里的德意志人的幌子。冷战后的原南斯拉夫地区，塞尔维亚和克罗地亚也打着同样的旗帜发动战争。③ 这些问题一直存在，但在冷战的两极格局体系下被冷冻了或暂时掩盖了。国家少数民族常常被认为是埋伏在一个国家里的"间谍""第五纵队"。特别是那些"占优势的少数民族"（dominant minorities）更是一种国家安全的威胁。这些少数民族曾经拥有统治地位，只是随着自己帝国的衰退而被遗留在他国。他们常常有一种优越感，认为自己比所在国的其他民族更优越，而不愿意接受次要的少数民族地位。更何况，有一个自己的民族国家在邻近做后盾，他们就更加努力地谋求平等的民族权利。比如，在波罗的海三国的俄罗斯人，在罗马尼亚和塞尔维亚的匈牙利人，在波斯尼亚的克罗地亚人，在克罗地亚的塞尔维亚人，等等。他们甚至

---

① Christian Haerpfer, Cezary Milosinski, Claire Wallace, "Old and New Security Issues in Post-Communist Eastern Europe: Results of an 11 Nation Study," *Europe-Asia Studies*, Sep. 1999, Vol. 51, Iss. 6, pp. 989 – 990.

② Cas Mudde, " Racist Extremism in Central and Eastern Europe," *East European Politics and Societies*, Spring 2005, Vol. 19, Iss. 2, pp. 161.

③ Xavier Bougarel, "Yugoslav Wars: The 'Revenge of the Countryside' Between Sociological Reality and Nationalist Myth," *East European Quarterly*, Summer 1999, 33, 2, Academic Research Library, pp. 157 – 176; Rossen Vassilev, "Bulgaria's Ethnic Problems," *East European Quartly*, Spring 2002, 36, 1, Academic Research Library, pp. 103 – 126.

要求民族自治或独立，比如，黑山独立、科索沃自治等。据分析，民族国家与境外的侨民（在所在国则为少数民族）正在形成一种力量，对一个国家的内政外交施加压力。比如，由于匈牙利政府的支持，在罗马尼亚的匈牙利少数民族就要求自治和平等权利。因此，国家少数民族或种族问题随着冷战的结束逐渐成为一个突出的安全问题，欧盟东扩必须面对这个问题，以免影响和滞缓东扩进程。只要候选国家没有处理好少数民族问题，就有可能被属于欧盟成员国的少数民族母国否决入盟。

民族国家是"现代性"的产物。随着民族国家的建立，人们的认同对象也逐渐从帝王转向新的领土政治形式"国家"。从历史来看，没有一个国家是纯而又纯的单一民族国家，随着全球化的发展以及移民潮的兴起，这种情况就更不可能。换句话说，任何国家都有少数民族，但未必有少数民族问题。重要的是该国有没有一个好的民主制度框架，既能给少数民族充分的自由与民主，又能维护好国家的统一和团结。真正谋求独立的少数民族总是少数，而且国际社会也不支持。民族自决与主权完整是有矛盾的，而民族自决也不一定要民族独立或建立国家，民族自治也是一种好的选择。中东欧现代"民族国家"的历史短暂，主权独立来之不易，民主治理经验缺乏，对待少数民族问题比较敏感，担心在"自由、民主"的旗帜下失去对其的控制。所以，在过渡时期，在民主制度完善和成熟之前，中东欧国家的少数民族问题会一直存在。[1]

（三）逐渐增加的东部移民问题

冷战结束，"铁幕"消失，东西欧的人员开始流动。但"铁幕"消失还带来新的人口流动和流动的新形式。传统的流动是从东向西，随着中东欧到西欧工作和学习的人增多，这种流动会继续。与此同时，大量的旅游和经商的人从西欧流向东欧。而且更突出的情况是，边界的开放也促使了中欧地区周边的人员流动，有大量来自俄罗斯、乌克兰和其他地区的人到这些新兴的后共产主义国家工作或从事经贸活动。接受从东边来的移民的主要是中欧国家：波兰、匈牙利、捷克和斯洛伐克。除了接受来工作和从商的人以外，这

---

[1] Lynn M Tesser, "The Geopolitics of Tolerance: Minority Rights under EU Expansion in East-Central Europe," *East European Politics and Societies*, Summer 2003, Vol. 17, Iss. 3, p. 483.

几个国家还是移民的"过境国"。这些移民主要来自中国、巴基斯坦等国和非洲,他们通过这些过境国转道西欧。这些国家成为了西欧移民的一条新"通道"。统计显示,尽管1998年初已经开始了入盟谈判,但中东欧国家对来自移民和难民的安全威胁还是相当警惕和敏感,与1996年相比,普遍出现反弹现象,认为移民与难民对国家和平与安全是一种威胁的人口比例,斯洛伐克从25%增长到40%,捷克从26%增长到38%,波兰从14%增至24%。①

伴随着移民的增加,犯罪也在增加,这两件事是紧密相关的。1992年,欧盟成员国开始对难民关闭大门。而南斯拉夫战争之后,新一波的难民和寻求庇护的人又叩击着维谢格莱德国家的大门。尽管其人数与西欧国家的移民相比还算少,但已成为了一个威胁和不安全的因素。欧盟把共同的庇护和移民政策推广到中东欧,"欧盟正在形成一个'堡垒欧洲',而波兰、匈牙利、捷克以及其他新成员国和候选国成为了'防护带'"。② 更有甚者,欧盟实行签证的"第一国负责制"和"再签证"制度实际上就是把接受庇护和移民的难题让新成员国自己去解决,新成员国成了老成员国的第一道防线,安全"过滤器"或"减震器",甚至有人说是"替罪羊"。③

从以上的对比分析可以看出,新老成员国在东扩中的安全顾虑是不一样的。老成员国,特别是与中东欧接壤的德国和奥地利,它们最担心来自新成员国廉价劳动力的"入侵",给本来就面临高失业率的经济带来冲击。来自东方的威胁,是没有限制的移民,而不再是苏联入侵。而新成员国的主要安全威胁是东南欧的动荡,东部贫困国家白俄罗斯和乌克兰潜在的民族问题,来自东方的移民、难民,以及富裕的西欧人对其领土的大量购置。④

---

① Christian Haerpfer, Cezary Milosinski, Claire Wallace, "Old and New Security Issues in Post-Communist Eastern Europe: Results of an 11 Nation Study," *Europe-Asia Studies*, Sep. 1999, Vol. 51, Iss. 6, pp. 989 – 1011.

② Joanne van Selm, "Safe Third Countries: Extending the EU Asylum and Immigration Policies to Central and Eastern Europe," *Europe-Asia Studies*, May 2000, Vol. 52, Iss. 3, pp. 581 – 582.

③ Attila Pok, "Atonement and Sacrifice: Scapegoats in Modern Eastern and Central Europe," *East European Quarterly*, Winter 1998, 32, 4, Academic Research Library, pp. 531 – 549.

④ Lynm M. Tesser, "East-Central Europe's New Security Concern: Foreign Land Ownership," *Communist and Post-Communist Studies* 37, 2004, p. 233.

三 新老成员国共同的安全挑战

欧盟东扩给新老成员国带来的共同安全问题，除了前面提到的跨国犯罪、移民等问题，主要还有以下三个方面。

（一）共同的边界安全

欧盟边界的东移，容易在欧洲形成欧盟堡垒，"新的铁幕"使得非欧盟的欧洲国家有被遗弃的感觉。"欧盟的东扩确实能统一欧洲的一些地区，但这同样将会造成与位于更东部的国家间的隔阂。"① 这对欧盟来说并不是福音，也不符合欧盟创始人实现欧洲统一与和平的理念。这也引起了其他东部欧洲国家的担忧。乌克兰基辅的独立政治研究中心副主任英纳·皮德卢斯卡（Inne Pidluska）就说："欧盟扩容后，我最担心的是沿着波兰和匈牙利的东部边界将拉起一道铁幕。"

但为了实现欧盟内部的人员自由流动与安全，欧盟各国的内政部部长们要求在新的成员国同与它们相邻的白俄罗斯、乌克兰和摩尔多瓦三国之间设定"硬的边界"。波兰、匈牙利和罗马尼亚被接纳为欧盟成员后，白俄罗斯等三国就会成为欧盟新的邻国。他们所说的"硬的边界"意味着对人员的流动和当地的跨越边境的贸易实行严格控制。那就意味着新成员国彻底改变与东部邻国传统的经济联系、人员往来；而这些前经互会成员之间的经济与人员往来由来已久，已成为其经济社会有机组成部分，完全割断几乎是不太可能的，而且在一个全球化时代也不合时宜。从事欧盟扩容后外部边界问题研究的意大利前总理阿玛托（Amato）则直截了当地说："如果你认为通过监督和管理边界就能战胜那些罪恶，那就太可笑了。你所需要的是成员国和候选国的司法部门与警察力量的合作，以便在罪犯们到达边界以前就把他们识别出来。"② 所以，欧盟东扩可能面临着在新的边界创造新的敌人或交结新朋友的选择或挑战。

---

① 《欧洲的吸引力》，初习译，《国外社会科学文摘》2001 年第 10 期，原载英国《经济学家》2001 年 5 月 19 日。
② 〔英〕朱迪·登普西（Judy Dempsey）：《铁幕会重降吗？》，《国外社会科学文摘》2001 年第 11 期，原载英国《金融时报》2001 年 8 月 2 日，第 22～23 页。

(二) 期望与现实的落差

新老成员国之间的期望差异，以及期望与现实之间的落差会影响欧盟的团结。欧盟东扩必然导致国家间利益再分配的调整，这使得欧洲团结问题暴露无遗。新成员国每年从欧盟得到的款项远远低于老成员国所能得到的数目。例如，在2004~2006年间，波兰每人每年可以得到67欧元，匈牙利为49欧元，而捷克则只有29欧元。与此形成鲜明对照的是，希腊2000年每人可以拿到437欧元，而爱尔兰与葡萄牙两国分别达到了418欧元和211欧元。在欧盟内，新成员难免会有被歧视的二等公民的感觉。而"某种程度的平等与团结是任何民主社会不可或缺的基础，没有团结，欧盟就无法存在下去"。①

2004年欧盟东扩以后，欧盟就出现了被欧洲报刊称为"扩大疲乏症"的现象。所谓"扩大疲乏症"，指的是扩大后的欧盟无论新老成员，对推进一体化的"热情"不仅没有增强反而减弱，而且随着时间的推移，失望、不满情绪日益增长。对新成员来说，虽然它们从农业补贴和增加出口等中得到一些实惠，但这与它们对入盟的高期望值相距甚远，而且欧盟的一系列决定使它们感到"二等公民"的屈辱。例如，它们的农民只能从欧盟基金中得到老成员国农民1/4的补贴；至少两年之内它们不能参加《申根协定》，公民无法享有在欧盟内部自由旅行的权利；至少6年之内它们的公民不得在绝大多数的老成员国工作；至于加入欧元区更是猴年马月的事。虽然入了盟，新成员国的人均收入要想达到老成员国的水平起码还需要几十年，这一现实使公众倍感失落，东西欧界限还是泾渭分明。②

而对老成员国来说，尽管在扩大前采取了一系列预防措施，但一下子让它们同贫富差距如此悬殊的大批新成员国（中东欧8个新成员国国民生产总值之和只相当于欧盟国民生产总值的4%）平等相处，打交道，面临不少难题。例如，低成本商品的涌入，廉价劳动力自由流入，日益严重的非法移民、偷渡问题，因扩大急需增加预算，等等。这使本来就受经济增长乏力、失业人口居高不下困扰的老成员国，尤其是法、德、荷等欧盟主要出资国更

---

① 亚历山大·施缪勒（Aleksander Smolar）：《欧洲团结，四面楚歌？》，《新闻周刊》2003年7月14日，第73页。

② Katinka Barysch, "East versus West? The European Economic and Social Model after Enlargement," http://www.cer.org.uk, October 26, 2005.

感不堪重负，而公众则忧虑受扩大的拖累影响自身的工作、生活。这使得欧盟老成员国对进一步推进一体化建设忧心忡忡，对欧盟将走向何方感到茫然。荷兰外长本·博特曾说，对欧洲众多公民来说，欧盟发展得过快，以致使他们"害怕丧失自己民族的特性并且渴望回归他们所熟悉的民族国家的旧天地"。英国《经济学家》杂志2004年9月第一期曾发表长篇调查报告，预言欧盟过快扩大必将导致"欧盟分裂"，其一大错误就是政治精英们"过高估计了公众的支持"。没有公众的积极支持，任何美好的理想也无法实现，欧洲一体化建设也不例外。① 期望与现实的落差，使得新老成员国推动欧盟继续东扩和一体化发展的动力都在逐渐消减。

（三） 欧盟整合能力受到挑战

欧盟扩大，由15国扩大到25~27国，欧盟的过于庞大可能给欧盟的管理和政策协调带来挑战。卢梭指出，"国家越是庞大，越是具有多样性，那么在一致的基础上把它捏合在一起就越是困难。因此，一个庞大而异质性的国家，需要一个强有力的中央集权政府以及具有权威的领导"。这对欧盟的统领能力是一个巨大的挑战。"扩大的过程毫无疑问将改变欧盟本身。随着它的成分变得越来越复杂，它要么会分崩离析，要么会变得更具帝国特征。正如雅克·德洛尔姗姗来迟的评述所云，外围越大，越需要一个强大的内核。无论外在形式如何，新成员国——甚至很多目前的成员国——不可能加入欧盟内部的统治核心。"② 欧盟扩大提出了欧盟深化的要求。2000年的《尼斯条约》就投票机制达成原则，它是新老成员国、大国小国的力量较量和妥协的结果。2002年的欧盟宪法草案为提高欧盟的决策和行为能力，提出了设立专职的外交部长和常任主席来代替外交与安全政策高级代表和轮值主席，以及扩大多数表决机制的使用范围等。如果这些改革能够成功，欧盟的超国家性质就更强，就有希望应对扩大带来的困难。能否成功，当时还有人提出质疑。③ 但如今已成事实。

---

① 丁原洪：《陷入危机的欧盟》，《国际问题研究》2005年第5期，第49~51页。
② 〔美〕戴维·卡莱欧：《欧洲的未来》，上海人民出版社，2003，第286~320页。
③ Ricardo Gomez and john Peterson, "The EU's Impossibly Busy Foreign Ministers: No One is in Control," *European Foreign Affairs Review* 6, 2001, pp. 53–74; Antonio Missiroli, "European Security Policy: The Challenge of Coherence," *European Foreign Affairs Review* 6, 2001, pp. 177–196.

其实，自欧盟成立之日起，就存在联邦派和邦联派，或政府间主义与超国家主义之争。欧盟的最终目标究竟是什么，至今谁也说不清道不明。[①]以德国为首的联邦派与以英国为首的政府间主义一直存在竞争。法国居中间，是二者的调和。欧盟宪法草案在法国等国家公投没有通过，英国更是无限期推迟公投。这对欧盟超国家主义来说，是一个沉重的打击。尽管人们从欧盟的发展史来看，欧盟的成长从来都是妥协的结果，在曲折中壮大。欧盟认为，草案遭否决的主要原因是欧盟与民众之间缺乏沟通，并为此成立了欧盟的信息沟通委员会，专门解决欧盟"民主赤字"问题，并在欧盟范围内展开了"欧盟未来"的大讨论。在广泛的民调的基础上，于2006年3月形成了《欧洲的未来》的报告，针对民众普遍关心的20个问题，欧盟官方做出了正面回应和解答。甚至把欧盟东扩带来的问题一股脑地归罪于全球化，归罪于来自印度、中国等发展中国家的竞争和挑战。[②] 显然，欧盟越来越重视与一般公民的沟通，争取民意支持，即所谓的"更加贴近公民"，但"掩耳盗铃"式地回避问题却只会使问题更加严重。欧盟自身的管理协调能力也是欧盟内部问题产生的一个重要原因。

欧盟，是走国家主义道路建立一个"超级大国"，还是走政府间主义道路建立一个小"联合国"？前者要求各国更多地放弃主权，这对新老成员国来说，短期内都无法做到；即便做到，欧盟建立常备军还尚需时日。有西方学者也认为，欧洲的地缘战略意味着吸收新的国家，但欧盟能否成功在于它能否真正地维护欧洲的利益。它遇到两方面的阻力：一方面，欧盟必须超越"国家的"利益，而代之以欧洲的利益；另一方面，欧盟必须做好准备，考虑并执行共同的利益政策和外交政策。因此，为了作为具有权力政治意识的活跃实体而承担起国际责任，欧盟最后必须抛弃"非军事强国（Zivil-Macht）"思想的束缚。[③] 而走政府间主义的道路则要求建立一个类似联合国

---

① Teija Tiilikainen, "To Be or Not to Be?: An Analysis of the Legal and Political Elements of Statehood in the EU's External Identity," *European Foreign Affairs Review* 6, 2001, pp. 223 – 241.
② Katinka Barysch, "We're in a Mess-but It's Not EU Enlargement's Fault," Centre for European Reform (CER), February 2006.
③ 〔德〕乌尔丽克·居罗特、〔德〕安德烈亚·维特：《欧洲的新地缘战略》，《世界经济与政治》2005年第6期。

的安全理事会,由欧盟的大国构成。但这也有合作霸权和强权政治之嫌。对欧盟大多数小国来说,一时难以接受。即便能够成功,从地缘政治的角度讲,"一个国家越大,核心地区要维持和确保其对周边地区的成功统治就越难,离心势力就越强。它们一旦强大到胜过核心地区,国家就会分裂"。① 欧盟始终存在凝聚力和离心力的矛盾斗争。伊战中出现的"新欧洲",核心欧洲仍心有余悸。英美特殊关系,欧盟扩大产生的众多新成员国,欧盟未来的不确定因素增多。英国的欧洲改革研究中心主任说:"25 个成员国,增加了欧盟面临瘫痪的危险。要避免这种不幸的发生,关键在于各成员在各个重要领域里非正式联合。……扩大的欧盟的动力,也不仅是依赖法德轴心,而更多的是各成员国的意愿与能力的联合。"② 因此,东扩对欧盟的整合能力及其一体化事业是一种严峻的挑战。

而据观察家分析,《欧洲联盟条约》实施以来,特别是欧盟第四次扩大之后,欧盟内部形成了以法德英三国为首的三个潜在的利益集团:以德国为首的东部集团,包括荷兰、比利时、卢森堡和奥地利等,主张建立超国家的联邦制国家模式,提倡国家指导下的贸易自由化,统一货币和向中东欧扩张;以法国为首的南部集团,包括意大利、希腊、西班牙、葡萄牙等,强调欧盟的深化优于扩大,倾向于贸易保护主义和共同农业政策,积极推动欧盟南扩,发展与地中海国家的关系,而对东扩持消极态度;以英国为首的北部集团,包括丹麦、瑞典、芬兰、爱尔兰等,主张建立政府间合作的邦联制的联盟和通过东扩稀释欧盟的超国家性,倡导贸易自由化。③ 可见,东扩可能在一定程度上加大了大国间的矛盾与分歧,而法德核心是欧洲一体化的政治基础,因而也会对欧盟的一体化事业构成风险。"东扩确实能通过扩展共同承担民主和合作的欧洲国家的网络来创建稳定,但它同样会给现有的成员国之间和申请国之间带来不稳定和紧张的因素。"④

---

① 〔英〕杰弗里·帕克:《地缘政治学:过去、现在和未来》,新华出版社,2003,第102页。
② Heather Grabbe, "Preparing the EU for 2004," http://www.cer.org.uk/pdf/briefing_enlargement.pdf, p.5.
③ 张蕴岭主编《欧洲剧变与世界格局》,社会科学文献出版社,1999,第189页。
④ 《欧洲的吸引力》,初习译,《国外社会科学文摘》2001年第10期,原载英国《经济学家》2001年5月19日。

第四章

东扩后的外部安全问题

一 东扩后的周边安全环境

欧盟东扩不仅意味着新成员，也意味着新邻居、新的周边安全环境。如前所述，东扩后，新欧盟在波罗的海三国与俄罗斯直接接壤，东临独联体国家白俄罗斯、乌克兰和摩尔多瓦；2007年罗马尼亚和保加利亚入盟后，战略要地南高加索地区的格鲁吉亚、亚美尼亚和阿塞拜疆成为近邻；东南边是欧亚非结合部的土耳其和动荡不安的伊斯兰世界，以及历史上的"火药桶"巴尔干地区。巴尔干包括南斯拉夫分裂出来的五国，即塞尔维亚，马其顿共和国（简称马其顿，由于希腊反对，不能命名为"马其顿"），波斯尼亚与黑塞哥维那（简称波黑），克罗地亚，黑山共和国，以及阿尔巴尼亚。希腊和土耳其，从地理学上讲，是东南欧国家，但希腊已是欧盟成员国，而土耳其也是候选国，且开始了入盟谈判，所以它们又不是地缘政治意义上的巴尔干国家。

从总体上看，欧盟扩大后的新邻居，紧邻可以分为三大块：俄罗斯等部分独联体国家，土耳其候选国，东南欧巴尔干潜在的候选国。近邻也可以分为三块：地中海北非国家（包括摩洛哥、突尼斯、阿尔及利亚、利比亚和埃及），中东（包括黎巴嫩、约旦、叙利亚、以色列、巴勒斯坦、伊拉克和伊朗），以及南高加索地区（该地区虽从属于独联体，却是容易爆发冲突的特殊地区，所以单列出来——作者注）。不同的地区有不同的特点，离欧盟的远近不一样，对欧盟的安全意义也不一样。紧邻比近邻更重要，紧邻的安全比近邻的安全问题就更紧迫。正因为如此，欧盟采取不同的应对政策，对俄罗斯和乌克兰等重要安全伙伴实行专门的"伙伴与合作"战略关系;对巴尔干东南欧国家实行"稳定与联系"协定,把它们都列为潜在的候选国,指出它们的前途在于加入欧盟和融入欧洲;土耳其由于特殊的战略价值,又是北约成员国,实行共同关税和"入盟谈判"战略;对其余的紧邻和近邻采取"新邻居政策"。但不管哪个政策,其主要目标都是一样的:通过经济援助和开放市场,通过推动邻国改革——实行民主政治和市场经济等,即主要通过经济和政治手段(当然也包括安全对话与合作)实现欧盟周边的安全。

从安全威胁的议题看,2003年12月,欧盟外交与安全高级代表索拉纳在欧洲安全战略报告中,根据冷战后的欧洲安全环境的变化,详细分析了欧盟面临的主要安全威胁,它们是:恐怖主义、大规模杀伤性武器的扩散、地区冲突、失败国家,以及有组织的犯罪。① 欧洲的恐怖主义由来已久,只是美国2001年的"9·11"事件使之凸显而已。恐怖主义主要源于极端宗教主义和民族分裂主义。在欧盟内部主要源于民族分裂主义,比如,英国的北爱尔兰、西班牙的巴斯克、法国的科西嘉等;在欧盟外部主要源于伊斯兰极端主义。东扩后,中东伊斯兰世界成了欧盟的近邻。欧盟直接面对伊斯兰恐怖主义的威胁。地区冲突主要来源于巴尔干和南高加索两个地方,还有中东的巴以冲突。巴以冲突的解决主要由美国主导,但也是欧盟安全战略中优先考虑的问题。欧盟及其成员国一直是巴勒斯坦的主要经济援助方。2006年8月,欧盟及其主要大国积极介入以色列与黎巴嫩真主党的冲突斡旋,并成为国际维和的主要兵源国。巴尔干是欧盟的后院,自然是欧盟安全的重中之重。南高加索扼里海的咽喉,事关欧盟未来的能源安全,也是欧盟关注的焦点。由于苏联解体,其遗留下来的大量核武器和核材料,以及核技术人才,有可能导致大规模杀伤性武器在独联体和中东的扩散,并有可能为恐怖主义所获取和利用。这对欧盟是一个极大的潜在安全威胁。

失败国家也是一种安全威胁。按索拉纳的界定,失败国家主要指政府管理的失败:腐败、滥用权力、公共机构式微并缺乏责任心,以及国内冲突侵蚀国家。政府失败还可能导致有组织的犯罪或恐怖主义失控,从而影响欧盟及其周边安全。索拉纳列举了索马里、利比里亚和阿富汗等失败国家,其中

---

① Javier Solana, "A Secure Europe in a Better World-European Security Strategy," December 12, 2003, http://ue.eu.int/uedocs/comupload/78367.pdf, pp. 3–4.

没有欧盟的新邻居。所以，失败国家所带来的安全挑战是全球性的，而不单是欧盟独有的。在索拉纳看来，东扩似乎没有直接带来失败国家的安全问题。但是，1997年阿尔巴尼亚政权崩溃之后，有3000人被杀害，还有更多的人在该年的春季冲突中受伤。据估计，到1996年初，在阿尔巴尼亚北部地区，有60000人介入了族仇；社会团伙权威（他们发挥了两种作用，一是提供保护，二是纠纷调解）；违法和诱拐妇女；腐败严重；法制不健全，习惯法在落后的地区发挥作用，族仇斗争；等等。阿尔巴尼亚就是一个准失败国家。[1] 从这个意义上讲，欧盟东扩的安全问题中还是存在失败国家问题的。

由于俄罗斯、土耳其，以及巴尔干对欧盟的安全具有特殊的意义，有必要分别对这三个安全因素做进一步的分析。

二 欧盟东扩与欧俄安全关系

（一）欧盟东扩的俄罗斯因素

地缘政治安全需求是欧盟东扩的内在动因。[2] 俄罗斯是欧洲最重要的安全因素，也是欧盟东扩的最大的影响因子之一。冷战结束，两极格局的终结以及世界多极化发展为欧盟东扩提供了前所未有的历史机遇。这一切都与美俄两个大国密切相关。正是1989年12月2～3日的美苏马耳他首脑会议向全世界宣布了冷战的结束。双方在这次会晤中就欧洲局势达成谅解：苏联重申对东欧的局势不加干涉，而美国则表示无意从中获得好处。由于俄罗斯是苏联的法定继承者，欧盟是欧共体的发展与继续，所以可以把苏联与俄罗斯，欧盟与欧共体，分别视为同一行为体。从一定意义上讲，欧盟东扩是美、俄、欧三大力量在中东欧角逐的必然结果。在此，笔者先分析欧盟东扩的俄罗斯因素作用。

第一，苏联东欧政策的失误造成中东欧国家的离心倾向，冷战结束后，它们纷纷采取"回归欧洲"战略，为欧盟东扩提供了机遇。苏联对东

---

[1] Colin Lawson, "Douglas Saltmarshe: Security and Economic Transition: Evidence from North Albania," *Europe-Asia Studies*, Jan. 2000, Vol. 52, Iss. 1, pp. 133–149.
[2] 易文彬：《论欧盟东扩的安全动因》，《南昌大学学报》（人文社会科学版）2007年第5期，第35～39页。

欧的政策总体上服从和服务于以苏联为首的华约体系的整体利益，以抗衡以美国为首的北约。斯大林时期，1948年在南斯拉夫强行推行苏联模式，企图剥夺南斯拉夫人民自主选择发展道路的权利，遭到抵制之后实行威慑，最后导演了一场反南斯拉夫和"铁托主义"的政治运动，把南斯拉夫"革出了教门"，这就是历史上著名的"苏南冲突"。赫鲁晓夫时期，1956年的波匈流血事件，造成了波兰、匈牙利重大的人员伤亡和社会混乱，在这两个国家的人民内心深处留下了伤痕。勃列日涅夫时期，1968年8月武装干涉入侵捷克斯洛伐克。苏联总是把苏联利益混同于集团利益，对集团内的其他国家的利益照顾和尊重不够；以"老子党"自居，表现为大国沙文主义和霸权主义，干涉别国内政，侵害别国利益，伤害了东欧人民的感情。苏联在中东欧的霸权主义和强权政治行为造成了这些国家对苏联的巨大逆反心理和离心力，以致东欧国家普遍存在仇俄排俄情绪，并要求摆脱苏联的控制。[1] 在戈尔巴乔夫新思维指导下，东欧各国都把"改革"变成"改色""改向"，纷纷抛弃苏联模式而选择以西方的资本主义模式为政治经济改革目标。苏联解体后，东欧国家又担心其法定继承者俄罗斯会重新谋求控制它们，所以积极寻求西方和欧盟的支持，并把"回归欧洲"作为自己对外政策的首要目标。"影响中东欧国家对俄罗斯政策的不是眼前的危险，而是遥远的过去和社会主义时期令人不快的斯大林主义和勃列日涅夫主义、昔日俄罗斯的概念和苏联的遗产以及目前俄罗斯国内政治形势。中东欧国家尽量防止西方国家和俄罗斯签订任何有可能将中东欧重新置于俄罗斯统治或势力范围的协议。"[2] 而俄罗斯独立之初叶利钦总统采取向西方一边倒的外交政策，也有意无意地推动了中东欧倒向西方，为西方势力向东渗透和扩张提供了便利。

第二，俄罗斯对东欧的战略收缩，也为欧盟东扩提供了机会。苏联解体，俄罗斯虽是法定继承者，拥有丰富的资源和巨大的核武器库，也是联合国常任理事国，仍是一个大国，但经济却一时陷入困境，内忧外患，无力支撑和维持与美国争霸的局面。从国外撤军是减轻负担的一种无奈选择。1991年6月19日，苏联从匈牙利撤出最后一批军人；6月25日，最后一个士兵

---

[1] 李兴：《从全面结盟到分道扬镳》，武汉大学出版社，2000，第66~81页。
[2] 朱晓中：《中东欧与欧洲一体化》，社会科学文献出版社，2002，第16页。

离开了捷克斯洛伐克。1993年6月17日,最后一批独联体军队离开了波兰。1994年8月31日,俄罗斯的军队全部撤出了东欧。[1] 冷战时期,苏联控制东欧国家的主要方式之一就是直接驻军实施军事监控。而撤军就意味着俄罗斯放弃了对东欧的控制。苏联解体之后,俄罗斯的安全,首先是核安全,其次是独联体国家,中东欧国家太小,未能成为俄罗斯外交政策中的关键地区,而是处于俄罗斯外交政策中的次要地位。换句话说,俄罗斯退出中东欧,不仅是因为国力式微,也因为新形势下中东欧在俄罗斯安全战略中的地位有所下降。俄罗斯对东欧的战略收缩为欧盟东扩提供了历史机遇。1989年东欧剧变后,欧共体就立即同中东欧国家建立了外交关系,积极发展经贸关系,取消了许多商品的进口限制,扩大了普惠制的范围。为了支持中东欧国家的经济改革和体制转轨,实施了著名的"法尔计划",对这些国家进行援助。这为欧盟日后占据中东欧这块战略真空地带奠定了基础。接着欧盟通过签订"联系国协定"确认中东欧国家的联系国地位,通过自由贸易、经济和技术合作、财政援助以及政治对话加强欧盟与中东欧国家的双边关系,引导中东欧国家走上西方式的资本主义道路。1993年6月,欧盟哥本哈根首脑会议制定了著名的候选国入盟的"哥本哈根标准"。从时间上看,俄罗斯从中东欧退出的过程就是欧盟积极东扩的过程。正如法国著名学者埃德加·莫兰在他的著作《反思欧洲》"自序二"中所说,是苏联内部发生的要走出专制体制和抛弃对外称霸政策的变化导致了1989年东欧剧变和柏林墙的倒塌,也意味着欧洲分裂的结束。[2] 无论俄罗斯退出中东欧的原因如何,它的退出有利于欧盟推动东扩。

第三,俄罗斯"融入欧洲"战略也助推了欧盟东扩。俄罗斯独立以来,从叶利钦的"大西洋—欧洲主义"到普京的"稳定的弧形"战略,[3] 都反映了俄罗斯外交的"重中之重"是欧洲,旨在"融入欧洲"。通过回归欧洲,加入欧洲一体化进程来恢复大国地位和发挥大国作用,是俄罗斯对外战略的基本目标。普京本人怀有强烈的"欧洲情结",一再声明俄罗斯是"欧洲国家","是一个拥有欧洲文明的国家"。在普京看来,重返欧洲实际上是

---

[1] 〔美〕理查德·尼克松:《超越和平》,世界知识出版社,1995,第59页。
[2] 〔法〕埃德加·莫兰:《反思欧洲》,生活·读书·新知三联书店,2005,第19~20页。
[3] 李兴:《独立以来俄罗斯外交主流思潮剖析》,《国际政治研究》2004年第1期,第121~122页。

俄罗斯强国之路最现实的选择。① 俄罗斯一部分亲西方的学者更是不惜跟在西方有些国家后面鼓吹"中国威胁论"，以推动俄罗斯"融入欧洲"。可以说，"回归欧洲"是俄罗斯的主流思想，"融入欧洲"是俄罗斯的外交战略首要目标。欧盟东扩与俄罗斯"融入欧洲"的战略没有根本冲突，反而二者可以互相借重。欧盟东扩在地缘上有利于俄罗斯就近实现"融入欧洲"的目标。许多俄罗斯专家指出，欧盟的"欧洲性质"和欧洲统一与合作的主张与俄罗斯建立"欧洲人的欧洲"的理念不谋而合。而且，欧盟东扩对俄罗斯经济和社会改革也是一个机会，它有可能扩大俄罗斯与欧洲的合作，并为欧盟提供新的市场和稳定的能源供应。因此，普京说："我们认为欧洲联盟的扩大是欧洲日益增长的一体化进程的表现。而且这对所有欧洲国家都是有好处的。但是我们希望能够相信俄罗斯的利益不会受损，也不会竖起新的人为障碍把欧洲统一的政治和社会经济空间分割开来。"② 从欧盟与俄罗斯建立战略伙伴关系以及发展共同的经济、政治、文化和社会空间来看，欧俄接近既是国际政治斗争一种必然的结果，也是双方利益相互依赖所致。

第四，为制衡美国主导的北约东扩，俄罗斯支持欧盟东扩。欧盟和美国在东扩上是一致的，即通过东扩填补中东欧的"安全真空"，以防俄罗斯重新控制这个地区。但二者又有分歧，北约是一个由美国控制的军事组织，通过北约东扩可以继续维持北约在欧洲的存在，达到制约德法为轴心的欧盟和防范遏制俄罗斯的双重作用，实现美国单极霸权；而欧盟主要是一个经济政治组织，是民事力量而非军事力量。对俄罗斯来说，北约东扩显然比欧盟东扩威胁更大，会挤压俄罗斯战略空间并带来安全威胁。所以俄罗斯一改过去反对北约、欧盟双东扩的立场，两害相权取其轻，利用欧美之间的矛盾，支持欧盟东扩，坚决反对北约东扩。俄罗斯力图通过加强与欧盟的经济合作和支持欧盟东扩来削弱北约东扩的政治军事意义及其给俄带来的威胁。③ 由此俄罗斯成为了欧盟东扩的一支外部推动力量。而对于欧盟来说，欧盟东扩也有平衡北约东扩的作用。为实现"欧洲人的欧洲"的目标，欧盟必须尽可能减少美国对欧洲事务的干涉和主导，而单个国家无法抗衡美国，欧洲只有作为一个整体才有力量取得与美国平

---

① 郑秉文：《欧洲发展报告 No.7（2002~2003）——欧盟东扩》，社会科学文献出版社，2003，第215页。
② 姜毅等：《重振大国雄风：普京的外交战略》，世界知识出版社，2004，第172页。
③ 周全：《21世纪的俄罗斯经济发展战略》，中国城市出版社，2002，第291页。

起平坐的地位。欧盟东扩可以增强欧盟实力以抗衡以美国为首的北约的控制或在北约内部争取与美平等的领导权。因此，在多极化发展演变过程中，俄罗斯和欧盟在抗衡美国方面有共同的战略利益，这些利益使欧盟与俄罗斯在欧盟东扩上达成共识，从而有效地推动了欧盟东扩。

第五，防范俄罗斯也是欧盟东扩的既定目标之一。欧盟认为俄罗斯有帝国扩张传统和强烈的民族主义情结，一旦再度崛起将构成极大威胁。1994年4月14日，欧盟负责同中东欧经贸关系的高级专员布里坦在接受法国《世界报》记者采访时说，接纳中东欧国家在政治上很重要，"因为如果我们拒绝，就会把它们推向俄罗斯，这是与我们的愿望相反的"。[1] 欧盟东扩后，整个欧洲的地缘政治生态发生了有利于西欧的巨变，其重心向东北方向转移，波罗的海成为欧盟的内海。而随着2007年保加利亚和罗马尼亚、2013年克罗地亚正式入盟，以及未来其他东南欧巴尔干国家和土耳其成为欧盟成员国，欧盟就基本上控制了泛黑海经济区和欧亚能源走廊，欧盟将获得三重战略稳定，即增加自身的战略纵深，有效地预防来自大中东的对大西洋沿岸的冲击，提高欧洲能源供应的安全系数。[2] 通过东扩，欧盟从西欧扩张到中东欧，基本上已经占领了进入欧亚大陆心脏地带的门户。麦金德曾断言：谁统治了东欧，谁便控制了心脏地带；谁统治了心脏地带，谁便控制了世界岛；谁统治了世界岛，谁便控制了世界。[3] 布热津斯基也认为："欧亚大陆是竞争的大舞台，又是争夺的主要对象，因为它包括世界上大多数政治上最自信、最充满活力的国家，还包括世界上三个经济上最先进地区中的两个：西欧和远东。全面主宰欧亚大陆，就等于在全球获得了霸权地位。"[4] 因此，尽管东扩的代价和风险很大，欧盟还是迎难而上。尤其对于欧盟大国法、德来说，它们有着深厚的地缘政治思想，都明白中东欧在整个世界政治舞台上的战略地位，能通过和平方式实现历史上想通过战争占领中东欧的梦想是千载难逢的机会。欧盟东扩很大程度上反映了法德轴心的意愿和决心。

---

[1] 朱晓中：《中东欧与欧洲一体化》，社会科学文献出版社，2002，第15页。
[2] 中国社会科学院欧洲研究所、中国欧洲学会：《大欧盟 新欧洲：2004～2005欧洲发展报告》，中国社会科学出版社，2005，第21页。
[3] 麦金德：《民主的理想与现实》，商务印书馆，1965，第134页。
[4] 〔美〕兹比格涅夫·布热津斯基：《大抉择——美国站在十字路口》，新华出版社，2005，第44页。

欧盟东扩占据了俄罗斯传统的势力范围，并将安全防线推进到俄边界，对俄罗斯构成了一定的威慑，并为预防俄罗斯重新崛起构成对大西洋沿岸的威胁而构筑了广阔的缓冲地带。但欧盟不会过分刺激俄罗斯，俄罗斯是一个衰弱的核大国和政治大国，没有俄罗斯的和平与安全就没有欧洲大陆的和平与安全。更何况，欧盟还需要俄罗斯的能源和市场。

（二）欧俄安全关系回顾

欧盟与俄罗斯的安全关系，除了欧盟成员国在北约框架下与俄罗斯的安全关系，还体现在欧盟与俄罗斯在欧安组织内的合作，以及欧盟与俄罗斯直接的安全竞争与合作。这里主要指欧盟与俄罗斯的安全关系。

冷战时期欧苏（俄）关系从属于美苏关系，总体上是对抗性的安全关系。欧盟（欧共体）追随美国，军事上以北约对抗华约，经济上以经合组织对抗经互会。20 世纪 60 年代末 70 年代初，随着欧共体经济的恢复和发展，而美国实力的相对下降，欧共体的独立性增强。以法国戴高乐主义和德国勃兰特的"新东方政策"为标志，欧共体寻求与苏联的和解。欧苏安全关系开始缓和。但 1979 年 12 月 27 日，苏联入侵阿富汗，美苏关系紧张，欧苏关系也迅速冷却。直到 1985 年戈尔巴乔夫上台之后，苏联对中东欧放松控制，实行所谓的"改革新思维"，并提出建设所谓的"欧洲大厦"，1986 年，欧盟（欧共体）才与即将解体的华约和经互会正式相互承认。1989 年东欧剧变，随即苏联解体，两极格局的冷战结束，这为欧俄安全关系的发展提供了前所未有的机遇。叶利钦采取一边倒的"大西洋—欧洲主义"亲西方外交政策，[①] 俄罗斯几乎一夜之间成了西方俱乐部的成员。欧俄接近，安全问题似乎被人遗忘了。

但西方对俄罗斯口惠而实不至，使俄罗斯的民族主义抬头。1996 年，迫于国内政治压力，叶利钦从向西方一边倒的外交政策转向维护国家利益的东西兼顾的"双头鹰"外交。北约宣布东扩，无异于火上浇油。俄罗斯与西方的矛盾和斗争进一步加剧。但与北约不同，欧盟主要还是政治经济组织。欧盟主张北约东扩，但也主张照顾俄罗斯的安全利益。美国主张北约东扩，则是从美国谋求单极霸权的利益出发，牵制欧盟，遏制俄罗斯。所以，不顾俄罗斯的强烈反对，美国对北约东扩的态度强硬。与美国态度蛮横不

---

① 李兴：《独立以来俄罗斯外交主流思潮剖析》，《国际政治研究》2004 年第 1 期，第 116~117 页。

同，欧盟态度温和。因为地缘因素，欧俄同处一个欧洲或欧亚大陆。俄罗斯始终是欧盟安全的最主要的因素，也是必须合作的安全伙伴。正是在法国、德国、意大利等欧盟大国的重视和努力下，北约放缓了东扩的步伐，并努力谋求与俄罗斯的安全合作，建立了北约与俄罗斯的"19+1"的合作对话机制，阿富汗战争之后进一步演变成"20国机制"，在北约框架内和欧洲安全事务上给俄罗斯更多的参与权和知情权。尽管还没有决策权，但如果不是欧盟努力，俄罗斯甚至连现有的合作机会都没有。欧俄安全关系在曲折中发展，但受到俄罗斯车臣问题的干扰，总是起伏不定。

2000年10月，以巴黎峰会为起点，欧盟与俄罗斯发表共同声明，决心在欧洲的政治与安全问题上开展对话与合作。2001年布鲁塞尔峰会又提出要开设新的联系渠道，即建立欧盟新"三驾马车"（欧盟轮值主席、欧盟委员会主席和欧盟外交与安全政策高级代表）的政治安全委员会与俄罗斯驻欧盟大使每月会晤的机制，建立欧盟外交与安全政策高级代表与俄罗斯外长定期会晤机制。2002年开始，政治与安全问题构成了欧俄首脑会议的主要内容之一。欧安组织在冷战期间发挥了安全对话和合作的积极作用，对维护欧洲安全、减少冲突、化解危机是有贡献的。但随着北约东扩和欧盟东扩，欧安组织已经被边缘化了。因为欧安组织的主角是美国和俄罗斯，这对力挺欧安组织的俄罗斯来说，无疑丧失了一个发挥欧洲安全主导权的机会。所以，普京一改叶利钦一贯反对北约东扩的立场，默认北约东扩并努力寻求与北约的对话与合作，同时加强与欧盟的安全合作与对话，以平衡和牵制北约东扩。只有这样才能维护俄罗斯在欧洲的安全利益。

欧俄安全关系的新发展是2003年5月的圣彼得堡峰会，俄欧双方决定开始建立四个"共同空间"：一个共同的经济空间；一个共同的自由、安全与司法空间；一个共同的外部安全合作空间；一个共同的学术研究、教育和文化空间。① 这个庞大的计划于2004年俄欧峰会上签署。但这个包罗万象的新路线图，由于过于庞大，而又没有实质的落实措施而受到学界的批评。② 但至少

---

① Samantha de Bendern Fraser Cameron, "Prospects for EU-Russia Relations," EPC Issue Paper No. 19, Nov. 2004, http://www.clicktoconvert.com, pp. 10 – 11.
② Michael Emerson, "EU-Russia: Four Common Spaces and the Proliferation of the Fuzzy," http://www.ceps.be/book/eu – russia – four – common – spaces – and – proliferation – fuzzy, May 1, 2005, p. 5.

预示着一个方向：欧俄重视双边关系，期望进一步把俄罗斯融入欧洲。而对俄罗斯，"欧洲仍然是俄罗斯外交的重点，回归欧洲，全面加入欧洲一体化进程，并借此恢复大国地位，发挥大国作用，仍是俄罗斯对外战略的基本目标"。[1] 在安全方面的合作比1997年的"伙伴与合作关系协定"更进一步，内容更广泛和充实。在"共同的自由、安全与司法空间"中涉及的主要内容之一是"边界管理和移民问题"。欧盟不能满足俄罗斯的免签证旅游的要求，但同意设立一个工作小组调查这个问题，包括更好地使用"申根协定"业已存在的灵活性。双方都非常重视在危机管理中的合作，愿意在欧盟的安全与防务政策领域中开展合作。俄罗斯已经参与了欧盟安全防务政策在巴尔干的任务。欧盟试图与俄罗斯开展所谓的"外部安全空间"的合作。但"外部安全空间"的界定主要包括俄罗斯周边"近邻"地区，即欧盟的新邻居。俄罗斯为了经济利益和政治目的，原则上同意合作。但二者之间存在很大的分歧，难以采取实际行动和取得实质效果。对此，后面笔者还会做详细分析。但不管怎样，俄罗斯毕竟做出了让步，为欧盟插手自己传统势力范围内的安全问题提供了可能。从总体来说，目前欧俄安全关系是合作大于竞争，合作空间越来越大。

欧俄双边关系的法律基础或制度框架是1997年签订的"伙伴与合作协定"（The Partnership and Cooperation Agreement，简称"PCA"）。此后各项协定的修改和签订都是在此基础上的延伸和扩展。协定规定的制度联系包括一年两次的领导峰会、一个部长级的永久伙伴理事会、高级官员合作委员会，以及9个工作委员会。后来还成立了议会合作委员会，欧洲议会与俄罗斯杜马定期对话。协定的内容是：除了贸易与经济合作，科技、能源、环境、运输、空间技术及其他民用部门的合作，国际问题、民主和人权的政治对话以外，还提到了反对非法移民活动、贩毒、洗钱和有组织犯罪等司法与内部事务的合作。[2] 欧俄安全关系的合作都是以这个文件为基础展开的。

---

[1] 周全：《21世纪的俄罗斯经济发展战略》，中国城市出版社，2002，第289页。
[2] Stephen Webber, "Russia and Europe: The Emerging Security Agenda," *Europe-Asia Studies*, Jan. 1998, Vol. 50, Iss. 1, pp. 168 – 169; Samantha de Bendern, Fraser Cameron, "Prospects for EU-Russia Relations," EPC Issue Paper No. 19, Nov. 2004, http://www.clicktoconvert.com, pp. 8 – 9.

(三) 俄罗斯对欧盟及其安全防务的看法

欧盟作为一个经济政治组织,在安全问题上的功能,在俄罗斯并没有引起注意。相对于对北约的恐惧和仇恨来说,俄罗斯人对欧盟态度普遍比较积极,但很少有人真正了解欧盟。民调显示,到 2000 年初,69% 的受访者不知道欧盟总部在哪,也有 69% 的受访者对欧盟的目标和行动一点儿都不了解。① 俄罗斯对西方的思维还停留在冷战时代,把西方分成"好的西方"和"坏的西方"。前者指欧盟或西欧,后者指美国或北约(二者在俄罗斯眼里是一个东西)。但在欧盟眼里,俄罗斯是苏联的政治经济和军事的继承者,仍然是欧盟最大的威胁。只不过这种担忧是通过北约东扩反映出来的而已。而在俄罗斯眼里,欧盟只是一个政治经济组织,没有安全威胁,相反,欧盟是俄罗斯的最大贸易伙伴,与欧盟发展关系对俄罗斯有利。

欧盟发展共同安全与防务政策,俄罗斯仍然是一个重要的防范对象。② 冷战以后,欧洲一体化继续发展,1992 年欧洲军团应运而生,1993 年欧共体正式发展为欧洲联盟,1997 年欧盟 15 国签署《阿姆斯特丹条约》,规定西欧联盟为欧洲联盟提供执行人道主义和救援任务、维和使命和危机处理战斗任务的行动能力。1999 年,欧盟科隆特别首脑会议决定将来要把西欧联盟纳入欧盟框架。同年底,欧盟赫尔辛基峰会还通过决议,要在 2003 年以前建立一支人数达到 5 万~6 万的欧洲军队,目的是有能力实施"斯特拉斯堡任务"(人道主义和救援、危机管理、维和、创造和平)。2000 年底达成的《尼斯条约》中,有关西欧联盟的条款基本被删除了。这表明,欧盟已决心将自己改变为一个具有防务性质的组织,以自己的军事机构和军事能力来实施军事行动,而无需通过西欧联盟。③ 欧盟迅速发展安全防务特性有三

---

① Margot Light, John Lowenhardt and Stephen White, "Russian Perspectives on European Security," *European Foreign Affairs Review* 5, 2000, pp. 497 – 498; Dieter Mahncke, "Russia's Attitude to the European Security and Defence Policy," *European Foreign Affairs Review* 6, 2001, pp. 427 – 436; Mark Webber, "Third-Party Inclusion in European Security and Defence Policy: A Case Study of Russia," *European Foreign Affairs Review* 6, 2001, pp. 407 – 426.
② 李兴:《论欧盟共同防务与安全政策中的俄罗斯因素》,《现代国际关系》2002 年第 9 期,第 36 页。
③ 陈志敏、古斯塔夫·盖拉茨:《欧洲联盟对外政策一体化——不可能的使命?》,时事出版社,2003,第 244 页。

个原因。第一,担心冷战结束后欧洲在美国的战略地位下降,美国战略重心东移,欧盟必须承担起保护自己安全的责任或为此做准备,特别是在维护欧盟周边安全中发挥主导作用。第二,波黑战争,特别是 1999 年的科索沃战争,欧盟暴露出自己军事上与美国的巨大差距,只配给美国"刷洗盘子"、打下手。美国没有把欧盟当平等的伙伴对待。要扭转这种被动的局面,欧盟成员国必须联合起来发展共同安全与防务。第三,俄罗斯的民族主义和集权统治苗头让欧盟不安。特别是普京上台之后,加强中央权力,对车臣分裂分子打响了二次反恐战争。这让信奉民主和平论、主张用和平对话的手段解决冲突的欧盟感到难以接受。欧盟指责俄罗斯不尊重人权和少数民族权益,俄罗斯指责欧盟及其成员国在人权问题上持双重标准,干涉俄罗斯内政。"相互间的猜疑和不信任影响了双边战略关系的发展。"①

但总体来说,欧盟的安全防务能力有限,且主要是防御性的,并不构成对俄罗斯安全的战略威胁。而俄罗斯对此也同样表现出令人惊讶的"无知",到 1999 年 9 月,俄罗斯的外交精英还没有意识到欧盟发展军事能力的目的,不明白它对俄罗斯究竟意味着什么。与欧盟打交道的俄罗斯外交官也只关心欧盟对俄罗斯经济安全的影响,不关心其对俄罗斯传统安全的影响。更令人难以理解的是,俄罗斯国防部门的受访者也对欧盟防务计划知之甚少。② 到 2000 年底情况有所改观,俄罗斯官员对欧盟科隆会议决定有了一个较好的了解,并表现出欢迎的态度。俄罗斯的"中期战略"前言认为,欧盟"建立欧盟防务特性和加强欧盟共同外交与安全政策(CFSP)"的战略目标是创造"一个可靠的泛欧洲共同安全体系和一个统一的(没有分裂界线)欧洲"。这为欧俄伙伴关系发展提供了一个战略机遇,以建立一个依靠欧洲自己的力量的"泛欧洲安全",即把美国或北约排挤出去。"欧盟的本土性和欧洲统一与合作的主张符合俄罗斯'欧洲人的欧洲'、排挤美国主导欧洲事务的理想。"③ 俄罗斯可以在安全领域通过与西欧联盟的合作,以

---

① Katinka Barysch, "The EU And Russia—Strategic Partner Or Squabbling Neighbours?" http://www.cer.org.uk/publications/archive/report/2004/eu-and-russia-strategic-partners-or-squabbling-neighbours, May 3, 2004.

② Margot Light, John Lowenhardt And Stephen White, "Russian Perspectives on European Security," *European Foreign Affairs Review* 5, 2000, pp. 500 – 501.

③ 姜毅等:《重振大国雄风:普京的外交战略》,世界知识出版社,2004,第 172 页。

平衡北约在欧洲的作用,并为欧俄战略伙伴关系的发展提供一个平台。俄罗斯的决策者把与"共同的欧洲安全与防御政策"(CESDP)的合作当做一个楔子插入北约的欧洲成员国和美国之间,起到离间欧美安全关系的作用。甚至俄罗斯的学术界也流行这种想法。①

但我们知道这是误解。欧盟与北约的"柏林及其附加协议"规范了二者的功能分工,欧盟只有在北约作为一个整体不愿行动的时候,才能实施斯特拉斯堡任务,可以借用北约的资产,但不可以损害北约的非欧盟成员国的利益。这就限制了欧盟安全行动的空间:它只能是对北约功能的有益补充而已。再说,欧盟没有自己的常备军,还是由各成员国主导安全问题,而各成员国的安全利益存在较大差异。所以,相当长的时期内欧盟都不可能摆脱对以美国为首的北约的安全依赖,也即不能动摇北约在欧洲安全上的主导地位。所以,相当长的一段时间内,俄罗斯对欧盟的安全防务特性的发展估计过高或缺乏全面了解。

(四) 俄罗斯对欧盟东扩的基本看法

如前所述,根据调查,到 2000 年初,即使是俄罗斯的外交政策决策者对欧盟也缺乏基本的了解。比如,有一个激进的民族主义者,他甚至想当然地认为,"如果欧盟已经形成,那么俄罗斯一定是其中的一分子"。而现实的民族主义者,总体上对欧盟的了解更多一些,但还是只有很少的受访者把欧盟东扩看成一个威胁,即使波罗的海国家加入欧盟。只要欧盟不企图把俄罗斯"逼到一个死角"或把俄罗斯变成一个"弃儿",俄罗斯已经明确表示,融入欧洲是国家发展的主要方向,愿意参与欧洲一体化进程。因此,"欧盟的扩大实际上为相互间的合作提供了新的机会"。但也有一些人对欧盟东扩十分焦虑,担心东扩会造成欧洲的新分裂。但对一个扩大而又排除俄罗斯的欧盟市场会对俄罗斯带来哪些威胁,在 2000 年初的调查中没有人能说清楚。一些人认为,俄罗斯会受益于欧盟东扩,如果俄罗斯生产商能满足欧盟的要求和条件,俄罗斯经济就会受益。②

---

① Erik Yesson, "NATO, EU and Russia: Reforming Europe's Security Institutions," *European Foreign Affairs Review* 6, 2001, pp. 206 – 209.
② Margot Light, John Lowenhardt and Stephen White, "Russian Perspectives on European Security," *European Foreign Affairs Review* 5, 2000, pp. 498 – 499.

不过，俄罗斯有两种人还是了解欧盟的，认为东扩必然会对俄罗斯产生负面影响。这两种人是少数研究欧盟的理论分析家以及与欧盟打交道的政府官员，他们关注的焦点是经济上的负面影响。这两种人都抱怨欧盟针对俄罗斯的反倾销政策，把俄罗斯当做政府主导型的贸易国家。比如，1998年4月，仅一个月，欧盟就启动了14次针对俄罗斯的反倾销动议。俄罗斯估计，直接的损失是22万埃居（European Currency Unit，简称"ECU"）。分析家分析，欧盟对俄反倾销涉及俄罗斯1%的出口，但却包括俄罗斯10%的工业制造产品。这里蕴含的意义远远超过了这些数字。这些分析家和官员担心俄罗斯与中东欧国家（简称"CEE"）的贸易会随着这些国家加入欧盟而发生转移。1999年，俄罗斯政府专门向欧盟委员会提交了一份有关欧盟东扩可能对俄造成的消极影响的清单。其主要内容涉及贸易转移效益对俄的不利后果。为此，普京对欧盟东扩也持谨慎的态度。2001年8月31日，普京在接受芬兰电视台采访时表示，北约的东扩是没有任何意义的；他对欧盟东扩则表示支持和欢迎，但同时强调，希望新入盟国家不要切断与俄传统的经济联系，因为这对双方都有利。①

俄罗斯科学院世界经济和国际关系研究所的希什科夫对欧盟东扩对俄罗斯的影响做了较为全面的权威分析。2002年，他在莫斯科"欧盟东扩：对俄罗斯是威胁还是机遇？"研讨会上发言认为，欧盟东扩对俄罗斯的经济影响，就目前来看（指根据2001年的统计数据——作者注），对俄来说，即将入盟的中东欧国家与波罗的海沿岸国的市场不如独联体市场。因为俄向那里的制成品出口额比向独联体国家的出口额低一半，这不符合俄的一项重要的战略任务，即逐步改变出口以能源燃料为主的状况，提高制成品在出口中的份额。当入盟之后，中东欧国家会更向西欧倾斜，从而减少对俄贸易的兴趣。有利方面包括以下几个方面。第一，欧盟对从俄进口的商品，包括燃料原料的80%不征进口税，只对农产品和一些制成品征税。所以，即将入盟的中东欧国家与波罗的海沿岸国家在加入欧盟后的进口税会在现有水平上降低，但这并不必然使俄罗斯的制成品更容易进入它们的市场，因为俄面临西欧、日本和美国强有力的竞争。第二，即将入盟的中东欧国家与波罗的海沿

---

① Интервью Президента Российской Федерации В. В. Путина телеканалу ФинляндииЮлейсрадио，http：//www.strana.ru.

岸国家对从俄进口的数量限制可能会减少，因为欧盟在实践中只对黑色金属等实行配额限制。将来俄的钢铁制成品进入欧盟的中东欧新成员国的条件会更加有利。第三，欧盟饱受能源短缺之苦，对扩大从俄的能源进口感兴趣。不利方面主要是中东欧国家入盟会给俄的制成品、农产品和一些类型的商业服务出口造成不利影响。①长期以来，俄的汽车、设备和机械供应着欧盟的中东欧与波罗的海沿岸新成员国，入盟将迫使这些国家采用西欧的技术和其他标准，原来向这一地区供货的俄罗斯的制成品生产商需要适应新的标准，或者在亚洲、近东和非洲寻找新的产品销售市场。②服务行业也是如此。情况最为严重的是俄向这一地区提供的军事技术及军事技术现代化服务，随着这些国家的加入或即将加入北约，它们被要求采用西方的技术来重新装备自己。③从俄的农产品进口可能会遭遇严重的农业保护主义。④这些国家入盟后可能造成外国资本对俄直接投资的相对减少。入盟后高度统一的经济空间会使这些国家的民族经济显得更有吸引力，从而使部分外国资本从俄流向那里。这是欧盟东扩对俄经济的正负两方面的影响。

欧盟在扩大前接受俄罗斯40%的出口，提供38%的进口。欧盟扩大，俄罗斯对欧盟的出口将超过俄罗斯出口总额的50%，从而提高俄罗斯对欧盟的依赖程度。而且，俄罗斯对欧盟出口的1/3是原材料和矿物质，而从欧盟进口的1/3是消费品。① 显然，欧俄的贸易关系是不对称的。而根据自由制度主义的观点，经济的相互依存存在两种特性，即敏感性和脆弱性。"敏感性涉及在某种政策框架内所做反应的程度，即某国发生的变化导致另一国有代价的变化的速度有多快，所付代价有多大。"而"相互依赖的脆弱性程度取决于各行为体获得可替代选择的相对能力及其代价"。② 欧俄经贸关系的结构性差异对俄罗斯的经济安全是一个极大的威胁。因为长此以往，由于俄罗斯经济结构不合理，又处于欧俄市场分工的下端，对欧盟的依赖性（包括敏感性和脆弱性）增强，俄罗斯经济发展容易受制于欧盟。没有经济主权就没有政治上的主权与安全。

从地缘政治角度，希什科夫认为欧盟东扩对俄罗斯一点好处也没有。首

---

① Margot Light, John Lowenhardt and Stephen White, "Russian Perspectives on European Security," *European Foreign Affairs Review* 5, 2000, p.499.
② 〔美〕罗伯特·基欧汉、〔美〕约瑟夫·奈：《权力与相互依赖》，中国人民公安大学出版社，1992，第12~14页。

先，新入盟国家不可避免地会倾向加入北约，北约的军事力量就会扩张至独联体欧洲国家的边界处。其次，这些前社会主义阵营的中东欧国家入盟后就会形成较为统一协调的政策，这使得俄罗斯对这些国家的政治运作空间与在双边关系条件下相比大为减小。最后，最重要的是，欧盟东扩会从本质上改变欧洲内部和周边经济政治的"力量场"，这种引力会对乌克兰、摩尔多瓦、白俄罗斯（在卢卡申科下台后）、外高加索，甚至中亚的一些国家的政界产生比以前更大的影响，后苏联空间的离心倾向会进一步加剧。① 这有可能导致俄周边安全环境恶化。

俄罗斯如何应对欧盟东扩？莫斯科卡内基中心的专家特列宁在《俄罗斯的成功方程式》一文中提出，对俄来讲，最重要的不是"进入欧洲（在可预见的未来俄成为欧盟成员国的可能性为零）"，而是"成为欧洲"，即努力使自己符合欧洲的经济、政治等标准。俄应使自己与欧洲相容，这对俄自身有利。在当前的历史条件下，正在步步推进的欧洲化是解决俄当前国家现代化问题的最优选择。俄欧一体化可能达到的一个"极限"就是建立起联合或结合（ассоциативные），而不是制度性（институциональные）的关系，即自由贸易区加上一些具体功能性的伙伴关系，例如在能源、交通领域合作。这样也有利于俄罗斯国内的转型，并使俄在国际舞台上更加灵活自由。② 显然，作者把俄罗斯摆在一个学生的位置，主张通过欧洲化，与欧盟一体化，建立起一种类似协会的关系，来实现俄的现代化。

来自俄罗斯战略研究所的沃罗比耶娃在2003年的莫斯科国际会议"欧洲一体化与俄罗斯"（международная конференция "Европейская интеграция и Россия"）上的报告《欧盟东扩对于俄罗斯的政治后果》中认为，欧盟东扩是欧盟本身在冷战结束后新的国际政治形势下合乎逻辑和合法的行为。诚然，欧盟东扩还没有解决欧洲的界限或欧盟的最终边界在哪里的问题，但是，东西方相互关系的历史中向来充斥着各种各样的事件，其中不乏悲剧性事件。欧洲的对俄关系有着双重性的特点：一方面，它认为俄罗斯是一个有着巨大经贸和能源潜力的伙伴；另一方面，它又认为俄罗斯在全球化的世界中是一

---

① Шишков Ю. В. *О расширении ЕС и интересах России.* Расширение ЕС: угроза или шанс для России? www.rue.ru.

② Тренин Д. В. *Формула успеха для России*，2003，http：//www.rue.ru.

个竞争对手,特别是在"欧—俄—美"或"西方—俄—中"三角关系中。此外,俄还被认为是一个不稳定的根源。所以,在欧洲看来,俄罗斯的形象就是似敌非友。为了形成自己的对欧战略,俄罗斯需要知道在可预见的将来它将和一个怎样的欧洲打交道。如果欧盟会成为一个联邦,那么俄被接纳入盟的可能性极小;而如果欧盟成为一个自由贸易区,那么俄罗斯被接纳的可能性就很大。①

俄罗斯政府对欧盟东扩的关注体现在俄罗斯对欧盟的"中期战略"中,扬长避短,利用有利条件实现俄利益,同时"避免、减少或避开欧盟扩大可能带来的不利后果",并要求欧盟对中东欧国家加入欧盟、实施欧盟共同法带来的损失给予补偿。欧洲一体化与欧盟东扩的发展对俄罗斯至少具有三方面的安全利益:有利于维护地区和平稳定,创造一个为俄罗斯经济建设所需要的外部安全环境;支持欧洲一体化,便于俄罗斯在地缘战略上更好地处理与中东欧国家的关系;欧洲一体化的实践经验对于俄罗斯推行独联体一体化战略具有重要的借鉴意义。② 其中,安全(包括传统安全和非传统安全)领域的对话与合作无疑仍是俄欧关系的重点,特别是随着俄罗斯与扩大后的欧盟成为新邻居,安全问题自然成为双方考虑的首要因素。欧盟东扩主要出于"大欧洲"理想和地缘政治经济考虑;就俄罗斯而言,经过转型初期幻想破灭之后,基本确定了不寻求加入欧盟,而是致力于在相关领域积极推进俄欧战略伙伴关系的政策。③ 欧俄的共同点大于分歧。欧盟会始终重视俄罗斯在欧洲安全中不可替代的地位,用和平对话的合作方式消解俄罗斯的民族主义,推动俄罗斯的民主与市场经济改革,最终把俄纳入世界资本主义体系以实现欧洲的永久和平与安全。④

(五)欧俄安全关系新焦点

欧盟东扩之后边界东移,欧盟与俄罗斯成为了直接接壤的新邻居,从地缘政治角度看,欧俄安全关系主要面临以下四个方面的挑战。

---

① Людмила Воробьёва. *Политические последствия расширения ЕС для России*, международная конферен-ция "Европейская интеграция и Россия, 2003."
② 罗志刚:《俄罗斯与欧洲一体化》,《国际观察》2004 年第 6 期,第 61~63 页。
③ 毕洪业:《欧盟东扩与俄罗斯的选择》,华东师范大学博士论文,2005。
④ 罗志刚:《西欧大国对俄安全合作政策》,《欧洲》2001 年第 5 期,第 36~43 页。

1. 边界管理问题

这个问题前面已经谈及，这里只从俄欧安全关系的角度做简要的补充。边界是一国领土范围的界线，也是一国行使其主权的界线，是保证一国政治独立、领土完整的最基本的条件，因此，边界安全与稳定是每一个主权国家国家安全的基本目标。在一个相互依存的全球化时代，传统的边界纠纷和冲突大幅减少，但是跨国犯罪、贩毒、传染病等非传统安全因素增加，这是各国边界管理面临的新问题。东扩后欧盟边界东移，直接与俄罗斯、乌克兰、白俄罗斯等独联体国家相邻。欧俄的边界安全挑战体现在两个方面：一方面，欧盟直接与俄罗斯接壤，一个最大的地区政治经济组织与一个历史上的老对手和军事强国相接，传统的缓冲地带消失和地理空间距离缩短，直接面对面交流或交锋，对双方来说都有个适应过程，而边界管理的政策与态度是相互关系好坏的一个重要指标；另一方面，欧盟与独联体国家边界相接，俄罗斯是独联体国家的主导国，欧盟对其他独联体国家的边界政策间接影响俄罗斯与欧盟和其他独联体国家的政治经济关系。由于俄罗斯的侵略历史，欧盟对俄罗斯防范多于开放，倾向于强化新边界管理；而俄罗斯由于经济上有求于欧盟，则希望开放边界以促进自身经济发展，并愿意与欧盟加强在边界安全管理上的合作。当然，俄罗斯也担心欧盟透过边界对其自身民主政治进行渗透。

欧盟面临两难境地：如果关闭或实行严格的边界管理，可以确保欧盟内部的安全，但却会陷入传统的安全困境之中，在成员国与候选国之间制造新"铁幕"，这显然不符合欧盟以非传统安全为主的新综合安全理念，也会造成战略利益损失和新隐患；如果维持原有的边界管理政策，现有的经贸人员交流可以延续，但是欧盟的内部安全与《申根协定》面临诸多风险。欧盟为了内部安全加强欧盟的外部边界管理，这就可能在欧盟与独联体国家之间建立新的"铁幕"，把欧盟与独联体国家隔离开来，这对新成员国和独联体国家的经贸关系是一种极大的损失。俄罗斯及其独联体国家在华约和经互会体制中遗留下来的产物之一就是边界开放，人员流动自由，边界贸易活跃。欧盟老成员国可能会因获得新成员国作为缓冲地带而增加安全系数，但分裂的欧洲，尤其是俄罗斯作为欧盟的最大"弃儿"被排除在外，对欧洲来说，没有可靠的安全保障。所以，当欧盟的内政部部长们要求在新成员国与它们相邻的白俄罗斯、乌克兰和摩尔多瓦三国之间设定"硬的边界"——即对人员的流动和当地的跨越边境的贸易实行严格控制时，就立刻受到了欧盟内一些明智之士的批评。意大利前总理阿玛托说，如果我们认为通过监督和管理边界就能战胜那些罪恶，那就太可笑了。"那个安全体系为联盟内的人提供了自由，却又为联盟外的人筑起了一堵墙。在现实中，在人们的头脑中，筑起新的高墙，这难道是新的欧洲所追求的吗？"新边界变成"新铁幕"而不是"新桥梁"就等于创造了新敌人。所以欧盟所需要的是成员国和候选国的司法部门与警察力量的合作，以便在罪犯们到达边界以前就把他们识别出来。

目前，欧盟正寻找一个平衡，既加强边界管理、提高欧盟内部安全系数，又不妨碍传统的经贸人员交流。欧盟积极推出"新邻居政策"及其"行动计划"，加大对边界管理的投入，帮助新邻居和新成员国培训警察和推动双边合作。摩尔多瓦是首个试点国家。欧盟谋求通过"新邻居"政策解决与独联体国家的边界安全问题，而与俄罗斯则希望通过双边战略对话机制和四个共同空间（共同经济、政治、文化、安全空间）的构建来解决。但前者已有所行动，而后者则因各种原因仅停留在概念层面。

2. "新中间地带"问题

中间地带（intermediate zone）是一个政治地理概念，从一般意义上讲，它指两个政权或集团间长期相互争夺与对峙的地带。中间地带国家至少可以采取两种态度：亲一方疏一方或者采取中立态度。前者可以增强一个大国或地区在竞争中的力量优势，后者则只是起缓冲区作用。欧盟东扩后，俄罗斯的"近邻"成为了欧盟的新邻居，从而成为欧俄之间互相争夺的"新中间地带"，主要指独联体中的东欧国家。历史上中东欧国家很少采取中立立场，而往往是依附其中一个强者。这就给欧俄两个博弈对手施加了拉拢它们的压力，否则就会处于竞争弱势。而苏联解体后，俄罗斯的经济一直低迷，所以很担心欧盟利用其经济优势对自己传统的势力范围进行利诱，而这些国家又极想摆脱俄罗斯这个穷朋友、旧霸主的控制。所以，欧俄对"新中间地带"的争夺将会越来越激烈、越来越白热化。俄罗斯的"近邻"成为了欧盟的"新邻居"，如何处理这些新的"中间地带"将成为俄欧安全关系的新挑战。

按照俄罗斯的国家安全和对外战略，"近邻"被界定为原苏联的地理政治空间，俄罗斯在那里有"传统和历史的利益"，是俄罗斯对外战略的优先方面，是俄罗斯可以军事介入的势力范围。① 俄罗斯原则上是不允许别国插手这些地区的安全问题的，否则，就会被认为是对俄罗斯的侵犯。就如美国对拉美的"门罗主义"一样，美国不允许其他大国插手自己后院的事务，俄罗斯也不愿意别的大国插手独联体的事务。随着欧盟东扩，乌克兰、白俄罗斯、摩尔多瓦等成为了俄欧之间的"新中间地带"，而独联体是俄罗斯安全的第一道防线，也是俄罗斯安全战略的优先方面。特别是南高加索的阿塞拜疆，被布热津斯基称为欧亚大陆的地缘政治支轴，具有重要的战略价值，"它可以被形容为一个至关重要的'软木塞'，控制着进入一个装着里海盆地和中亚的富饶资源的'瓶子'的通道"。② 一个独立而亲西方的阿塞拜疆就可以有效地遏制俄罗斯对该地区的独霸以及对中亚的政治影响力。而欧盟对东部边境的安全战略任务是，"在欧盟东部接壤的周边国家提升管理"，因为"对我们安全最好的保护是建设一个有治理良好的民主国家组成的世界"。③ 不可否认，从安全与经济的角度看，欧盟不可能不窥视南高加索的战略利益。所以，欧盟积极发挥自己"软权力"的优势，通过经济援助和开放市场的"新邻居政策"加大对俄罗斯"近邻"的干涉力度，实现其政治民主和经济自由的目的。用经济手段实现政治安全目标，要求新邻居尊重人权，特别是波罗的海国家尊重俄语少数民族的权利，用和平的方式解决边界和种族冲突。欧俄共同的外部安全空间是最有发展潜力的创议。它们在反恐和防扩方面已经取得了很大的成绩，但在危机管理和预防，以及共同接邻的地区冲突中的合作是令人失望的。④

欧盟最初的提法是"共同的邻居"，其中的大部分是指俄罗斯的"近邻"。欧盟发表的主席公报清楚地谈到了特兰斯尼斯特里亚（Transnistria）、阿布哈兹亚（Abkhazia）、南奥塞梯（South Osstia）、纳格尔诺·卡拉巴赫

---

① Peter Van Elsuwege, "The Baltic States on the Road to EU Accession: Opportunities and Challenges," *European Foreign Affairs Review* 7, 2002, p. 180.

② 〔美〕兹比格涅夫·布热津斯基：《大棋局：美国的首要地位及其地缘战略》，上海人民出版社，2007，第103页。

③ Javier Solana, "A Secure Europe in a Better World-European Security Strategy," December 12, 2003, http://ue.eu.int/uedocs/comupload/78367.pdf, pp. 8 – 10.

④ Michael Emerson, "EU-Russia: Four Common Spaces and the Proliferation of the Fuzzy," http://www.ceps.be/book/eu-russia-four-common-spaces-and-proliferation-fuzzy, May 2005.

(Nagorno Karabakh)等地区的潜在冲突,但官方文件中一般只提"接壤地区"。因为俄罗斯是这些分裂主义政权的军事和政治上的支持者,而这些政权的领导人臭名昭著,毫无民主素养,还从事非法活动。如果俄罗斯想解决这些冲突是完全可能的,但俄罗斯不会这样做。俄罗斯外交政策还受传统的国家利益的支配。独联体是一个安全共同体,但主要是由俄罗斯提供安全保障。根据苏珊·斯特兰奇的结构理论,安全结构是最主要的权力结构。"政治经济学中的安全结构就是由于某些人为另一些人提供安全防务而形成的一种权力框架。保护者,即提供安全的人,获得某种权力,使他们得以决定、也许还能限制其他人面临的选择范围。"[1] 俄罗斯只有维持这些"近邻"潜在的冲突危机,才能维持自己安全方面的主导权和军事存在的理由,并借以控制"近邻"作为自己的势力范围和安全缓冲带。但普京任总统之后对欧盟对其"近邻"的经济援助也持支持态度,普京也逐渐认识到维护周边"近邻"的稳定对自己有利。因为过多地介入他国内部事务,不仅容易引起对方政府与民众的反感,也容易消耗自己的国力。俄罗斯的中长期战略就是为国家经济的全面复兴创造一个良好的国际国内环境,俄罗斯对欧盟安全防务政策持积极态度,甚至愿意加强与欧盟在危机管理和预防冲突方面的合作。[2]

3. 加里宁格勒飞地问题

"飞地"也是一个地缘地理概念,如果某块领土与其所属的主权国家的领土被另一国相隔而不能毗连,那么该块领地就被称作"飞地"。根据其相属关系,飞地又分为"外飞地"(exclave)与"内飞地"(enclave)。外飞地(exclave)指某国拥有一块被其他国家隔离开来的领土,内飞地(enclave)指某国境内有一块主权属于别国的土地。"飞地"可能扮演两种角色:或成为这两个国家之间的桥梁,或成为它们之间相互渗透和斗争的场域。欧盟东扩后,加里宁格勒被波兰和立陶宛隔在俄罗斯本土外,成为了俄罗斯在欧盟的一块外飞地,从而成为欧俄安全关系的一个斗争焦点。俄罗斯担心"飞地"与本土的长期分离会导致其独立或离心倾向;而欧盟一方面

---

[1] 〔英〕苏珊·斯特兰奇:《国际政治经济学导论》,经济科学出版社,1990,第52页。
[2] Heinz Timmermann, "European-Russian Partnership: What Future?" *European Foreign Affairs Review* 5, 2000, pp. 167 – 169.

想向"飞地"进行经济政治渗透,培植其亲欧倾向,另一方面也担心俄罗斯利用"飞地"传统的军事要塞作用对欧盟构成潜在的安全威胁。

俄罗斯外交部发言人2002年5月26日在圣彼得堡表示,在波罗的海三国加入欧盟的情况下,对于俄罗斯来说,最迫切的是要解决加里宁格勒问题,必须要保障货物和人员畅通无阻地通过立陶宛。由于欧盟东扩,加里宁格勒成为了一块飞地,被波兰和立陶宛隔在俄罗斯之外。加里宁格勒原名科尼斯堡,第二次世界大战前是东普鲁士的首府。1945年,根据雅尔塔会议和《波茨坦协议》,东普鲁士部分领土划归苏联。苏联把科尼斯堡更名为加里宁格勒。斯大林没有把加里宁格勒划入刚并入苏联的立陶宛,而是划入俄罗斯联邦。苏联时期,加里宁格勒是重要的军事基地,也是重要的海运港口,具有重要的战略经济意义。那时,立陶宛是苏联的一个加盟共和国,因此,生活在加里宁格勒的俄罗斯人,在俄罗斯和加里宁格勒两地穿行没有任何限制。但随着2004年波兰和立陶宛加入欧盟,加里宁格勒与俄罗斯本土间的人员与物资往来出现了很大的问题:他们在过境波兰或者立陶宛时,必须按照欧盟的要求办理签证。这意味着飞地的俄罗斯居民将不得不持有签证才能出入自己的国家。俄罗斯政府担心,一旦欧盟真的实行这种政策,"飞地"将会变成"死地",加里宁格勒将面临与俄罗斯本土隔绝的危险,长此以往,将培育这块飞地的亲西方情绪。①

为了解决这个问题,俄罗斯政府多次与波兰、立陶宛和欧盟有关机构进行谈判,争取达成一个各方都能接受的变通方式。普京认为,解决这一问题的最简单办法是效仿20世纪70年代中期在西柏林和联邦德国其他地区实行的无签证制度。他说,当时虽然正处于冷战时期,但仍能找到联邦德国人出入西柏林的办法,而在冷战被埋葬的今天,仍有人抱这种态度,令人不可思议。普京表示,他理解问题的复杂性并尊重欧盟的立场,但欧盟也应尊重俄罗斯的立场。普京把俄罗斯与欧盟的关系同加里宁格勒问题的解决直接联系在一起。他说,我们同欧盟的关系将取决于涉及俄罗斯人切身利益的这个问题的解决。但是,无论从纯政治角度还是从实际的经济利益出发,形势激化对俄罗斯和欧盟都是不合算的,所以,双方只能以和

---

① 周桂香:《加里宁格勒飞地问题及俄欧关系浅析》,《黑龙江教育学院学报》2003年第5期,第83~85页。

平方式解决争端。

欧盟为了自身的安全利益，坚持规定，2004年波兰、立陶宛加入欧盟后，俄罗斯人应该取得欧盟签证才能进出加里宁格勒。欧盟认为，如果加里宁格勒获得免签证的特殊照顾就等于在欧盟与外界之间的隔离网上撕开了一个口子，俄罗斯公民甚至整个独联体的居民都可以从这个缺口进入欧盟国家，这是欧盟绝对无法接受的。但是考虑到加里宁格勒地区的特殊性，欧盟同意适当简化当地居民申办签证的手续。分别由俄罗斯总统普京和丹麦首相拉斯穆森牵头的俄罗斯与欧盟谈判小组于2002年11月11日在布鲁塞尔达成协议，飞地问题获得初步解决。[1] 双方决定在立陶宛等国加入欧盟后，允许俄罗斯公民在本土与俄飞地加里宁格勒之间往来时使用通行证，而不需要正式签证，从而解决了双方在这一问题上持续一年多的争端。会后发表的联合声明说，欧盟将从2003年7月1日起建立"便捷过境手续机制"，为加里宁格勒俄罗斯本土居民通过陆路进行互访实施免费或低费过境手续。立陶宛共和国同意，在2004年底以俄罗斯内部护照为依据，实施"便捷过境手续"后，俄罗斯公民必须持有上述便捷过境手续和俄罗斯发放的国际旅行护照方可出入立陶宛国境。欧盟还同意在有关条件得到满足后，在2003年对俄罗斯提出的建立连接俄罗斯本土与加里宁格勒的直通快车的建议进行可行性研究。普京在会后表示，协议虽然不是很理想，但俄罗斯可以接受。事实上，根据欧俄协议将要发放便利通行证件与有条件多次往返签证并无本质的区别，但由于证件名称避开了"签证"这一敏感点，因此，这一方案为俄方所接受。为了发展飞地落后的经济，欧盟还承诺对加里宁格勒社会经济发展提供实质性的财政援助。[2] 加里宁格勒飞地问题暂时解决了，但实际操作中可能还会横生很多矛盾和问题。

4. 新成员国的"新东方政策"

新成员的加入会给欧盟同俄罗斯的关系带来新变数。数百年来，由于复杂的历史关系和地缘政治利益，遭受俄罗斯欺凌的痛苦记忆是中东欧国

---

[1] James Baxednale, "EU-Russia Relations: Is 2001 a Turning Point for Kaliningrad?" *European Foreign Affairs Review* 6, 2001, pp. 437 – 464.

[2] Samantha de Bendern, Fraser Cameron, "Prospects for EU-Russia Relations," EPC Issue Paper No. 19, Nov. 2004, p. 10, http://www.clicktoconvert.com.

家融入西方的动因之一。① 这些国家在加入欧盟后对俄罗斯的疑虑和恐惧仍会持续发酵,携进的反俄情绪将使欧盟无形之中强化排斥俄罗斯的倾向,俄欧关系顺利发展会遇到新的困扰。② 而另一方面,加入欧盟以后,中东欧和波罗的海国家可能觉得它们已经有足够的力量可以不再理睬俄罗斯,因而可以不太在意和关注它们同俄罗斯的关系。这些新入盟国家背离俄罗斯,这对俄罗斯和欧盟都会产生不利影响。比如,2007年2月24日,俄罗斯的青年组织就在爱沙尼亚驻莫斯科大使馆前示威,抗议爱沙尼亚总统将二战时抗击德国法西斯的苏联红军称为群党。尽管俄罗斯采取了克制的态度,但新成员国的这种挑衅行为很容易在欧俄关系中制造摩擦和麻烦。英国《经济学家》周刊2007年3月3日的文章中,就有西方学者甚至已经开始用"冷和平"来描述波罗的海地区的安全形势了。③ 2007年4月26日,爱沙尼亚政府拆除首都塔林的"青铜战士像"而引发的俄罗斯民众抗议游行,酿成一死十伤的严重后果。俄罗斯外交部提严重抗议,俄爱关系进一步恶化。西方对此也表示异议,德国前总理施罗德认为,爱沙尼亚意图清除二战的遗迹,把苏联红军等同于德国法西斯的行为是不能接受的,是对全世界反法西斯正义斗争的否定。如今,欧盟为防止走私和非法移民,通过一系列政策在东部边境构筑一条隔离带,这有可能会对中东欧国家对俄罗斯的敌对情绪起到推波助澜的作用。当前美国拟在波兰、捷克布置导弹防御系统,名为针对伊朗,实则针对俄罗斯,也容易引起俄罗斯的疑惧和不安。

　　对俄罗斯而言,中东欧是其传统的势力范围,这些国家加入欧盟意味着失去了对它们的影响力,其失落是可想而知的。俄罗斯对这些昔日的"附属国""盟友"的"背叛"和"忘恩负义"充满怨恨。客观地讲,冷战时期,苏联为这些国家提供了廉价的石油、天然气,以及安全保护,付出了不少代价。然而,这些新入盟国家似乎正在形成有别于老欧洲的独特的"东方政策"。波兰积极推动乌克兰和摩尔多瓦加入欧盟,这与欧盟此前确立的

---

① Matthew Ruth Auer, "Historical Roots of Environmental Conflict in Estonia," *East European Quarterly*, Fall 1996, 30, 3, Academic Research Library, pp. 353 – 381.
② 陈新明:《欧洲的分歧与俄罗斯回归欧洲的困扰》,《俄罗斯中亚东欧研究》2005年第1期,第39~45页。
③ 《参考消息》2007年3月10日,第3版。

暂时不考虑独联体国家入盟的政策相矛盾,说明波兰力图改变欧盟在这方面的政策,而不是遵循欧盟已有的共同外交政策。波兰的立场还得到包括捷克、匈牙利等维谢格莱德集团国家的支持。同时,新入盟的立陶宛和拉脱维亚同外高加索国家也有活跃的军事联系。新老欧洲对"东方政策"的分歧可能成为扩大了的欧盟争论的焦点之一。新入盟国家还是在冷战思维的指导下确立对俄政策,这些国家在对俄外交中同美国有更多的共同语言,与老欧盟国家则有明显的差别。新入盟国家在安全和外交政策上紧跟美国,特别是在美国与"老欧洲"存在尖锐分歧的情况下,它们的这种姿态非常令人关注,这对欧盟共同外交和安全政策是一个新的重大挑战。尽管这些新成员国尚不能从根本上改变欧盟对俄罗斯政策的基调,但是它们有可能迫使欧盟调整对俄政策,有使欧盟对俄政策陷入混乱和矛盾之中的危险。①

当然,俄欧双方有广泛的共同利益,彼此不会闹僵,总体上会朝好的方向发展。但俄罗斯与欧盟之间,双方战略目标有所不同、国家利益和价值观念存在差异,双方只可能"联合",不可能"融为一体"。② 但是无论如何,欧盟不接纳俄罗斯,把一个具有欧洲属性的大国排除在外,把一个军事核大国当"弃儿",俄的愤怒难获安抚;再加上新成员国的仇俄因素,欧俄安全关系将始终面临诸多曲折和挑战。

对于欧盟会不会接纳俄罗斯,目前存在两种相反的看法。一种看法认为由于俄罗斯的民族性格、历史文化传统以及地理位置,俄是一个独特的欧亚国家,完全加入欧盟和北约的可能性不大。③ 美国著名学者塞缪尔·亨廷顿也认为,在认同问题上,20世纪90年代的俄罗斯是一个无所适从的国家,在西方与斯拉夫主义间摇摆。④ 持相反看法的人强调,俄罗斯独立以来的对外政策实践中的大西洋主义,主流政治精英的亲西方倾向,以及一直存在的崇拜西方、赶超西方的历史传统,特别是普京执政以来对西方政策的调整和让步,为融入欧洲不惜放弃自己某些传统的战略利益,因此不排除俄罗斯融

---

① 孙敬亭:《欧盟东扩对俄罗斯与欧盟关系的影响》,《社会科学》2004年第12期,第39~45页。
② 徐之明、王正泉:《评俄罗斯与欧盟的"伙伴合作关系"》,《学术探索》2004年第6期,第76~78页。
③ 祝政宏:《论俄罗斯"融入西方"的可能性》,《新疆大学学报》(社会科学版)2003年第4期,第36页。
④ 〔美〕塞缪尔·亨廷顿:《文明的冲突与世界秩序的重建》,新华出版社,1998,第153页。

入西方的可能,尽管道路曲折漫长。① 2001 年普京执政以后,尽管仍然秉持欧亚主义的欧亚平衡外交,但"先欧后亚"的战略没有变,而且有过之而无不及。

笔者认为,对这个问题的分析首先要弄清楚"融入"的含义及其产生的背景。从地理学意义上讲,俄罗斯是一个欧洲国家,不存在融入欧洲的问题。从地缘政治学角度讲,是二战后的冷战将欧洲分裂为东西两个部分。不是东正教,而是社会意识形态和制度将欧洲划分为东西欧,希腊也是东正教。冷战结束,东欧国家存在一个确定国家发展方向或定位的问题,即是继续沿着社会主义和计划经济道路前进,还是走西方的民主政治和市场经济道路的问题。从这个意义上讲,俄罗斯和其他中东欧国家一样,都选择了"融入"欧洲的战略,走西化的发展道路,差别是"融入"的程度不同。中东欧中小国家谋求加入北约和欧盟等欧洲组织,而俄罗斯则只是与北约建立"和平伙伴计划",与欧盟建立"统一的经济空间"和战略伙伴关系,2003年,欧俄首脑峰会又增加了"共同的安全、文化教育和社会空间"。俄罗斯已经比较深地融入了欧洲的经济和安全事务。如果仅以加入欧洲地区组织为标准,那么俄罗斯"融入"欧洲的路还很漫长。这不仅取决于俄罗斯政治民主化、经济私有化改革的成功与否,也取决于西方对俄罗斯的认同程度,双方还有一个较长的互动和新关系建构过程。俄罗斯想"融入"欧洲,但加入欧盟的目标难以实现。② 俄罗斯入盟会对欧盟当前的权力结构产生难以预料的冲击和后果。如果有一天,俄罗斯的经济政治改革达到了欧盟的标准,那也并不意味着其就能加入欧盟;但如果那时英法在欧盟内无法制衡崛起的德国或英、法、德联合起来无法制衡强大的美国,那么俄罗斯则有可能被邀请加入欧盟组织,就像当年英国被邀请加入欧共体一样。

三 土耳其对欧盟的安全挑战

比起其他候选国,土耳其的入盟进程十分缓慢。自 1959 年 7 月土耳其

---

① 王郦久:《普京的"融入"欧洲战略及其前景评估》,《现代国际关系》2003 年第 7 期,第 1~6 页。
② 易文彬、李山:《欧盟东扩对欧俄安全关系的四大挑战》,《南昌大学学报》(人文社会科学版) 2010 年第 4 期,第 17 页。

申请加入欧盟的前身欧洲经济共同体,到2004年12月17日欧盟决定开启与土耳其的入盟谈判,历时45年,2005年10月3日,欧盟与土耳其正式进行"入盟谈判",土耳其加入欧盟的道路可谓漫长而艰辛。虽然土耳其一直选择西化和加入欧盟的战略,但由于土耳其自身的伊斯兰教属性和军人干政的传统,以及库尔德和塞浦路斯等问题,欧盟成员国担心土耳其的经济、人口与宗教因素,所以"土耳其正式加入欧盟还无疑需要数年之久,且带有很大的不确定性"。[1] 但与欧俄安全关系不同,土耳其是北约成员国,欧盟的候选国,与欧盟的大多数成员国有军事联盟关系,而且欧盟与土耳其的经贸联系密切。所以,东扩后欧盟虽邻近土耳其,但土耳其对欧盟没有传统安全威胁,非传统安全因素是影响土耳其加入欧盟的主要因素。

(一) 土耳其入盟的安全动因

土耳其加入欧盟的原因是多方面的,从安全角度讲,综合安全是土耳其申请加入欧盟的根本动因。

第一,加入欧盟有助于化解当前土耳其的政治经济发展困境。目前,土耳其人口有7000万,经济落后、社会混乱、政局欠稳,犹如一个病弱的人需要护理和强心剂一样,土耳其需要欧盟在政治经济等各方面的全力支持。欧盟是土耳其的最大贸易伙伴、最大投资者、最大的游客来源地。土耳其有许多国民在欧洲打工,仅到德国打工的土耳其人每年就有5万~8万,目前生活在德国的土耳其人有近300万。事实上,土耳其在经济、政治和军事上同欧盟的联系十分紧密。离开欧盟,土耳其很可能会出现经济和社会的大崩溃。而且土耳其入盟还能够推进其政治民主化改革进程,限制土耳其军人干政,降低土耳其发生军事政变的机会,同时强化土耳其的世俗主义政权。而欧盟成员国身份能为土耳其的经济发展、政治改革和社会稳定提供一个良好的框架性调节机制。"脱亚入欧"是土耳其的人心所向。自土耳其共和国建立以来,凯末尔和他的继承者们始终坚持"欧洲定位",无时不把土耳其当成"欧洲文明"的一员。大多数土耳其人认为,

---

[1] David Barchard, "Turkey and the European Union," Working Draft of a Future, pamphlet from the CER, http://www.cer.org.uk/publications/archive/report/1998/turkey-and-european-union.

加入欧盟、融入欧洲主流社会是土耳其重振往昔大国雄风的必由之路。2000年9月在土耳其15个大城市进行的民意测验显示，68.7%的人支持土耳其成为欧盟成员，只有9.9%的人表示反对。绝大多数人支持为加入欧盟而进行的政治和文化改革。① 由此可见，加入欧盟也是大多数土耳其人的心声。

第二，加入欧盟有利于保障土耳其的安全利益。临近土耳其的欧洲是一个联合而强大的欧洲，而土耳其却置身其外，这使土耳其人无法不联想到19世纪前后被欧洲列强宰割的情景。如果没有欧盟成员国地位，土耳其在希土争端、塞浦路斯问题以及自身安全等方面都无法得到保障，即使有美国做后盾，也是远水难解近渴，更何况在塞浦路斯、库尔德问题等许多问题上，美国的态度也是模糊不清的。加入欧盟，成为"欧洲文明"大家庭的一员，将为土耳其提供更为可靠的安全保障。

首先，土耳其期望冷战后能继续在欧洲的安全问题上发挥独特的重要作用，保持军事大国地位。冷战时期，土耳其与西方盟友一道遏制了苏联的扩张。冷战后，欧洲的安全格局发生了重大变化，出现了以北约和欧盟为中心的复合中心圆安全结构。土耳其希望利用自己强大的军事力量与独特的地缘政治地位，在欧洲的各个安全组织内部发挥特殊的影响力。土耳其拥有一支60万人的常规军队，超过任何一个欧盟成员国，而且"作战经验丰富"。另外，土耳其扼黑海通道，位于巴尔干、高加索地区、中西亚之间，是控制该地区的战略要塞，也是控制海上石油通道的战略据点。如果土耳其加入欧盟，将对塑造欧洲安全格局发挥重要影响。

其次，土耳其认识到，要解决与希腊和塞浦路斯的争端，与欧盟进行谈判是不可避免的。土耳其认为，欧盟在处理上述问题时，始终对土耳其采取歧视性的政策，而欧盟偏袒希腊加剧了争端解决的难度。因此，如果土耳其能加入欧盟就能以平等的成员身份在欧盟内部解决与塞浦路斯和希腊的争端，对土耳其会相对有利。

最后，加入欧盟有利于土耳其打击恐怖主义。冷战结束后，非传统安全问题被提到各国的议事日程上，打击恐怖主义就是其中突出的一项任务。土

---

① Hasan Kosebalaban, "Turkey's EU Membership: A Clash of Security Cultures," http://www.mepc.org/journal_vol9/0206_kosebalaban.asp.

耳其地处要冲地带，欧亚非交会之处，面临着恐怖主义威胁。2004年春，伊斯坦布尔清真寺发生的大爆炸震惊了国际社会。土耳其希望能够得到欧盟资金、技术方面的援助，加强打击国际恐怖主义的力度。

（二）欧盟接纳土耳其的安全动因

2004年12月16日欧盟峰会上，25国首脑一致同意在2005年10月3日启动与土耳其的入盟谈判。土耳其只有3%的领土和12%的人口处在欧洲，99%以上的居民信奉伊斯兰教，人均GDP只有欧盟平均水平的28.5%，但欧盟周边安全战略需要的重要性压倒了经济负担和调整困难的担心。欧盟首脑会议不顾社会反对意见，在土耳其长达40年之久的入盟努力后决定同意进行入盟谈判，主要基于以下几点考虑。第一，构筑欧盟东南部周边的"防火墙"。土耳其"与中东危机地区接壤"，接纳土耳其可抑制来自土耳其境内外的恐怖主义活动。当前叙利亚危机，土耳其也扮演了欧盟地缘安全屏障的角色。其次，将土耳其改造为民主化的"样板国"。第三，建立连接中东和中亚的"桥梁"。土耳其处于欧洲与中东和中亚的结合部。通过土耳其的欧洲化向伊斯兰世界发出强烈"信号"：欧盟不是"基督教联盟"，而是亲伊斯兰国家的"多元政治联盟"，以此缓和与伊斯兰世界之间的"文明冲突"。第四，通过扩大显示欧盟在国际政治中的"软实力"。即"通过土耳其的西方化增强欧盟'软帝国''改造世界的'政治能力"。[①] 与此同时，反对土耳其加入欧盟的声音也在攀升。据统计，老成员国中只有不到1/3的人支持土耳其入盟。甚至有人提出用"特殊伙伴关系"来代替完全成员国身份。但也有人认为，土耳其入盟对欧盟来说，更有可能是一种资产，而不是负担。土耳其入盟有利于欧盟的安全环境的改善和欧盟安全与防务政策的发展。[②] "欧盟扩大政策的主要目标之一就是通过向申请国提供必需的工具来保证它们的安全与稳定，从而降低针对欧盟安全的威胁。"[③] 总而言之，

[①] 孙晓青、江穗春：《2004年的欧盟形势》，《国际资料信息》2005年第1期，第28页。

[②] Katinka Barysch, Heather Grabbe and Steven Everts, "Why Europe Should Embrace Turkey," http://www.cer.org.uk/publications/archive/report/2005/why-europe-should-embrace-turkey, 2005年9月8日。

[③] Suha Bolukbasi, "The controversy over the Caspian Sea Mineral Resources: Conflicting Perceptions, Clashing Interests," *Europe-Asia Studies*, May 1998, Vol. 50, Iss. 3, pp. 397–414.

土耳其的独特地理位置、较强的军事力量、特殊的伊斯兰教世俗大国地位,以及一贯的亲西方的政策,决定了它入盟的特殊战略价值与地位。①

第一,土耳其的地缘战略地位突出,是欧盟一个重要的安全合作伙伴。土耳其扼博斯普鲁斯海峡、达达尼尔海峡之要冲,踞黑海之便利,不仅是中东领土面积最大的国家,而且地处亚洲、欧洲、中东和中亚的交会之地,是沟通世界东方和西方、南方和北方的"桥梁"。从巴尔干、高加索、伊拉克北部的民族斗争到塞浦路斯和平统一,从巴以和平、打击国际贩毒和国际恐怖主义到输油管道的建设,哪一样都离不开土耳其的参与。正如基辛格所说:"该地区最强大的军事大国土耳其是关键国家,它与西方结盟,对以色列示好,并且由于地理位置使其不可或缺,因而对敌对各方都具有重要性。"② 在限制和挤压俄罗斯方面,欧、土、美三者利益一致。土耳其稳定黑海地区,控制从黑海到地中海的通道。作为在高加索地区抗衡俄罗斯的重要力量,它仍起着削弱宗教激进主义影响的作用,并且是北约的南部支撑点。土耳其如不稳定,可能将在南巴尔干引发更严重的暴力冲突,使俄罗斯更容易重新控制新独立的高加索国家。"土耳其的发展和取向对高加索国家的未来具有决定性。如果土耳其保持通往欧洲的通道,如果欧洲也不对土耳其关上大门,那么高加索国家很可能也被纳入欧洲的范围,而这种景象正是它们梦寐以求的。但是,如果土耳其欧洲化的步伐出自内部的或者外部的原因停顿下来,格鲁吉亚和阿塞拜疆就只有选择去适应俄罗斯的意图这条路了。"③ 布热津斯基认为,土耳其和伊朗都属于重要的地缘支轴国家。把土耳其纳入欧盟的轨道,符合欧美的战略利益。

而伊拉克战争之后,美国控制伊拉克,除沙特外,土耳其的失落感最为强烈。战前的借道不快,战后中东局势的变换,使土耳其直接面对美国控制的伊拉克而非美国仇视的伊拉克,土耳其在美国面前有所失宠是显而易见的。土耳其失去了其牵制伊拉克的突出作用,在中东的战略回旋余地缩小,

---

① 李满田、〔土耳其〕高哈吉:《土耳其的欧盟之路》,《欧洲研究》2004 年第 1 期,第 93 ~ 103 页。

② 〔美〕亨利·基辛格:《美国需要外交政策吗?——21 世纪的外交》,中国友谊出版公司,2003,第 191 页。

③ 〔美〕兹比格涅夫·布热津斯基:《大棋局:美国的首要地位及其地缘战略》,上海人民出版社,2007,第 123 页。

与欧盟有"同病相怜"之感。为提升各自的战略地位,欧盟与土耳其双方都将采取更积极的态度,发展更具有战略性的双边关系。土耳其是欧盟不可失去的重要的安全合作伙伴。

第二,土耳其具有沟通基督教与伊斯兰教的桥梁和纽带作用。冷战结束后,被冷战所掩盖的伊斯兰世界与西方世界的对立与冲突就暴露出来了。早在1992年,一位杰出的印度穆斯林就预言:西方下一步面临的无疑是来自伊斯兰世界的对抗。从马格里布到巴基斯坦,一场席卷伊斯兰国家的建立新秩序的斗争即将开始。西方社会害怕伊斯兰极端主义的威胁。据调查,1991年初51%的法国公众认为对法国的威胁来自南方,只有8%的公众认为来自东方。法国公众最担心的四个国家都是伊斯兰国家:伊拉克、伊朗、利比亚、阿尔及利亚。1995年北约秘书长称,宗教激进主义对西方来说"至少像以前的共产主义一样危险"。克林顿政府的一位资深官员则指出,伊斯兰极端势力是西方在全球的对手。社会冷战正在西方和伊斯兰世界之间形成。"9·11"事件发生后,西方国家更意识到了与伊斯兰世界冲突的严重性。欧盟和北约在整合东欧剧变、苏联解体后的中东欧秩序以后,把战略重心转移到了南方伊斯兰世界。土耳其是一个"世俗的国家,信教的民族,多样化文明的矛盾统一体"。由于其特殊地位,土耳其对沟通西方与伊斯兰世界起到了一种独特的桥梁和纽带作用。欧盟很清楚,如果要缓解西方与伊斯兰世界的矛盾,解决它们之间的冲突,那么作为一个重要的世俗化国家,土耳其的紧密合作必不可少。土耳其在这方面也愿意合作。2002年2月12~13日,欧盟成员国的外交部长们和伊斯兰会议组织的领导人在伊斯坦布尔举行会议,旨在增进东西方的沟通和了解。有人称这次会议为"9·11"事件以后的"文明与和谐"。[1] 如果拒绝土耳其入盟的话,那么欧盟将被国际社会指责为保守、排外的"基督教俱乐部",人为地将自己置于伊斯兰世界的对立面;相反,接纳土耳其入盟则有助于化解欧盟与伊斯兰世界的对立和冲突。

第三,欧盟的"新地中海战略"需要土耳其的合作。"东扩"和"南下"是欧盟面向21世纪做出的重要战略决策。如果说欧盟在东扩中还有屈从于美国意志的因素话,那么其"南下"就完全是一种为了维护自身政治安全和经济利益而针对美国所采取的行动了,其目的是要同美国争夺中东地

---

[1] Nicole Pope Istanbul, "Time for Harmony," *Middle East International*, February 2002, p. 11.

区的经济主导权。早在 1991 年 3 月，欧共体 12 国外长在布鲁塞尔会议上就强调了欧洲对中东战略的构想：近期目标是召开中东和会，全面解决地区冲突，实现中东和地中海的和平与安全；中期目标是加强欧洲与阿拉伯世界的经济文化合作，改变地区经济与社会发展的失衡状态，消除产生冲突的根源；长期目标是以欧洲安全为模式，采取地中海安全与合作会议形式，建立一个包括欧洲及中东、北非国家在内的广泛的环地中海安全带。因此，具有重要地缘战略地位、比较强大的土耳其将是欧盟首先考虑的合作对象。

苏联解体后，土耳其在高加索地区和中亚地区"积极寻求扩大影响力的机会"。如果土耳其能与亚美尼亚解决 1915 年至 1916 年屠杀几百万亚美尼亚人的历史问题，土耳其就会"在阿塞拜疆与亚美尼亚争端中充当合适的调停国"，欧盟"在石油丰富的里海地区的利益也将得到保障"，欧盟也有可能向格鲁吉亚、阿塞拜疆等国敞开大门，防止它们被纳入俄罗斯的势力范围。土耳其是北约"和平伙伴计划"在中亚地区的主要实施国，对于扩展西方的民主观和势力范围至关重要，也将成为"欧盟对中亚施加政治影响力的一条重要通道"。但是如果土耳其与中亚国家中的土耳其民族联系增多，特别是与一些反政府的突厥人组织发生关系时，将会使欧盟与这一地区的关系复杂化。值得注意的是，尽管土耳其是在原苏联势力范围内积极扩大影响力，俄土关系并未恶化。俄罗斯是土耳其的第二大贸易伙伴，双方贸易额以年均 15% 以上的速度增长。

在中东，尽管土耳其已经是一个世俗化的伊斯兰国家，但与阿拉伯世界仍存在传统的密切关系。伊拉克战争是对一些欧盟主要国家（德国、法国等）在中东利益的沉重打击，欧盟需要土耳其作为通向阿拉伯世界的一座桥梁。在伊拉克问题上，欧土双方都愿意伊拉克保持领土完整。土耳其在伊战后重建中还扮演着重要的"实质性的"角色。土耳其与伊朗在能源方面合作紧密，在对南高加索地区和中亚地区的控制权上又争夺激烈，土耳其与欧盟对伊朗的核计划持相同立场。近年来，土耳其与以色列在安全领域的合作加深。在阿以争端中，土耳其支持阿拉伯世界。相比其他阿拉伯国家，土耳其拥有丰富的水资源，这也会提高土耳其的战略地位。在中东问题上，欧盟与土耳其的立场基本相同，吸收土耳其入盟，无疑会增强欧盟在中东地区的发言权，扩展在中东地区的战略回旋余地，对欧盟有重要的战略意义。[①]

[①] 王维：《土耳其加入欧盟问题》，外交学院硕士论文，2005，第 10～11 页。

欧洲的安全与稳定与中东、巴尔干和中亚地区的稳定紧密相连。在维护地区稳定方面，土耳其扮演着关键角色，因为它是这些地区中"为数不多的与西方有长期友好关系并有民主传统的国家。欧盟吸收土耳其入盟在有助于增强欧盟自身安全地位、拓展外交空间、提升吸引力的同时，也可避免自己更深地卷入周边地区的动荡与争端中"。土耳其的安全与欧盟的安全已经不可分离，失去稳定的土耳其欧盟也必将陷入动荡。因此，将土耳其吸收入盟，对欧盟稳定周边事态，积极拓展外交空间是很有必要的。而欧盟将土耳其拒之门外，将把其推到"自由与民主"的对立面去，将会加剧地区的动荡，这是欧盟不愿意看到的。但是与美国对土的政策不同，欧盟并没有以土耳其为民主样板改造大中东的计划，而只把土看成联结欧盟与中东的桥梁。①

第四，欧盟建立"欧洲共同外交与安全政策"的目标离不开土耳其的支持。在欧洲安全复合中心圆结构中，土耳其的地位举足轻重。土耳其是北约的创始成员国之一，也是西欧联盟的成员，拥有60万装备精良的部队，其军事支出占国内生产总值的比率在2004年达59%，比任何一个欧盟成员国都高。事实证明，"土耳其有能力为欧盟的安全与防务作出显著贡献"。土耳其参加了在阿富汗的维和行动（ISAF），波斯尼亚的维和行动（SFOR II）以及科索沃的维和行动（KFOR）。对于保障欧盟同心圆的稳定和向周围地区辐射的能力具有至关重要的意义。反之，"欧洲共同安全与防务政策"如果得不到土耳其的支持，将变得更加艰难。1999年，在北约首脑华盛顿峰会上，土耳其否决了欧盟在北约议事日程中建立一支5万~6万人的快速反应部队的建议，因为它认为这一举动将加速作为北约成员国的土耳其在欧洲安全事务中的边缘化。这一举动旨在向欧盟领导人展示，"如果欧盟想建立与北约交叉的欧洲防务体系的话，想排除土耳其是不可能的"，欧洲安全的建设仍然离不开土耳其的积极参加。欧盟安全与防务政策的发展以及与北约的"柏林及附加协定"的达成都离不开土耳其的支持。② 当前，土耳其在

---

① Steven Everts, "An Asset but not a Model: Turkey, the EU and the Wider Middle East," http://www.cer.org.uk/publications/archive/essay/2004/asset-not-model-turkey-eu-and-wider-middle-east, October 2004.

② 陈志敏、古斯塔夫·盖拉茨：《欧洲联盟对外政策一体化——不可能的使命？》，时事出版社，2003，第225~258页。

中东、伊朗、南高加索等地区安全，以及反恐反扩等议题上与欧盟合作得较好，但土耳其一直阻碍马耳他和塞浦路斯参与"欧盟—北约战略合作"。①2001年12月，美英提出的妥协方案"安卡拉文件"，将欧盟安全防务政策视为战略合作方案，而非欧盟内部事务，因此欧安问题涵盖欧洲安全环境中的所有重要国家。美英向土耳其保证欧洲危机处理不涉及爱琴海及东地中海地区；北约盟国间双边问题不能成为欧盟的合法关切，亦即欧盟不能干涉土耳其与希腊在爱琴海及塞浦路斯的争端；欧盟快速反应部队在土耳其周边及安全利益地区活动都将与土耳其保持对话协商。这个文件照顾了土耳其重要的安全关切，为欧盟与包括土耳其在内的北约国家间的安全合作扫清了障碍，使得土耳其参与欧盟安全防务政策问题获得最后解决。基于长远战略考虑，土耳其与欧盟在未来的安全协作将趋于加强。②

土耳其与欧盟的安全合作机制主要是北约框架和西欧联盟的联系国机制。由于土耳其对波斯尼亚和阿拉伯伊斯兰世界有一定的影响力，土耳其在维护这些地区的稳定方面可以发挥积极的作用。③再者，土耳其本身也是一个东南欧的大国，对维持该地区的和平与稳定负有不可推卸的责任。对欧盟的后院巴尔干稳定具有重要的战略价值。地理上，土耳其处于欧、亚、非三大洲交会之处，是偷渡者偷渡到意大利和希腊的最佳跳板。2000年，土耳其就扣留了94000名准备去欧洲的非法移民，而1999年才约29000人。而希腊在1999年逮捕了186000名非法移民，2000年增长到259403人。④土耳其入盟有助于欧盟与土耳其的安全合作，共同打击各种犯罪活动，尤其是非法移民和恐怖主义。长期以来，土耳其政治精英大多数坚持三个核心原则：保守的民族主义，严格的世俗主义，以及与美国的战略联盟。但在最近几年，土耳其外交政策发生了深刻的变化，把获得欧盟成员国身份作为外交政策的中心原则。2003年3月，土耳其议会对华盛顿要求通过土耳其开辟对伊拉克战争的第二战线说"不"。这在过去是不可能的事。土耳其为了加入欧盟，地

---

① Turkey 2006 Progress Report, Brussels, Nov. 8, 2006, SEC (2006) 1390, http://ec.europa.eu/enlargement/pdf/key_documents/2006/nov/tr_sec_1390_en.pdf, pp. 71–75.
② 王泽平：《冷战后土耳其的欧盟政策》，《国际问题研究》2005年第5期，第61~65页。
③ David Barchard, "Turkey And The European Union," Working Draft of a future pamphlet from the CER, pp. 38–39.
④ Gamze Avci, "Putting The Turkish EU Candidacy into Context," *European Foreign Affairs Review* 7, 2002, p. 108.

区政策也在调整，对塞浦路斯的态度也在缓和。① 土耳其的"欧洲化"（科学地讲，欧洲化实际上是指各个国家适应欧盟运行机制的进程）② 进展很快，政治经济改革取得了明显进步，更加世俗化和西方化，为欧盟接纳土耳其创造了条件。

（三）土耳其入盟的主要障碍

如上所述，土耳其入盟对于欧盟和土耳其双方来说都有极大的安全战略利益。但2004年欧盟东扩的10个候选国名单中却没有土耳其，土耳其申请加入欧盟的历时之长可谓所有申请加入欧盟国家之最。为什么土耳其入盟如此曲折漫长？一方面是土耳其自身确实存在问题，但这不是问题的主要方面；另一方面是有来自欧盟成员国的反对。两方面的因素交织在一起就导致了土耳其入盟的困难。另外，美国因素也是不可忽视的，土耳其与美国有特殊的关系，而欧美存在战略差异，美国就此对欧盟施压，反而适得其反，更使欧盟及其成员国充满疑虑。

1. 土耳其本身的问题

按照欧盟的说法，土耳其没有入盟主要因为土耳其没有实现欧盟1993年理事会制定的"入盟标准"，其中政治标准包括实现民主秩序、法治、尊重人权、尊重少数民族权益，是启动入盟谈判的前提条件。而土耳其自凯末尔主义实施"西化"的改革以来，虽有所进步，甚至被美国称作伊斯兰教国家民主改造的成功典范；但事实情况比我们想象得要糟。③ 土耳其主要存在两个问题。①军事安全部门干政，与欧盟的文官制度不合，而安全部队与库尔德党在土耳其东南部的冲突中出现了土耳其国家警察部队严重违反人权的事件。自1980年以来，有4万多人死于警察的严刑拷打。没有言论自由，许多人"神秘失踪"或被"秘密杀害"。④ ②塞浦路斯问题或土耳其与希腊

---

① Steven Everts, "An Asset but not a Model: Turkey, the EU and the Wider Middle East," http://www.cer.org.uk, October 2004, pp. 3 – 4.
② 〔法〕法布里斯·拉哈：《欧洲一体化史（1945～2004）》，中国社会科学出版社，2005，第7页。
③ James H Meyer, Ciller Refah and Susurluk, "Turkey's Troubled Democracy," *East European Quarterly*, Winter 1998, 32, 4, Academic Research Library, p. 489.
④ Jolanda Van Westering, "Conditionality and EU Membership: The Cases of Turkey and Cyprus," *European Foreign Affairs Review* 5, 2000, pp. 99 – 118.

问题。土耳其与希腊的矛盾使得希腊一直牵制土耳其入盟。而在欧盟方面,普通百姓担心土耳其的历史、文化和宗教与欧盟不合。土耳其的帝国心态、专制历史令欧盟不安,7000多万穆斯林加入欧盟也会对欧盟的安全构成威胁。欧盟,从一定意义上讲,是一个价值共同体。民主、自由、基督教文明是其主要基础。更为重要的是,承认92.9%的国土在亚洲的土耳其为其正式候选国则表明欧盟此次东扩将在地理上突破欧洲的界限。对此,法国的一位欧洲议会议员直截了当地说:"当我们对土耳其说行时,我们还能对谁说不行?"[①] 而且由于地缘政治的原因,土耳其在完全西化还是伊斯兰世界领袖之间"摇摆不定",欧盟对土耳其充满了疑惑和忧虑。而且欧盟不同的成员国对土入盟的态度也有差异,像瑞典等国家就非常强调人权问题,德国则关心移民和库尔德问题。

2. 希腊阻碍土耳其入盟

自1974年入侵以来,土耳其就在塞浦路斯岛上制造了对立局势:希腊族的塞浦路斯政权(国际承认的合法政府)与土耳其族的自治区长期并存。长期以来,这个问题成为了东南欧和地中海和平与稳定的关键。而土耳其显然是制造这一僵局的元凶。[②] 2004年5月,塞浦路斯共和国在希腊政府的努力推动下加入了欧盟。希腊虽然口头承诺不阻碍土耳其入盟,但实际上还是会利用塞浦路斯问题和土耳其的民主、人权和少数民族问题牵制土耳其入盟。欧盟所有重要决策都坚持一致通过的原则,甚至需要成员国议会或全民公投表决,比如,候选国入盟谈判及其入盟问题。这样,候选国不仅需要在欧盟内有朋友,也不能有"敌人"。因此争取现有成员国的支持对入盟很重要。希腊因为与土耳其有矛盾,如果处理不好,土耳其入盟就有很大的不确定性。1996年,希腊之所以同意欧盟与土耳其实施关税同盟,就是以欧盟同意塞浦路斯共和国加入欧盟为条件的。1999年,由于土耳其和希腊都遭受地震,希腊的外交发生重要的转变,强调一个欧洲的土耳其符合希腊的国家利益。然而,希腊在赫尔辛基峰会上对土耳其态度的转变,是因为希腊想

---

① 杨烨:《东扩进程中的"微观安全"与欧盟的对策》,《华东师范大学学报》(哲学社会科学版)2003年第7期,第30~31页。
② Ilter Turan, Dilek Barlas, "Turkish-Greek balance: A key to Peace and Cooperation in the Balkans," *East European Quarterly*, Winter 1998, 32, 4, Academic Research Library, p. 469.

加入欧元区,所以才对给土耳其候选国地位持积极的立场。① 换句话说,希腊始终以国家利益原则行事,土耳其和欧盟能处处满足其要求吗?而只要希腊一个国家从中作梗,土耳其的入盟前景就将变得黯淡。

3. 德国反对土耳其入盟

科尔时代,德国是完全抵制土耳其成为候选国的。但1998年大选之后,社会民主党代替基督教民主党执政,德国政府的态度发生转折。德国外交部部长发表讲话指出,欧盟不是一个宗教共同体,而是一个价值和利益共同体。1999年科隆峰会上,正是在德国总理施罗德的努力下,大多数成员国才同意给土耳其候选国地位。然而,德国的支持不是没有条件的。施罗德把德国的移民政策与土耳其入盟问题直接挂钩。德国有大约200万土耳其移民。德国认为,如果土耳其加入了欧盟,就不会有那么多来自土耳其的移民。但实际情况可能正好相反,加入欧盟,更有利于人员自由流动和移民。如果新的情况出现,德国新政府又会采取什么政策?显然,政策是变化不定的,而不变的是国家利益。在一个国家利益大行其道的欧盟,土耳其要交好所有国家是困难的,其入盟道路注定曲折漫长。而且德国民众也担心土耳其加入欧盟会增加经济移民,增加德国劳动力市场的竞争压力,从而反对土耳其入盟,而一个依靠选举政治的政府是不敢也不能违背民意的。

4. 来自欧洲议会的反对

欧洲议会主要批评土耳其的人权、政治体制中的集权主义,以及库尔德问题。尽管欧盟—土耳其联系委员会、联合议会小组,以及共同关税委员会,都已经介入土耳其的人权与民主问题,但欧洲议会的支持是关键。因为谈判结束之后要向议会咨询报告,并要获得2/3多数的同意才通过。欧洲议会已经把政治条件附加在对土耳其的援助上,即经援与政治挂钩。甚至,有人要求重新调查土耳其的亚美尼亚种族屠杀一事。土耳其已成为了欧洲议会各政党竞争的一张牌。土耳其的民主与法治对欧盟的安全是至关重要的。为鼓励土耳其继续深化改革,欧盟已启动土耳其的入盟谈判。但欧盟制宪委员会主席德斯坦则认为"吸纳土耳其便意味着欧盟的死亡"。② 其实,欧盟对

---

① Gamze Avci, "Putting The Turkish EU Candidacy into Context," *European Foreign Affairs Review* 7, 2002, p. 98.

② 李世安、刘丽云等:《欧洲一体化史》,河北人民出版社,2003,第378页。

土政策从一开始就受一种矛盾心理的支配:一方面,出于安全及地缘政治需要,有意在欧土关系上做出某种特殊安排,承诺土耳其的欧洲身份和入盟前景;另一方面,一些成员国对土的"异类"文化体系和价值观始终排斥,存在认同困惑和冲突。未来欧盟对土政策仍将受这种矛盾心理的影响,土耳其最终能否入盟也取决于这一矛盾的发展变化。①

土耳其是欧盟重要的安全伙伴,对东扩后的大欧盟构成多重安全利益,欧土安全合作将成为二者关系的重要内容,但由于诸多原因,土耳其加入欧盟的道路却充满了不确定性,这也对欧土关系构成挑战。

四 西巴尔干对欧盟的安全挑战

西巴尔干地区主要是指原南斯拉夫解体后产生的国家:塞尔维亚、黑山(2006年5月独立,从塞尔维亚分离出来)、科索沃(2008年2月自行宣布独立,但未获国际社会广泛承认)、波黑、马其顿、克罗地亚,以及阿尔巴尼亚,人口共2200万。斯洛文尼亚于2004年5月已加入欧盟,不在此外部安全范围之内。这些国家是欧盟扩大的潜在对象,欧盟要实现欧洲大陆的统一和安全,就有义务实现巴尔干的稳定与安全。从地缘政治的角度看,欧盟东扩后,这些国家是欧盟的紧邻,也是欧盟的后院。在全球化条件下,安全或者说非传统安全具有跨国性。巴尔干的安全问题会渗透和扩散到欧盟。因此巴尔干安全本身就是对欧盟安全的严重挑战。

(一) 关于安全的"扩散机制"

西方学者是从欧盟一体化的共同空间和网络世界的角度分析安全的扩散性质的。"地理上的接近使得一个国家的内部动乱,不管是种族冲突、环境恶化,还是经济犯罪或政府懦弱,都会对邻近的国家造成破坏和影响。而网络空间则实际上使得国家的经济和信息边界变得没有作用。"② 全球化使得

---

① 张健:《试析欧盟对土耳其政策的矛盾性》,《现代国际关系》2005年第6期,第8~15页;李明明:《包容与排斥:土耳其加入欧盟的认同问题》,《世界政治与经济》2005年第12期,第27~33页。

② Emil Kirchner and James Sperling, "The New Security Threats in Europe: Theory and Evidence," *European Foreign Affairs Review* 7, 2002, pp. 427–452.

国家间的硬边界管理变得困难而传统功能式微，微型的非传统安全问题突出。网络使得空间缩小，但虚拟世界对现实世界的破坏还是要通过物质手段实现的。从巴尔干对欧盟的安全威胁来看，地理上的接近是安全扩散的一个重要因素。所以，2006年5月30日，欧盟对外关系与欧洲邻居政策委员费雷罗-瓦尔德纳（Ferrero-Waldner）在布鲁塞尔"保护欧洲：提高欧盟的安全政策"的论坛上的讲话《欧盟在保护欧洲安全方面的作用》中指出，"总之，帮助我们的邻居就是帮助我们自己。帮助邻居解决它们关心的问题，就是解决欧洲安全的潜在威胁。通过帮助邻居保护它们的安全，我们就是在保护欧洲。邻居的安全是我们必须优先考虑的问题"。

（二）极端民族主义是地区安全的一大威胁

民族主义是一种意识形态，它是基于共同的语言、种族、习俗、信仰、历史等因素而形成的精神共同体或群体忠诚，也可以说是基于民族共同体利益而形成的一系列思想行动。在国际关系中，每个民族都是平等的，但由于历史原因，有的民族构建了自己的单一民族国家，有的民族则没有，它们或者成为一个民族国家中的少数民族，或者成为几个民族国家中的少数民族，与此相对应的三种民族主义是：国家民族主义、国内民族主义以及跨地区跨国家的泛民族主义。如果一个民族既看重自身的民族的利益，同时也尊重别的民族的利益，这就是比较健康的正当的民族主义。可见，"民族主义"这个概念从涵义上讲不带褒贬性质，是一个中性的概念。如果越过了这一界线，为满足自身利益而牺牲或侵犯其他民族的利益，民族间关系的性质就发生了质的变化，而陷入了极端民族主义的泥坑。对于国内少数民族而言则会成为极端分裂主义势力，追求民族自决和独立，像俄罗斯的车臣分裂势力、塞尔维亚的科索沃独立力量等，从而构成为该民族所属国家的最大安全威胁，国内冲突在所难免；对于民族国家的大民族而言，则会演变成大民族沙文主义，欺压少数民族，甚至屠杀少数民族，比如，土耳其历史上屠杀亚美尼亚人、塞尔维亚人屠杀科索沃阿尔巴尼亚人等。如果一个泛民族主义陷入极端民族主义，像大阿尔巴尼亚主义、大塞尔维亚主义，以一个民族国家为基础，干涉他国内政，则可能导致国内冲突国际化，国家间关系恶化甚至爆发地区战争。像泛东突厥主义，没有一个自己独立的民族国家，只是跨国性的国际分裂主义势力，则会导致地区恐怖主义和社会动荡。当然，这也会催生相关的民族国家的地区安全合作，共同打击恐怖分离主义，像上海合作组织等。可见，无论哪种形式的民族主义，只要没有正确把握分寸就会成为地区安全的威胁。目前主要是国家民族主义与国内民族主义和泛民族主义的斗争。国家民族主义表明一个民族获得了现代国家的存在和表现形式，拥有政治权威和资源垄断的优势，因而成为民族主义的主导形式，也是民族主义追求的最大政治目标。

国家民族主义是通过国家形式表现出来的、与国家利益相吻合或一致的民族主义，也即民族主义的国际表现，是民族利益与国家利益的统一。民族因为获得国家的存在形式而得到更好的保护，国家因为建立在统一民族的基础上而获得凝聚力和领导力。从历史上看，只有建立了民族国家的民族才能最好地保护自己的利益，也只有建立在统一民族基础之上的国家才能真正强大。所以约翰·米尔斯海默说："民族主义可能是世界上最强大的政治意识形态，它美化和颂扬了国家。实际上，很明显，世界上许多民族想有自己的国家或成为民族国家，而对其他政治安排没有什么兴趣。"[1] 这正是民族主义会带来矛盾冲突的根本原因。所有的民族都想拥有民族自决的权利以建立自己的独立国家，但事实是很多民族是以国内少数民族或泛民族的形式存在的。如果所有的民族都想要按照民族自决的原则建立民族国家，那么就会与现代国际关系法的主权原则相悖，导致天下大乱。主权原则是现代国际体系的基石，民族自决原则只有在特定的条件下才能付诸实施。而西巴尔干自冷战后所爆发的一系列战争，表面上是民族主义之间的矛盾，实质上都是民族主义与国家主义的斗争，是西方利用民族矛盾瓦解南斯拉夫，铲除这个欧盟东扩的最大障碍"南斯拉夫堡垒"。而南斯拉夫因为与俄罗斯的传统关系和泛斯拉夫主义情结，是俄罗斯的战略联盟，打掉了南斯拉夫就去除了俄罗斯在欧洲的最后一个盟友。南斯拉夫解体了，西巴尔干沉寂许久的民族主义又可以乘机扬眉吐气实现自己建国的梦想。1992年爆发的波黑战争是宗教、种族矛盾激化的结果，1999年的科索沃战争是民族冲突的表现。大克罗地亚主义、大塞尔维亚主义和大阿尔巴尼亚主义在这里交锋争斗，伊斯兰教、基督教和东正教在这里交会竞争，而且背后都有大国的支持，比如，克罗地亚有美国、德国的支持，塞尔维亚有俄罗斯的支持，阿尔巴尼亚有土耳其的

---

[1] 〔美〕约翰·米尔斯海默：《大国政治的悲剧》，上海人民出版社，2003，第510~511页。

支持。西方大国打着"人权高于主权"的旗帜瓦解了南斯拉夫,但同时也激活了该地区冰封许久的民族主义。作为几大文明的结合部,西巴尔干始终存在爆发战争和冲突的可能,而民族主义则是其最易点燃的导火线。

(三) 西巴尔干的主要问题

西巴尔干国家多是转型国家,政治经济不稳定,政府式微,法制不健全,犯罪猖獗。据官方统计,2006年5月,塞尔维亚和黑山共和国的失业率是30%,马其顿40%,科索沃50%,波斯尼亚43%。[①] 即使排除有灰色收入的人,塞尔维亚和波斯尼亚两国真正的失业率也很可能为16%~20%。总之,贫困是普遍存在的,社会安全体系是极其脆弱的。几乎有1/5的波斯尼亚人生活在贫困线以下,有30%挣扎在贫困线上。[②] 除此之外,西巴尔干还有一些亟待解决的棘手问题。如果处理不好,很可能导致新一轮战火。

1. 科索沃最终地位问题

科索沃是当前西巴尔干和欧盟最棘手的问题。从技术上讲,科索沃仍然是塞尔维亚的一部分,但从1999年战争结束以来,科索沃已经在联合国的控制下。占科索沃人口90%以上的是阿尔巴尼亚人,他们一直要求完全独立。如果他们不能获得独立或渐进独立,他们中间的不妥协者就会走向暴力。而在科索沃大约有10万塞尔维亚人。他们的去留就成了一个难题。实质上,国际法中的两种权利在科索沃是相冲突的,即阿尔巴尼亚人的民族自决权和塞尔维亚维护国家领土完整的权利。塞尔维亚领导人承诺给科索沃"比自治更多但不是独立",但遭到科索沃领导人的拒绝。[③] 由联合国委托的科索沃"最终地位"谈判从2006年2月20日开始。欧盟和美国都派代表参加。但主持谈判的联合国代表,前芬兰总统 Martti Ahtisaari 则很可能在晚些时候对联合国安理会提出建议——科索沃应该获得独立。这很可能遭到塞尔维亚领导

[①] Carl Bildt, "The EU Needs a Bolder Balkan Strategy," http://www.cer.org.uk/publications/archive/bulletin-article/2006/eu-needs-bolder-balkan-strategy, February 1, 2006.

[②] Tim Judah, "The EU must Keep Its Promise to the Western Balkans," http://www.cer.org.uk/publications/archive/essay/2006/eu-must-keep-its-promise-western-balkans, May 2006, p. 7.

[③] Carl Bildt, "The EU Needs a Bolder Balkan Strategy," http://www.cer.org.uk/publications/archive/bulletin-article/2006/eu-needs-bolder-balkan-strategy, February 1, 2006, p. 2.

人的拒绝。如果拒绝无效，塞尔维亚领导人可能会鼓动暴动制造困难。比如，鼓励科索沃省北部地区的塞尔维亚人宣布独立，从科索沃分裂出来，然后逐出该地区的科索沃警察部队。这样冲突又会在塞尔维亚人周边爆发。为预防不测，科索沃的塞尔维亚人已经开始利用暑假的机会在塞尔维亚的学校注册，为科索沃独立后迁到塞尔维亚做准备。即使科索沃独立，也会是一个弱政府。如果欧盟不提供支持，其政权也会摇摇欲坠。而动荡不安的科索沃对欧盟安全是一种威胁。所以，欧盟为了自身的安全，要为建设一个新的民主国家而做出全面的努力。比如，派遣警察部队维持治安，指导司法改革，培训机关人员，建设管理有效的政府等。可见欧盟进退两难，但都要付出代价。

2. 黑山独立全民公决问题

这个问题没有科索沃问题复杂，但也是一个急需关注的问题。2006年5月21日，黑山共和国就是否从塞尔维亚中独立出来进行全民公决。欧盟一直介入黑山问题。1997年前，黑山是坚定地与塞尔维亚站在一起的，但1997年，黑山总理米洛·久卡诺维奇（Milo Djukanovic）与塞尔维亚总统米洛舍维奇（Milosevic）闹翻了。米洛舍维奇倒台之后，久卡诺维奇就立即寻求独立。但索拉纳及时制止了公投。索拉纳担心，67.2万人的黑山成为一个独立的国家，会燃起邻居科索沃的独立的欲火。2002年，也许担心公投的票数达不到独立的要求，黑山政府同意了索拉纳的计划，以新的松散的联邦代替过去的南斯拉夫联盟。2003年2月，所谓的国家联盟形成，但同时附加了一个前提，两个共和国在3年之后可以选择离开，即脱离联盟独立。2006年5月，期限到来，黑山通过公投选择了独立，2006年6月3日宣布独立。

黑山独立有两方面的影响，对外可能刺激科索沃独立及其他分离分子，对内可能是百业待兴而政府软弱。这些对欧盟都是责任和挑战。比如，西班牙担心黑山的独立会鼓励巴斯克和加泰罗尼亚的分裂主义分子。意大利则忧心，独立的黑山将会是一个难以自理的政权，不能割断政治与有组织犯罪之间的联系，它可能成为黑手党攻击意大利的一个活动基地。而在建设新国家的各个方面，黑山共和国和科索沃一样，都需要欧盟的全面支持。

3. 塞尔维亚的激进主义

激进主义是一种极端民族主义，普遍被认为是一种安全威胁。按照法国著名学者朱利安·班达的分析，民族主义激情原则上包括两种前后相继的运动：第一种运动是人热衷于发现自己与其他人之间的某种相似性和共通性；

第二种运动是他与自己相似的这些人聚集起来，然后画线为界，与"非我弟兄者"区别开来。① 正当的民族主义是一种认同和情感的归属，是人类天性，没有好和坏之分。但激进的民族主义是一种排外的、自私的表现，为了自己民族的利益，排斥甚至牺牲别的民族利益。因此，在一个多民族的国家和一个多民族国家组成的国际社会中，激进的民族主义是一种严重的安全威胁。

塞尔维亚人有着传统的民族主义爱国精神，在历史上，为了维护自己民族的独立和尊严，反对帝国霸权的统治和压迫，谱写了不少光辉的篇章。比如，一战前，反对奥斯曼帝国和奥匈帝国统治；二战时，反对德国法西斯的侵略；二战后，反对苏联的霸权；冷战结束后，反对以美国为首的北约的干涉；等等。作为一个主权国家，维护自己国家的独立和完整是国际法赋予每个国家的天经地义的权利。至于在处理少数民族问题上存在这样那样的问题，每个国家都有，只是轻重不一而已。而且完全可以在联合国的人权组织框架下进行对话和合作，逐步得到解决。所谓"人道主义干涉"是一种赤裸裸的霸权主义行径。塞尔维亚人的民族主义思想情绪，对塞尔维亚来说，总体上是一种正当的、爱国的表现。正因为如此，激进主义政党得到了塞尔维亚人民的广泛支持。激进的民族主义政党已经成为了塞尔维亚议会的最大党，2006年4月中旬的民调显示，其支持率为38%，加上米洛舍维奇领导的政党8%的支持率，激进主义在塞尔维亚的总支持率达到了46%。

之所以被西方视为威胁，主要原因有三。第一，塞尔维亚是俄罗斯的传统友邦，是俄罗斯在中东欧的一块前沿阵地。欧盟和北约要东扩，要铲除俄罗斯在该地区的势力，就必须先颠覆塞的亲俄政权，以建立符合西方民主自由价值观念的亲西方政权。第二，波黑战争、科索沃战争等，西方对塞尔维亚的残酷打击和围剿，激起了塞尔维亚人的仇恨。塞尔维亚人的伤口需要几代人的努力才能愈合。第三，担心激进的民族主义分子构成对现有亲西方政权的威胁，也担心其对科索沃、黑山，以及波斯尼亚等构成威胁。如果激进分子在贝尔格莱德重新掌权，他们就会鼓励在波斯尼亚和科索沃的塞尔维亚人不要让步，塞尔维亚与欧盟的入盟谈判也就会中断。欧盟东扩受挫，欧洲统一受阻，欧盟安全也就无法实现。所以，有人讲，"真正的威胁在于一个

---

① 〔法〕朱利安·班达：《对欧洲民族的讲话》，上海人民出版社，2005，第90~91页。

被孤立和充满愤怒的塞尔维亚会再次成为欧洲的流氓,从而拖其他巴尔干国家融入西方的后腿"。①

4. 大阿尔巴尼亚问题

巴尔干半岛上居住着 600 多万阿尔巴尼亚人,其中阿尔巴尼亚本土 336 万,另近一半阿族人分布在南联盟科索沃和黑山地区(约 190 万)、马其顿西部临近阿尔巴尼亚地区(约 45 万)和希腊巴尔干地区(约 40 万)。② 长期以来,阿族人一直谋求建立包括上述阿族聚居区在内的所谓"大阿尔巴尼亚"。冷战后,"大阿尔巴尼亚主义"不断膨胀,已威胁到巴尔干地区的和平与稳定,对欧洲安全也构成挑战。

第一,科索沃地区的阿尔巴尼亚族。"大阿尔巴尼亚主义"的主要代表是 1994 年在境外势力支持下建立起来的"科索沃解放军"。其基本主张是,借助以美国为首的北约力量,推翻米洛舍维奇政权,争取科索沃的独立而非自治,进而建立"大阿尔巴尼亚"。1999 年北约对南联盟的轰炸更助长了科索沃阿族的独立情绪。南联盟军警撤出科后,"科解"通过屠杀、焚烧房屋、抢劫等手段,有组织、有计划地驱逐塞族人,使该地塞族人从战前的 20 多万锐减至 3 万。他们相信科索沃迟早会成为一个独立的阿族国家或"大阿尔巴尼亚"的一部分。这是美国助纣为虐的恶果。

第二,马其顿的阿尔巴尼亚族。阿族居住在以泰托沃和戈斯蒂瓦尔为中心的西部,约占马人口的 1/4。他们成立了"伊里利达自治区"并组建了 2 万人的准军事部队,还通过购买不动产、创建经济实体、授予科阿族难民永久居住权、逼迫马族居民离开住所等方法,试图建立纯阿族聚居区。目前西部的马族居民比例已由 80% 降至不足 20%,阿族人还组建了自己的政党,坚持"领土统一"(即建立"大阿尔巴尼亚")、"种族统一"(把其他民族驱逐出去,实现"阿尔巴尼亚化")等原则,认为阿尔巴尼亚应作为阿民族主义的催化剂参与到恢复"大阿尔巴尼亚"的进程中。这种种族分裂主义对巴尔干和欧盟是一种极大的安全威胁。

第三,阿尔巴尼亚国家。作为巴尔干地区阿族人的"母国",其"大阿

---

① Tim Judah, "The EU must Keep Its Promise to the Western Balkans," http://www.cer.org.uk/publications/archive/essay/2006/eu-must-keep-its-promise-western-balkans, May 2006, p. 3.

② 沈碧莲:《"大阿尔巴尼亚"问题》,《国际资料信息》2001 年第 3 期,第 1~5 页。

尔巴尼亚主义"情绪也在不断抬头。1998 年底,阿科学院公布"民族大国战略",称将"建立一个让巴尔干半岛所有阿族人生活在一起的国家"。科索沃战争开始后,阿一些政治家、新闻媒体不断抨击欧洲大国在 1878 年柏林会议和 1913 年伦敦会议"将阿尔巴尼亚领土划分给塞尔维亚的错误",称科索沃、马其顿西部、黑山靠近阿的部分以及塞尔维亚南部都是阿的领土。所有阿国家领导人都企图依靠西方的影响和压力,使"科索沃共和国"成为既成事实。北约对南空袭前夕,阿总理马伊科宣称"建立大阿尔巴尼亚的进程业已开始"。1999 年夏,马伊科擅自访科,并称科成为"大阿尔巴尼亚的一部分只是一个时间问题"。同年 10 月中旬,阿总统迈达尼宣布阿计划在科首府普里什蒂纳建立"外交代表处",并称 5~10 年后科索沃与黑山将作为两个实体脱离南斯拉夫成为"欧洲的一部分"。阿还欲使马其顿的阿族人争得主体民族地位,使黑山和希腊的阿族人获得自治权,进而完成"民族统一大业"。宗教与种族主义结合起来会形成一股巨大的势力威胁地区稳定。①

由于阿族的出生率极高,有专家预计,"用不了 20 年,阿族仅凭人数就可控制其巴尔干邻国"。科索沃已经是由于阿族人口变化而导致政局更替的例子。阿族人口众多,不甘于少数民族地位,谋求独立甚至回归"母国"的愿望随之产生。②但是"大阿尔巴尼亚主义"运动,不符合西方尤其是欧盟的利益。西方在巴尔干的目标是分而治之,既不希望看到"大塞尔维亚",也不希望看到"大阿尔巴尼亚"。一个信奉伊斯兰教的"大阿尔巴尼亚"将为伊斯兰激进势力向欧洲渗透提供条件,给欧洲的稳定与安全带来新的不确定因素。③ 因此欧盟国家均表示反对,并要求阿尔巴尼亚领导人保证不搞"大阿尔巴尼亚主义",并以此为获得欧盟援助和准成员国身份的条件。

西巴尔干对欧盟的安全挑战集中体现在其民族分裂主义,但由于欧盟及时采取了"稳定与联系协定"机制和欧盟成员国身份机制对其施加调节和控制,有效地实现了西巴尔干的稳定与安全,也实现了欧盟后院的安全。

---

① Aydin Babuna, "Nationalism and the Bosnian Muslims," *East European Quarterly*, Summer 1999, 33, 2, Academic Research Library, pp. 195–219.
② Vladimir Velebit, "Kosovo: A Case of Ethnic Change of Population," *East European Quarterly*, Summer 1999, 33, 2, Academic Research Library, pp. 177–185.
③ Geza Jeszenszky, "More Bosnians? National and Ethnic Tensions in the Post-Communist World," *East European Quarterly*, Fall 1997, 31, 3, Academic Research Library, pp. 283–301.

第五章

欧盟的安全政策

欧盟东扩总体上使欧盟变得比过去更安全,但同时也带来了一些新的内部和外部安全挑战。英国"欧洲改革研究中心"从事"司法与内务"研究的研究员亚当·汤姆森(Adam Townsend)在他的工作论文《保卫欧洲》中针对欧盟的内外安全问题提出了一系列的建议,主要有两点:第一,为提高内部安全,欧盟需要建立一个欧洲情报中心,以收集和评估来自各成员国安全、司法和情报部门的信息;第二,为提高外部边界安全,欧盟必须使边界控制技术化、智能化,加强与邻国的合作,建立统一的边界警卫机构以推动改革和协调成员国的边界警务。[①]

欧盟的安全观是综合安全观,不仅要解决直接的安全问题,也要解决安全问题产生的根源,预防冲突,所以,欧盟采取的政策是综合的和多层面的。内部安全政策是在欧盟框架下建立第三根支柱"共同司法与内务合作",包括司法警务合作、共同的移民和庇护政策、共同的边界管理等;外部安全政策是建立欧盟的第二个支柱"共同的外交与安全政策",以及推行针对周边安全的多层次"邻居政策"等。

一 推动司法与警务合作

1997年,欧盟承诺要建立一个"自由、安全和公正"的空间,这就要求在欧盟内加强各成员国之间"司法与内务政策"的合作,主要内容包括:

---

① Adam Townsend, "Guarding Europe," New CER working paper, May 14, 2003, http://www.cer.org.uk/publications/archive/working-paper/2003/guarding-europe.

尽量使各国刑法趋同或接近；各国的警察和检举人有效合作；建立共同的边界防卫；形成共同的庇护和签证政策；使得欧盟法院更有效率；尊重个人权利等。然而实施起来非常困难，因为这些敏感领域的决策需要遵守各成员国一致通过原则。

为了解决这个问题，2001 年欧盟政府首脑会议决定成立"欧洲未来大会"，准备用统一的宪法草案来取代欧盟现有的条约"拼凑物"。2003 年 7 月，大会完成了宪法草案的起草，10 月的政府间会议通过了这一草案。草案把欧盟的各种政策法规和人权宪章归纳、统一为一部法规，要求欧盟在"司法与内务"立法时更多使用"有效多数表决"原则。但是由于：第一，警务、刑法、人权和司法体制都是敏感的内政问题，也是民族主义政治家不愿放弃的权力；第二，国家机构和游说集团强有力的反对；第三，成员国有不同的刑法和程序，法系不同，[①] 所以，欧盟在刑法和司法方面的合作还主要停留在政府间主义层面，没有进入超国家性质的第一个支柱领域。

但还是在一些具体的问题上取得了进步，对一些跨国界的犯罪提供了一个解决框架。这类犯罪包括：洗钱、恐怖主义、贩毒和贩卖武器、腐败和计算机犯罪。草案把有效多数表决机制延伸到刑法领域的一些决策中。但重要的领域还是要一致通过，比如，跨国犯罪的界定，建立欧洲公共监察人机构等。为了内部安全，欧盟在成员国之间的司法与警务合作、外部边界共同管理两个方面采取了许多重要措施，包括：成立欧洲警署（Europol），[②] 目的是通过交换和分析信息、情报加强警察和海关的合作，以及实施联合调查；成立欧洲法庭（Eurojust），目的是加强欧洲国家检举人之间的合作。对贩卖人口、贩毒、恐怖主义、网络犯罪、种族歧视和仇外排外等犯罪的定刑和最低量刑正在逐步实施共同的规则。[③] 欧盟鼓励欧洲警署和欧洲法院展开合作。为了促使各个相关部门的沟通合作，草案还建议在理事会内成立一个"内部安全委员会"，以"促进各成员国强力部门的行动合作"。为避免其成

---

① Adam Townsend, "Can the EU Achieve an Area of Freedom, Security and Justice?" http://www.cer.org.uk/publications/archive/briefing - note/2003/can - eu - achieve - area - freedom - security - and - justice, October 3, 2003.

② Nikolaos lavranos, "Europol and the Fight Against Terrorism," *European Foreign Affairs Review* 8, 2003, pp. 259 - 275.

③ Jürgen Storbeck, "The European Union and Enlargement: Challenge and Opportunity for Europol in the Fight Against International Crime," *European Foreign Affairs Review* 8, 2003, pp. 283 - 288.

为一个"无牙"的由低级官员组成的日常工作委员会,西方有学者建议,欧盟应成立一个"欧洲安全理事会"(ESC),其主要职责是:第一,利用军事、外交、警察以及情报部门的信息确定和分析威胁,向欧洲理事会报告并提出应对措施;第二,欧洲安全理事会推动改革,促进欧盟、成员国国防部、执法部门和安全机构的合作。但这是学界观点,还没有被欧盟采纳。

2005年,欧洲警署就协调侦破了一个在欧洲的人口走私组织,并逮捕了52名罪犯,在13个国家侦破了一个跨国的幼儿卖淫组织,以及多个跨国造假组织。欧盟达成的"欧洲逮捕令"协定简化了欧盟内部成员国之间引渡罪犯的程序。比如,1995年在巴黎实施爆炸袭击的一名阿尔及利亚嫌疑犯(Rachid Ramda),在英国监护10年之后,于2005年12月才从英国引渡到法国。而有了"欧洲逮捕令"之后,引渡嫌犯的时间最多不过两个月。2005年7月21日,一个名叫"Isaac Hamdi"的伦敦爆炸袭击的疑犯,从意大利引渡到英国只花了42天。① 一句话,"欧盟不再是犯罪活动的'安全的天堂'"。②

当前,欧盟的司法与警务合作主要还是政府间性质,但也在逐渐向第一个支柱的超国家性质转移,一体化水平不断提高。

二 实施共同的移民政策

移民政策(包括庇护政策)是内部安全的一项重要内容,也是"司法与内务"合作的组成部分,由于比较重要,所以单列出来。1997年欧盟《阿姆斯特丹条约》首次提出移民政策合作的构想,1999年欧盟坦佩雷峰会决定把避难政策与移民政策纳入欧盟"共同司法与安全空间"。5年来,欧盟移民政策一体化进展缓慢。但面对东欧移民大潮,欧盟追求移民政策一体化的脚步明显加快。新移民政策调整的共同点就是,要求未来新成员国公民必须先提出十个月以上的工作证明或足够支付两年生活的存款证明,才可以

---

① Yves Moiny, "Protection of Personal Data and Citizens' Rights of Privacy in the Fight against the Financing of Terrorism," http://www.ceps.be/book/protection-personal-data-and-citizens-rights-privacy-fight-against-financing-terrorism.

② Wim Kok, "Enlarging the European Union—Achievements and Challenges," http://www.europa-kommissionen.dk/upload/application/03ccc8b7/report_kok_en.pdf, Mar. 2003, p.52.

拿到目标国的工作证和社会福利卡,有的还须得到工作许可。例如,波兰人可以在老成员国的 15 国中的任意一国居留寻找工作,但条件是获得工作许可。这项条款有效期是 5 年,如有情况证明当地就业受到严重干扰,还可以再延长 2 年,直到 2011 年。德国、比利时、芬兰和奥地利已通知欧盟委员会,他们打算冻结外来移民自由进入其劳工市场的可能。瑞典首相佩尔森宣称:"如果我们看不到成为接纳东欧人的唯一国家之风险,那我们就未免太天真了。这些东欧人将干些报酬很低的零工,可同时却享受我们的社会福利。"因此,尽管遭到新成员国的强烈反对,老成员国还是纷出狠招限制新成员国在 7 年过渡期中的移民数量。① 但事实证明,老成员国对新成员国的移民潮担忧过度了,据统计,从新成员国流向老成员国的经济移民甚至只接近宗主国劳动人口的 1%,影响甚微。②

因为来自新成员国的移民问题前面已经讨论过,在此主要探讨欧盟针对外部第三国移民的政策。涉及欧盟共同移民问题的政策主要有《欧共体条约》第 6 章的相关规定和《申根协定》。

首先是《欧共体条约》第 6 章。根据《欧共体条约》第 6 章第 61 款规定,签证、庇护、移民,以及其他与人员自由流动相关的政策都要为建设一个自由、安全和公正的空间而努力。第 62 款提到外部边界管理的问题,提出应用控制程序,以及对在欧盟内滞留少于 3 个月的流动人员实施统一签证的规则。第 63 款提出了一系列的要求,包括对难民、庇护、遣送采取措施,包括入境、滞留、长期签证、定居、非法移民等问题,把内部安全与外部安全联系起来。"从这个意义上讲,欧盟急需实施共同的签证政策和共同的移民政策。"关于决策程序,第 67 款规定,虽然第六章在欧盟的第一根支柱内,但在阿姆斯特丹条约实施的前 5 年,大约持续到 2004 年 5 月 1 日,仍然主要采取政府间主义的方法。从这个意义上讲,欧盟没有倡议的独占权,理事会还是采取一致通过的原则,还要向欧洲议会咨询。但《欧共体条约》还是提供了一个机会,那就是 2004 年 5 月 1 日后,理事会可以调整决策规则,应用有效多数表决和欧盟委员会协商的基础上的倡议权。不过还是规

---

① 张锐:《欧盟向移民大潮说"不"》,《当代世界》2004 年第 5 期,第 23~24 页。
② "Myths and Facts about Enlargement," http://ec.europa.eu/enlargement/questions_and_answers/myths_en.htm, 2007.

定,对大多数有争议的移民政策,比如,入境、定居、长期签证等,不在5年的过渡期范围内,对采取共同体方法没有强制的时间限制。即使这样,相对于第三根支柱,欧盟的移民政策还是进步了许多,加强了管理。①

其次是申根共同成果(Schengen acquis)。1985年的《申根协定》与1990年的《申根实施协议》是两个基础性的文件,加入协议以及执行委员会采纳的决议和声明等,构成申根共同法。其实质是成员国内部边界控制的取消是以外部边界控制的加强为补充的。实际上,随着《申根协定》纳入欧盟,欧盟的制度框架得到极大丰富。尽管欧盟老成员国英国和爱尔兰还不是申根成员,但《申根协定》的第8条则明确规定,"申根共同成果作为欧盟共同成果的一部分,所有候选国入盟都必须不折不扣地接受"。② 新成员国要达到欧盟《申根协定》的要求,短期内是有困难的。所以,欧盟采取了两步走的办法。第一阶段,对"司法与内务"(JHA)共同成果立法,并提高边界控制水平;第二阶段,新老成员国之间的边界控制实质性取消。换句话说,新成员国入盟后,新老成员国之间的边界控制不会立即取消,而要等到新成员国达标后,且经欧盟一个专门委员会的全体一致通过,新成员国才能真正加入申根区。新成员国由此获得了一个逐渐落实申根要求的过渡期。这对新老成员国都有好处。为了促使新成员国达到申根协议的要求,欧盟实施了"申根行动计划",帮助新成员国和候选国培训边境管理人员,建立和实施"新的边界安全法令"。为了应对过渡期的"灰色地带",2002年6月21日,塞维利亚欧洲理事会再次重申了1994年的"再签证制度"在打击非法移民方面的重要性。为此,新成员国需要与老成员国签订"再签证协定"。这样,核心欧洲就在周围的外部边界构建了一个移民缓冲地带。

欧盟是在1992年《马斯特里赫特条约》(简称《马约》)和1997年的《阿姆斯特丹条约》(简称《阿约》)签订之后才把庇护和移民政策纳入欧盟框架范围内的。在这之前,处理庇护和边界问题主要还是由国家自己决策和政府间合作。《马约》和《阿约》使得欧盟有一种可能,至少部分地建立超国家议程以影响成员国的立法和国内政策。欧盟移民政策的主要发

---

① Lora Borissova, "The Adoption of the Schengen and the Justice and Home Affairs Acquis: The Case of Bulgaria and Romania," *European Foreign Affairs Review* 8, 2003, pp. 108 – 109.

② Lora Borissova, "The Adoption of the Schengen and the Justice and Home Affairs Acquis: The Case of Bulgaria and Romania," *European Foreign Affairs Review* 8, 2003, pp. 110 – 113.

展和进步，体现在两个方面。一个是上面提到的《申根协定》于 1995 年纳入欧盟框架，内部边界控制取消的同时加强外部边界控制，涉及严格的入境限制和签证制度等。另一个是《都柏林协定》，于 1990 年提出，1997 年实施，申根成员国都要采纳。《都柏林协定》主要是界定成员国在"检验庇护申请和落实'第一东道国'原则的责任"。加强欧盟成员国之间的合作与沟通，有助于避免寻求庇护的人向多个国家申请庇护。《阿约》的贡献在于把《申根协定》及其实施法规纳入欧盟框架，命名为"申根共同法"。换句话说，庇护和移民问题从欧盟的第三根支柱转移到了第一根支柱，即从决策的一致通过和政府间主义过渡到超国家的欧盟组织发挥主导作用。不过，如上所说，有一个 5 年的过渡期。1999 年的坦佩雷欧洲理事会的主要任务是最终导向共同的庇护政策和为在欧盟的难民提供一致的地位。最新近的进步是扩大后逐步实现对第三国公民的共同签证制度，以及加强外部边界的管理。①

2003 年 6 月 20~21 日希腊萨洛尼卡欧盟峰会。针对第三世界国家的非法移民和所谓的政治避难浪潮，甚至一些恐怖分子也借机通过各种手段秘密潜入欧盟有关成员国作案，峰会把移民和避难问题提到重要议事日程，并一致通过了一系列关于"移民和避难问题"的决议。轮值主席国希腊总理在大会上指出："我们有足够的经费，确保与第三世界国家密切合作，使他们严格遵循双方已达成的有关移民和避难的协定。"经过激烈的讨论，与会者就签证、外部边境管理、非法移民遣返、与第三世界国家合作、财政来源及分摊机制以及避难等一系列政策达成一致意见。值得一提的是，大会对进一步加强与第三世界国家在该领域的合作做出了一系列具体的原则规定：一是严格执行诸如《国际人权条约》《日内瓦避难者法规》等国际移民避难法规；二是加强与第三世界国家在有关侨民入境和遣返领域的合作；三是加强边境控制力度，阻止非法移民入境；四是采取法律措施，与贩卖人口的行为做坚决斗争；五是加强与第三世界国家在签证政策领域的合作，协助它们建立签证体制；六是创建避难体制，特别是确保避难人员入境安全，并同时向第三世界国家在境侨民散发有关护照签发的新规定文件。大会还要求欧盟委员会每年向其汇

---

① Peter Vermeersch, "EU enlargement and immigration policy in Poland and Slovakia," *Communist and Post-Communist Studies* 38, 2005, pp. 71–88, http://www.elsevier.com/locate/postcom.

报一次上述政策执行情况，并视情况提出新的政策与建议。①

通过移民政策的合作，欧盟取得了一些积极成果。第一，减少和控制外来移民，加强欧盟地区内部人员的自由流动，建造"城堡欧洲（Fortress Europe）"。有严控的"门户"、严密的边界"护墙"和充分自由的"内部通行"，所有欧盟成员国对来自共同体之外的移民都加强了限制，并健全了难民申请程序。第二，政策具有开放性，在欧盟成员国之间相互协调的基础上向前发展，强调政策协调的重要性。在最初阶段，移民政策的制定工作包括两个基本内容：一是确立共同的政策基本框架，这一框架包括为一些政策领域确立最低标准，制定一些共同的程序；二是建立一个开放性的协作机制，促进对移民问题的讨论，以达到在一定时期内实现各国政策及实施的趋同性，最终确立共同的目标和标准。第三，加强与移民输出国的协调与合作，试图从"推"的因素入手解决移民的根源性问题。

欧盟国家已经认识到所采取的移民控制、难民程序和整合政策本身都不能减少外来移民，任何一种成功的措施将是把更严格的入境控制与双边、多边政策的协调结合起来，通过援助或贸易项目帮助移民国家找到人员外流的替代选择。这就是欧盟的新邻居政策所要解决的问题：通过经济援助，促进民主改革，加强边界管理和安全合作。而对于外部边界的共同管理，欧盟宪法草案只是提到"逐渐地建立起统一的外部边界控制和管理"。欧盟对于这个问题是矛盾的。一方面，根据《申根协定》，内部边界控制的取消是以外部边界的加强为条件的，即外部边界控制保障申根区的整体安全；另一方面，又担心加强扩大后的新边界管理会导致新的分裂，即"新铁幕的降临"。② 所以，欧盟对形成共同的外部边界管理一直迟疑不决。欧盟现有的办法，一是加大对新成员国边界管理的支持，但主要费用还是由新成员国自己支付；二是加强与新邻居的边界管理方面的合作。这样做，是既想维护自己的安全，又不想造成新分裂。但这取决于新邻居与新成员国在边界管理上的合作意愿和程度。欧盟的支持力度和监督程度也是一个重要的因素。新边界会变成"新铁幕"还是"新桥梁"，只有时间才能给出最后的答案。

---

① 龚子方、刘文秀：《欧盟东扩对共同外交与安全政策的负面影响》，《领导科学》2005年第14期，第54~55页。
② 〔英〕朱迪·登普西（Judy Dempsey）：《铁幕会重降吗？》，微翁译，《国外社会科学文摘》2001年第11期，原载英国《金融时报》2001年8月2日，第22~23页。

三 实施共同的外交与安全政策

欧盟的共同外交与安全政策（CFSP）是1993年作为欧盟的第二根支柱建立起来的。它的目标是：捍卫共同的价值、根本利益、欧盟的独立与完整。涉及的主要内容有：加强欧盟的安全；保卫和平与加强国际安全；促进国际合作；发展和巩固民主与法制；尊重人权与基本自由。[①] 但是，外交和安全都是国家主权的核心内容，成员国还没有把它们转移到欧盟超国家层面。尤其是新成员国，在苏联的统治下生活了几十年，对新获得的主权独立尤为珍视，对让渡主权更是谨慎。所以，CFSP还是政府间合作的问题，主要的手段是：加强政策协调，制定"共同战略"，达成"共同立场"，最后采取"共同行动"。[②]

但是波黑战争和科索沃冲突暴露了欧盟CFSP的弱点：它没有预防冲突的能力，也没有危机管理的手段。没有军事实力作后盾，经济语言不管用。最后，还是由美国出面解决自己家门口的事。对欧盟，尤其是对欧盟的大国来说，教训深刻。欧洲安全与防务政策过去的各个改革阶段都遵循反应型和分散式的发展模式，在内外推动力的共同作用下，欧洲外交、安全和防务政策得以不断调整，[③] 从而催生了欧盟"共同外交与安全政策"支柱的建立。

1998年，英法圣马诺宣言是英国对欧盟安全与防务建设态度的转折点，为西欧联盟纳入欧盟开了绿灯。1999年6月，欧盟科隆首脑会议做出历史性决定，将西欧联盟并入欧盟，使它真正成为欧盟的"军事臂膀"。1999年11月20日，欧盟布鲁塞尔国防部部长和外长联席会议又决定组建一支独立的欧洲快速反应部队，在3年内将使这支部队达到10万兵员、战机400架、军舰100艘的规模。这样就在CFSP的框架内又建立了欧盟安全与防务政策

[①] Wim kok, "Enlarging the European Union—Achievements and Challenges," http：//www.europa-kommissionen.dk/upload/application/03ccc8b7/report_kok_en.pdf.

[②] "Common Actions and Positions Adopted during 2003 by the Council of the European Union in the Framework of the Common Foreign and Security Policy," *European Foreign Affairs Review* 9, 2004, pp. 141-148；陈志敏、古斯塔夫·盖拉茨：《欧洲联盟对外政策一体化——不可能的使命?》，时事出版社，2003，第210~219页。

[③] 〔德〕弗兰科·阿尔吉利：《对欧盟共同外交与安全政策的要求》，《世界政治与经济》2004年第8期，第62页。

(ESDP),并于2001年具备了危机预防和管理的能力。1999年12月10日在赫尔辛基召开的欧盟首脑会议通过了"欧盟作战行动的军事机制计划及运作"的决议,正式决定在2003年以前组建"欧洲快速反应部队"。这标志着欧盟防务与军事一体化正式进入具体的实施阶段。[①] 2000年3月初,欧盟政治与安全委员会和临时军事委员会先后在布鲁塞尔举行首次会议,这表明欧洲独立防务计划正式启动,欧盟的共同外交与安全政策进入了一个新阶段。2000年12月召开的欧盟尼斯首脑会议审议通过了欧盟实施共同安全与防务的计划,这一防务计划由欧盟轮值主席国法国以《欧洲安全与防务政策》报告的形式提交。报告主要包括以下内容。一是创建欧盟快速反应部队。欧盟成员国必须在2003年具有可以在60天内部署一支由6万人组成的快速反应部队的能力,这支部队的军事行动至少应能维持一年。二是批准建立3个欧盟常设性政治与安全机构,即把建立于1999年的欧盟政治与安全委员会、军事委员会和军事参谋部这3个临时机构转为常设机构,它们分别负责欧盟的防务政策,起草军事文件和战略规划。三是明确了欧盟防务与北约之间的关系问题。报告肯定了"柏林及其附加协议",表示欧盟将继续致力于"建立这两个组织之间持久和有效的关系",在北约不参与行动的情况下,欧盟将指挥快速反应部队参与应付欧洲危机的军事行动,但北约仍然是欧盟成员国集体防务的基础。[②]

2004年是关键的一年,欧盟着手打造四支部队。2004年5月17日,欧盟扩大后的首次国防部部长会议通过了"欧盟2010年军事能力建设的总目标"和"2004年军事能力建设纲要",决定逐渐建立和完备欧盟独立的军事力量,提高欧盟联合作战、快速部署、后勤保障、战略运输与通讯兼容能力。①组建快速反应战斗分队。从2005年至2007年分阶段组建13支跨军种快速反应战斗小分队,每个分队由1500人组成,可在15天内完成部署,并开赴欧洲6000公里以外任何地方执行作战任务。②筹备欧洲统一情报网

[①] Jocelyn Mawdsley and Gerrard Quille, *The EU Security Strategy: A New Framework for ESDP and Equipping the EU Rapid Reaction Force*, http://isis-europe.eu/sites/default/files/publications-downloads/reports_ 4. pdf; Antonio Missiroli, "Ploughshares into Swords? Euros for European Defence," *European Foreign Affairs Review* 8, 2003, pp. 5 – 33.

[②] Adrian Hyde-Price, "European Security, Strategic Culture, and the Use of Force," *European Security*, Winter 2004, Vol. 13, Iss. 4, pp. 323.

络。实施全欧洲范围侦察措施、设立反恐总协调官,在布鲁塞尔建立一个中央情报指挥部和间谍卫星系统。③为应对挑战,打造欧洲统一特种精锐部队。④组建欧盟宪兵部队。2004年9月,法、意、西、葡、荷五国国防部部长在欧盟国防部部长非正式会议上签署意向声明,决定组建一支3000人的宪兵部队,2005年投入行动,负责维护地区治安以及预防和处理地区危机。①

显然,欧盟安全与防御政策只是一个地区性的维和行为者。1999年欧盟科隆首脑会议界定欧盟领导的军事行动的空间是,从布鲁塞尔出发的4000公里范围以内,后来范围延长到10000公里,但也只是为纯粹的维和行动。所以,欧盟的安全与防御政策主要是针对欧盟周边,特别是巴尔干地区。超出这个范围,比如,东帝汶维和,就必须在联合国的旗帜下行动。②从理论上讲,欧盟共同外交与安全政策(CFSP)和欧盟安全与防御政策(ESDP)存在某种形式的分工,前者主要是长期的预防,后者是预防失败后的干预。我们可以从发展的角度看冲突:第一,冲突预防,这是一个长期的工程,避免暴力冲突的爆发;第二,冲突或危机管理,军事介入以避免冲突升级;第三,冲突解决,重建和平,这是一个中期目标。欧盟在原南斯拉夫危机中的表现表明,欧盟的军事干预能力有限,欧盟的长处在于中长期的"冲突预防"和"冲突解决",而不在"危机管理"。③ 因为欧盟可以通过发挥其"软权力"的优势,用经济手段,比如,开放市场、增加援助,甚至入盟等,影响其他行为者的预期和行为。针对欧盟决策体制的问题,特别是伊拉克战争暴露的问题,为了迎接欧盟东扩挑战,2000年12月欧盟尼斯首脑会议通过了《尼斯条约》,提出了"强化合作"机制,规定少数国家(8个以上)可以在不违背欧盟整体利益的前提下采取先走一步的行动。这样就可以摆脱欧盟在安全问题上坚持"一致通过"原则而导致的议而不决的

---

① 孙晓青、江穗春:《2004年的欧盟形势》,《国际资料信息》2005年第1期,第30页。
② Antonio Missiroli, "The European Union: Just a Regional Peacekeeper?" *European Foreign Affairs Review* 8, 2003, pp. 494–503; Bruce George MP and John Borawski, "The once Nacho, and European Security in the Twenty-First Century," ISIS Briefing Paper No. 17, January 1998, http://www.isis-europe.org; Reinhardt Rummel, "From Weakness to Power with the ESDP?" *European Foreign Affairs Review* 7, 2002, pp. 453–471.
③ Christopher Hill, "The EU's Capacity for Conflict Prevention," *European Foreign Affairs Review* 6, 2001, p. 322; Sven Biscop, "In Search of a Strategic Concept for the ESDP," *European Foreign Affairs Review* 7, 2002, pp. 473–490.

困境，志愿者可以结合起来先行采取行动，以维护欧盟的声誉和利益。尽管建立强有力的共同外交与安全政策还有很长的一段路要走，但尼斯会议还是为欧盟共同外交和安全政策的发展提供了新的动力。[1]

关于欧盟"用一个声音说话"的共同外交政策问题，主要涉及成员国的外交立场协调，欧盟试图通过设立外交与安全政策高级代表一职（后来演变成欧盟外交部长）来统一各成员国的立场与行动，发表共同声明。但从伊拉克战争暴露出的新欧洲与旧欧洲的严重分歧来看，欧盟的立场与各成员国的立场存在较大差异。欧盟要真正实现共同的外交政策还有很长的路要走。

四　实施不同的邻居政策

随着 2004 年欧盟的扩大，欧盟的外部边疆向东移动了 500 公里。欧盟拥有了一大批新的邻居，与俄罗斯、白俄罗斯、乌克兰、克罗地亚、罗马尼亚接壤，加里宁格勒成为一块飞地。由于塞浦路斯和马耳他的入盟，南地中海和东地中海都成了欧盟的新邻居。巴尔干和东欧国家的经济发展比新成员国还要落后，它们大部分还没有建立稳定的民主政治和市场经济。而新成员国要加入欧盟的商品和人员的自由流动区，就必须加强边界的有效控制。这就有可能存在一种新的危险，即欧洲的东部和南部，在富裕国家与穷国之间竖起新的"铁幕"。

因此，随着欧盟的扩大，与新邻居的关系成为一个重要的挑战。它需要欧盟制定、形成一种邻居政策，把繁荣和好的政府治理推广到周边国家，以创立一个稳定与安全的"包围圈"。所以，欧盟的对外关系与邻居政策的专员费雷罗 - 瓦尔德纳（Ferrero-Waldner）说，"邻居政策，实质上是一种安全政策"。[2]

---

[1] Thomas Jaeger, "Enhanced Cooperation in the Treaty of Nice and Flexibility in the Common Foreign and Security Policy," *European Foreign Affairs Review* 7, 2002, pp. 297 – 316; Simon Duke, "CESDP: Nice's Overtrumped Success?" *European Foreign Affairs Review* 6, 2001, pp. 155 – 175; Gisela Müller, "The New CFSP and ESDP Decision-Making System of the European Union," *European Foreign Affairs Review* 7, 2002, pp. 257 – 282.

[2] 参见 2006 年 5 月 30 日，欧盟对外关系与欧洲邻居政策委员费雷罗 - 瓦尔德纳（Ferrero-Waldner）在布鲁塞尔"Protecting Europe: Policies for Enhancing Security in the European Union"论坛上的讲话《欧盟在保护欧洲安全方面的作用》，http: //www.forum - europe.com/publication/SDA_ Protecting_ Europe_ 2006. pdf。

欧盟已经形成了一系列的层次不同的邻居政策，比如，欧洲经济区、稳定与联系协定、伙伴与合作协定，加强了与邻居在打击犯罪，冲突预防、运输、能源与通信网络，跨边界控制等方面的合作。欧盟对周边国家的目标大致可归纳为"三化"，即"民主化""市场化"，最终实现"欧洲化"（主要是欧盟化）。

（一）欧洲协定或联系国协定

"欧洲协定"的主要对象是中东欧候选国和潜在的候选国，如波兰、匈牙利、捷克、斯洛伐克、罗马尼亚、保加利亚、斯洛文尼亚等。加入欧盟的前景，通过入盟标准的限制，可以有效调节和控制候选国的政治经济改革，维护社会的稳定和保护少数民族权益。对这些国家的援助是通过"欧洲协定"与"法尔计划"实施的，主要用于基础设施建设、政府能力建设，以及边界管理等方面。从协定签订到候选国正式入盟，欧盟对这些国家开放市场，而且进行长期的大量的经济援助与投资，帮助这些国家实现政治经济的成功转型。

"联系国协定"，用专业的术语讲，就是所谓的"欧洲化"。"欧洲化"，不同的学者赋予其不同的含义。有学者把"欧洲化"定义为"由各种欧洲机构（主要是欧盟）通过将冲突的最终结果同冲突各方融入各种欧洲组织的程度联系起来加以启动并鼓励的一种进程"。[①]"欧洲化"是通过条件性机制和社会化机制两个工具对周边安全发挥作用的。从安全角度讲，这种与周边国家的分离主义冲突的解决相联系起来的"欧洲化"是狭义的"欧洲化"。它只是着眼于欧盟周边当前存在的冲突问题，利用"欧盟成员国身份"推动分离主义冲突的和平解决。而从广义上讲，欧盟东扩就是"欧洲化"的过程，即新成员国和候选国移植和实施欧盟"共同成果"和欧盟扩张自身制度机制的双向过程。不仅要解决候选国现有的分裂主义冲突，也要解决其他的安全问题，包括政治、经济、环境、社会等在内的综合安全。运用欧盟的安全机制或模式一劳永逸地解决候选国的所有安全威胁，实现欧洲整个大陆的"和平、稳定与繁荣"。实际上，欧盟成员国身份才是稳定欧盟周边环境最有力的安全工具。

---

① 〔比〕布鲁诺·考彼尔特斯、宋新宁：《欧洲化与冲突解决》，法律出版社，2006，第15页。

独联体国家,诸如摩尔多瓦、乌克兰、格鲁吉亚、亚美尼亚等国,虽然有强烈的愿望要求加入欧盟,但欧盟在近期内没有接纳它们的意愿。一则碍于俄罗斯的反对,二则欧盟刚接纳了中东欧10国,还有东南欧国家在门外排队。欧盟的"吸纳能力"在2006年3月奥地利的萨尔茨堡峰会上再次成为了热门话题。法、德等大国的政治家甚至提出,给予巴尔干国家和土耳其"享有特权的伙伴"而不是"成员国身份"。对于独联体国家,欧盟则是采取"伙伴与合作"关系机制来安抚它们的。

(二) 稳定与联系协议

"稳定与联系协议"(Stabilisation and Association Process,简称 SAP)的主要对象是西巴尔干国家,阿尔巴尼亚、波黑、塞尔维亚、克罗地亚、黑山、马其顿等。1999年6月10日欧盟推出《东南欧稳定公约》,通过自由贸易、劳动力流动、增加援助、强化与这些国家的政治对话和区域合作关系。这个药方实际上就是试图以内部改革和外部干预双管齐下的办法来解决东南欧巴尔干地区的稳定和发展问题。一位西方人士说,巴尔干地区不能仅仅在民族国家的基础上重建,实现民族同一性的企图可能会导致不可容忍的暴行;走向和平与繁荣的唯一道路就是缔造一个开放的社会。今天,经常分裂的巴尔干国家第一次有了一个中心——欧盟。[1]

强调"稳定",并把"稳定"与"联系国协定"联系起来,即把经济援助、开放市场等与政治稳定联系起来,通过经济手段实现稳定的目的。这是东南欧"稳定与联系协定"与中东欧的"联系协定"的根本区别。[2] 这主要由巴尔干地区的特殊性决定的。这些国家大多是南斯拉夫解体后新独立的国家,彼此之间存在领土边界纠纷和宗教民族矛盾,对波黑战争和科索沃战争又多有介入。所以,维持稳定,以和平方式解决冲突,是欧盟与这些国家签订"联系国协定"的政治与安全目的。欧盟的经济援助和潜在的欧盟成员国身份是这个地区最大的安全稳定器。

2001年4月9日,马其顿与欧盟签订"稳定与联系协定";2006年6月

---

[1] 李丹琳:《东南欧稳定公约》,《东欧中亚研究》2002年第2期,第84页。
[2] David Phinnemore, "Stabilization and Association Agreements: Europe Agreements for the Western Balkans?" *European Foreign Affairs Review* 8, 2003, pp. 77–103.

12日,阿尔巴尼亚与欧盟签订"稳定与联系协议";2007年3月16日,独立才半年多的黑山也与欧盟签订了类似的协定。① 塞尔维亚由于没有与海牙法庭合作,波黑因为没有履行改革要求,还没有签订"稳定与联系协定",其他国家都已经签了。对这些国家的援助,欧盟是通过 INTERREG 计划落实的。据估计,欧盟 2002~2006 年将拨款 46.5 亿欧元,分别以无偿贷款、复兴、难民回流和安置、援助、民主和发展建设支持、发展市场经济、反对贫困、培训以及区域合作等名义对西巴尔干国家的改革进行资助。2007年1月1日起,欧盟重新启动一项新的经济支持政策以代替以前的各项援助计划,未来7年,土耳其和西巴尔干国家可以从中获得 115 亿欧元。② 这些政策措施有利于这些国家朝着欧盟指引的道路前进,实现稳定与发展,并趋向"哥本哈根入盟标准"。可以说,如果没有欧盟成员国身份的期望,其他一切政策的效果都不会明显。

(三)"伙伴与合作协定"

"伙伴与合作协定"涉及的对象主要是对欧盟有特殊战略意义的独联体国家,比如俄罗斯、乌克兰和格鲁吉亚等。由于俄罗斯是欧洲地缘政治意义上的大国,是欧洲安全与稳定的重要因子,而且俄欧有很多共同的战略利益需要双方进行政治对话与合作,所以欧盟出台了专门的共同战略文件发展俄欧双边关系。由于其面积、人口和经济分量及战略地位的重要性,1998年欧盟与乌克兰签订了《伙伴关系与双边合作协议》。1999年6月欧盟首脑会议最后文件提出了对乌克兰的共同战略:主张不断加强"欧盟与乌克兰的合作,使双方的关系达到新的水平",声明"要充分利用与乌克兰签订的协议,使乌克兰进一步向欧盟靠拢",承认"欧盟的共同战略对扩大欧盟与乌克兰之间业已存在的密切关系具有中心意义",并"鼓励乌克兰坚定地推进改革",表示"欧盟愿意给予持久的支持"。乌克兰对于俄罗斯和欧盟之间的竞争与较量具有极为重要的战略价值,是它们争取或争夺的对象。③ 而格

---

① "European Partnership with Montenegro," http://ec.europa.eu/enlargement/pdf/key_documents/2006/nov/partnership_5047_7_montenegro_en.pdf.
② "Enlargement Strategy and Main Challenges 2006 – 2007," http://ec.europa.eu/enlargement/pdf/key_documents/2006/nov/fyrom_sec_649_en.pdf, p. 7.
③ Jennifer D P Moroney, "Ukraine and European Security," *Europe-Asia Studies*, Jan. 2000, Vol. 52, Iss. 1, pp. 168 – 171.

鲁吉亚地处南高加索，不仅是欧盟的后院，而且是欧盟未来能源安全保障的一个要塞，对欧盟有重要的战略价值。欧盟于 1996 年与格鲁吉亚签订了"伙伴与合作协定"，1999 年开始实施。①

"伙伴与合作协定"的主要内容是：通过"部长级合作理事会""议会合作委员会""专门委员会"等组织保证，加强多个领域的合作对话，增加经济援助，给予贸易特惠和降低贸易配额等优惠待遇，以实现邻居的民主、法制、人权和良政，减少贫困和提高稳定与安全系数。"伙伴与合作协定"的对象，至少近期内没有加入欧盟的可能性，没有欧盟成员国身份的预期和入盟标准的硬约束，就没有动力和压力，其政策实施效果也就远不尽如人意。

（四）实施"新邻居政策"

鉴于东扩后欧盟面临更广大的新邻居，为了处理好大欧盟的周边关系，欧盟于 2004 年 5 月推出"新邻居政策"，对象包括南地中海国家、东地中海国家、部分独联体国家和地中海北非国家（白俄罗斯和利比亚由于政治原因没有加入）等的 17 个国家。其主要目的是通过欧盟的援助、开放市场，以及推动邻国政治经济改革，在欧盟周围构建一个"朋友圈"。"新邻居政策"，除了不能加入欧盟外，其他的政策都与"稳定与联系协定"相近。用欧盟主席普罗迪的话说，"除了不能加入欧盟组织外，什么都行"（everything but institutions）。新邻居政策只是一般的原则。欧盟对新邻居的政策是双边的，欧盟在其后的新邻居政策"行动计划"中详细地提出了针对各个国家的援助计划。该计划于 2005 年 2 月开始实施，首选对象是摩尔多瓦和乌克兰这两个独联体国家。② 2005 年 10 月，欧盟又启动了"行动计划"中的"边界援助团"动议，派 50 个欧盟的海关和边防官员，为期 2 年，花费 700 万欧元，去帮助摩尔多瓦和乌克兰提高边界合作和控制水平。欧盟邻居政策专员费雷罗－瓦尔德纳在启动"边界援助团"行动时说："边

---

① Mark Leonard and Charles Grant, "Georgia and the EU: Can Europe's Neighbourhood Policies Deliver?", http://www.cer.org.uk/, September 2005.
② Heather Grabbe, "How the EU Should Help Its Neighbours," info @ cer.org.uk, http://www.cer.org.uk/sites/default/files/publications/attachments/pdf/2012/policybrief_ eu_ neighbours-5399.pdf, June 2004.

界援助使团动议表明，新邻居政策不仅有助于传播民主、法制和人权，而且有助于提高邻居的稳定与安全。通过预防和打击贩卖人口、走私商品和武器扩散，把真正的益处带给欧盟。"①

对俄欧之间的"新中间地带"国家，欧美联手继续进行"和平演变"。2005年起先后有格鲁吉亚的"玫瑰革命"、乌克兰的"橙色革命"和吉尔吉斯斯坦的"郁金香革命"等"颜色革命"，涉及白俄罗斯、摩尔多瓦等国，波及其他中亚国家，也影响了东欧、东南欧以及亚洲其他地区的稳定。如果说中欧、东欧10国入盟，是对后苏联空间的第一次改造，"颜色革命"实质上是西方国家对后苏联空间的第二轮"民主改造"，旨在在东欧和亚洲之间建立更广大的战略空间，实现欧盟周边的稳定与安全。

总之，东扩后欧盟面临新的边界，欧盟展开了针对包括巴尔干和中东欧国家的东部"小周边"近邻外交和在大欧洲概念下针对地中海和中东地区的南部"大周边"远邻外交。②欧盟出于对冷战后地缘政治的新变化和欧盟/欧洲安全认知框架的修正，对"小周边"的外交，主要是推动"东扩"与"颜色革命"；对"大周边"的外交则以合作、发展促进稳定与安全。实际上欧盟这样大手笔的对外政策框架设计，其战略意图非常明显，既可以实现欧盟周边稳定与安全，又可以传播西方制度文化与扩张欧盟一体化机制辐射空间，获得多重利益。

当然，从以上的分析还可以看出，各项政策的对象是相对的，存在交叉，比如，乌克兰既是"伙伴与合作"协议的对象，又是新邻居政策的对象，而且也是欧盟特别重视而出台了专门的战略文件的少数国家之一。但这并没有否定欧盟周边政策的差异性和相对独立性。

五　推动次区域合作

还有一个常被忽视的重要方面，那就是欧盟积极参与或鼓励次区域合作

---

① Commissioner Ferrero-Waldner to Launch Border Assistance Mission in Moldova 6 - 7 October Reference, Brussels, October 4, 2005, http：//europa.eu.int/comm/external _ relations/moldova/intro/index. htm.
② 戴启秀：《欧盟东扩后的新边界及其新周边外交走向》，《世界经济与政治论坛》2006年第3期，第92~96页。

以实现安全与稳定。欧洲学者对此研究的也不多，可供参考的文献也很少。欧盟周边的次区域合作组织主要有：巴伦支海的欧洲—北极理事会（简称 BEAC，1997 年 6 个国家加上欧洲委员会），波罗的海国家理事会（简称 CBSS，11 个成员国加上欧共体），维谢格莱德集团（四国），中欧自由贸易协定（简称 CEFTA，6 个国家），中欧倡议（简称 CEI，16 个国家），还有黑海经济合作区（简称 BSEC，11 个国家）。① 2006 年 5 月 15 日的欧盟理事会对西巴尔干的决议也提到了"东南欧合作进程"，并强调"区域合作是稳定与联系进程的一块基石"。

其中值得一提的是，欧盟在南北两个方向积极推动次区域合作框架。在南部，欧盟为了平衡"东扩"，实施了"南扩"计划，推动欧盟—地中海合作，这就是有名的"巴塞罗那进程"，稳定欧盟的南疆。② 冷战结束后，南翼的稳定和移民问题成为欧盟关注的重点。一方面，海湾战争爆发和阿尔及利亚伊斯兰教党派在政坛的迅速崛起，使欧洲国家担心该地区出现带有反西方色彩的宗教激进主义政权，从而威胁欧洲的石油、天然气供应，甚至导致难民流向欧洲。而该地区国家普遍存在的经济转轨困难、贫富悬殊、人口猛增、水源危机等一系列经济发展问题很容易引发社会动荡。另一方面，西欧地区是南地中海国家传统的侨工劳务市场，但国内要求限制外来移民劳动力的呼声高涨。因此，冷战后欧洲国家更加重视通过援助手段解决南地中海国家面临的经济问题，以便维护欧洲南翼的安全和减少移民的流入。正如一位欧洲学者指出的，"把法郎投放在马格里布和地中海地区是为了创造欧洲的安全"。③ "巴塞罗那进程"就是应对这种新形势的地区倡议，"安全上，通过地区合作保证欧盟整体及其南侧的安全"。④

1995 年 10 月，12 个北非和中东国家与欧盟 15 个老成员国聚集巴塞罗那，签署了著名的"欧盟—地中海伙伴宣言"。巴塞罗那宣言的目标是：到 2010 年建立一个地中海自由贸易区，并要求对政治、社会和经济事务等广

---

① John Lowenhardt, "Subregional Cooperation in the New Europe: Building Security, Prosperity and Solidarity from the Barents to the Black Sea," *Europe-Asia Studies*, Jul. 1999, Vol. 51, Iss. 5, pp. 907 – 908.
② 董人雷：《"欧盟—地中海伙伴关系"研究》，外交学院硕士论文，2006。
③ 杨光：《欧盟的南地中海战略及其对南地中海国家的影响》，《西亚非洲》1997 年第 6 期，第 9~20 页。
④ 王斌：《试析巴塞罗那进程》，《欧洲研究》2004 年第 2 期，第 91 页。

泛议题进行合作。一般称之为"巴塞罗那进程"。对此有很多批评的声音，从政治学的角度讲，"地中海沿岸国家没有共同的利益和相似性，而没有共同的利益就没有合作和一体化"。但支持者认为，"区域合作可以从政府启动谈判开始，通过谈判可以建立良好的邻里关系、经济联系、交换意见和协调政策。这是区域内国家解决问题的一种更好思路"。① 而且在全球化的新形势下，单个国家，尤其是小国抵御风险的能力有限，应对新的安全威胁的力量不足。区域化合作或许是一种更好的选择。解决跨国犯罪和武器扩散，以及环境污染等，都需要与他国合作。从这种意义上讲，"欧盟—地中海伙伴关系"（EMP）实际上是建构了解决问题的区域合作机制和制度。"欧盟—地中海伙伴宣言"及其工作计划包含三个方面的伙伴关系：一个政治与安全伙伴关系，旨在建立"一个共同的和平与稳定的空间"；一个经济与财政伙伴关系，"主要通过建立自由贸易区的办法创立一个共享繁荣的区域"；还有一个社会和文化的伙伴关系，目的是促使人力资源开发，促进不同文化间的理解和不同文明社会间的交流。简称"三个篮子"。"巴塞罗那进程"有三个指导性原则：伙伴的平等性，为了显示所有伙伴国都是平等参与，欧盟把这些国家称作"地中海伙伴"；补充而不是替代双边行动，以国家间的双边关系为主，以与欧盟的关系为辅；方法上的综合性、非集中性和渐进性。②

"巴塞罗那进程"内容庞杂又缺乏实质性的执行机制，而且主要依靠双边关系落实，所以至今也难以见到明显的效果。尽管如此，我们仍不能否定其重要意义：它不仅开启了欧盟南部边陲的合作进程，安抚了南部邻居，实现了南部边境的稳定与安全，而且对推动次区域的安全合作富有启发。欧盟这样做是基于一种文化：综合安全和合作安全可以避免现代国家间以及国家内部战争的破坏。③ 国家和个人安全可以通过地区安全来实现，而且在全球

---

① Fulvio Attinà, "The Euro-Mediterranean Partnership Assessed: The Realist and Liberal Views," *European Foreign Affairs Review* 8, 2003, pp. 181 – 183.
② Eric Philippart, "The Euro-Mediterranean Partnership: A Critical Evaluation of an Ambitious Scheme," *European Foreign Affairs Review* 8, 2003, pp. 201 – 205.
③ Fulvio Attinà, "The Euro-Mediterranean Partnership Assessed: The Realist and Liberal Views," *European Foreign Affairs Review* 8, 2003, pp. 181 – 183; Damien Geradin and Nicolas Petit, "Competition Policy and the Euro-Mediterranean Partnership," *European Foreign Affairs Review* 8, 2003, pp. 153 – 180.

化时代这是一种必然的选择。它有助于欧盟防范和化解来自北非和中东的非法移民、有组织犯罪、大规模杀伤性武器扩散,以及恐怖主义等威胁,在周边创造一个安全缓冲带。

为了稳定波罗的海地区局势,欧盟推动"北方边陲行动计划"。由于历史原因,这些国家与俄罗斯之间存在积怨,特别是边界和俄罗斯少数民族问题极为突出。冷战后的双边关系都没有得到应有的重视和改善,很容易引发冲突。为了加强北方地区跨边界合作,处理跨边界问题,以减少冲突,欧盟积极介入,"根据欧盟扩大的政治目标,通过经济的合作实现互利和政治稳定",促使欧盟、俄罗斯和波罗的海国家的良性互动。[①] 因为新近独立、复国的波罗的海三国有扬眉吐气和翻身得解放之感,加入欧盟之后对俄罗斯更是不屑,造成了目前该地区局势的紧张。区域化合作进程虽然受到一定的影响,但欧盟区域化合作战略不会改变,小国外交最终将会调整以适应和符合欧盟的战略需要。

---

① Peter Van Elsuwege, "The Baltic States on the Road to EU Accession: Opportunities and Challenges," *European Foreign Affairs Review* 7, 2002, p. 180.

第六章

欧盟的安全前景

欧盟东扩两年之后,欧盟委员会在2006年11月发表报告对扩大政策取得的成绩给予了充分的肯定,认为东扩不仅有利于欧盟的整体经济竞争力的提高,使近1亿人增加了收入,而且避免了欧洲的分裂,巩固了中东欧国家的民主政治和经济改革成果,实现了欧洲的繁荣、稳定与安全。[①] 但是对东扩后面临的挑战却轻描淡写,只强调了棘手的塞浦路斯问题、"民主赤字"或"贴近民众"问题。应该肯定欧盟东扩具有深远的战略价值和意义,但不必讳言,其中也有巨大的挑战,风险与收益是成正比例的。欧盟东扩不仅面临麻烦的问题,而且存在结构性制约。欧盟能否在世界政治无政府状态中永久维持自身的和平与安全?欧盟的综合安全诉求及其政策措施能否最终成功,还有待历史做出回答。

一 欧盟安全之模式

欧盟的安全政策复杂多样,但它又是一个内在统一的有机整体,一个系统工程,体现了一种独特的"安全模式"。"安全模式"是安全观的具体实现形式,也是各项安全措施的综合。单个安全政策是无法反映欧盟的整体安全思维的,而逐个分析安全政策又过于繁琐。既然"安全模式"反映了各项安全政策的精要,或者说是贯穿于全部安全政策的主线,那么从"安全

---

① "Enlargement Strategy and Main Challenges 2006 – 2007," http://ec.europa.eu/enlargement/pdf/key_documents/2006/nov/fyrom_sec_649_en.pdf, p. 5.

模式"的角度去分析和评估欧盟的安全前景，不仅能综合性概括各项安全政策的总体效果，而且便于行文。

（一）欧盟安全模式的内涵

与"模式"这个词相对应的英文单词有两个："mode"，它的解释是"方式、模式、样式、时尚"；"pattern"，其意为"模范，式样，模式"。与"模式"相近的英文是"approach"，其意义是"方法、步骤、途径"；"style"，其含义为"风格，类型"。笔者认为，"欧盟安全模式"包含了以上各层意思，是指欧盟对安全问题的基本看法及其解决方法的统一，即欧盟安全观与方法论的统一。有什么样的安全观就有什么样的方法论。安全观是在安全实践中形成的，安全实践是在特定的时空环境中进行的。因此，从广义上说，欧盟安全模式是欧盟在安全实践中逐渐形成的对安全的基本看法以及由此决定的安全解决方式方法的总和。但是本书前面已经分析了欧盟的安全观，所以，这里只是从狭义"安全模式"的角度继续分析欧盟的安全前景，狭义安全模式就是指实现安全的各种政策措施、方式方法的综合。欧盟东扩从一定的意义上讲，就是欧盟安全模式的应用及推广。

有学者认为，欧盟安全模式可以概括为一句话，那就是机制化。东扩就是在欧洲范围内运用一体化机制以扩大安全圈，进一步扩大欧盟的界限来解决欧洲及其周边地区的安全问题。[①] 但机制化是一个极为模糊而又不确定的概念，什么都讲不清。所以，用机制化来概括欧盟安全模式过于简化，没能揭示其丰富的内容。欧盟安全模式的突出特点在于其实现安全的手段不同于传统安全方式，它强调在功能领域的一体化过程中化解国家间的敌意，通过超国家制度建设跳出无政府体系下的安全困境，保障维护国家安全，最终实现安全共同体的目标。其核心在于通过有效的多边主义制度框架来维护安全。[②]

而且从欧盟东扩的"哥本哈根标准"来看，欧盟安全模式显然不仅仅是一体化和多边主义，它还有民主、人权、自由、法治和经济发展等，这些也是欧盟实现安全的重要手段。所以说，该模式强调的是，一体化以及制度建设对安全问题的反作用，带有很强的自由制度主义理论色彩。欧盟追求的

---

① 陈志瑞：《"欧洲模式与欧美关系"研讨会综述》，《欧洲研究》2003年第4期，第153页。
② 惠耕田：《欧盟安全模式的体系层次分析》，《外交评论》2006年第1期，第51页。

是自由主义的综合安全，而美国信奉的仍然是现实主义、冷战思维的"暴力和平"。欧盟外交与邻居政策专员瓦尔德纳在2006年5月30日"保护欧洲：提高欧盟安全的政策"论坛的演讲中分析了欧盟实现安全的三种方法（the EU's approach to security）。第一，欧盟的存在本身是有助于欧盟安全的。欧盟60多年的发展历史证明，欧盟成功地避免了成员国之间的战争。第二，着眼于人的安全。通过发展实现安全，通过安全实现发展，这是欧盟安全战略蕴含的哲理。为此要尊重人权，发展民主，反对贫困与腐败。第三，一体化的方式。这主要是指内部安全与外部安全相协调，各安全部门、各个成员国之间的协调，采取共同的行动。[1]

欧盟前共同外交与安全政策高级代表索拉纳的安全战略报告与瓦尔德纳的观点、精神一脉相承。他的主要观点是：第一，对于冷战后的新威胁，我们的第一道防线在国外，我们要帮助邻居获得安全，没有邻居的安全就没有欧盟的安全；第二，新威胁没有纯军事性的，所以也不能用纯军事的手段解决，综合安全必须要用经济、政治、外交等综合手段来实现；第三，在一个威胁、市场和媒体都已经全球化了的世界，我们的安全和繁荣越来越依赖于有效的多边体系，要积极发挥联合国等多边国际组织的安全作用；第四，对我们安全的最好的保护是世界由管理好的民主国家组成。[2]

由此，我们可以大概归纳出欧盟安全模式的要旨：首先，运用超国家机制化解国家间的战争与冲突，这是欧盟安全模式最成功的地方；其次，从国家安全为重心转到以人的安全为中心，通过改革和发展实现稳定与安全，这是实现安全的长远战略；最后，协调各成员国和各相关部门的安全事务，即用一体化方式解决安全问题。从安全关系角度看，安全议题是综合安全，不仅包括传统的领土安全，更多的是非传统安全问题，所以解决的办法不能依靠军事，而要依靠经济、政治等综合手段；从安全的特性看，全球化条件下的安全具有跨国性，安全的相互依赖决定安全的解决方式必然是合作安全，依靠多边主义的制度和机制，通过地区安全和共同安全实现国家与人的安

---

[1] Ferrero-Waldner European Commissioner for External Relations and European Neighbourhood Policy "The EU's Role in Protecting Europe's Security," conference on "Protecting Europe: Policies for Enhancing Security in the European Union", Brussels, May 30, 2006, Reference, speech/06/331.

[2] Javier Solana, "A Secure Europe in a Better World," paper presented to the Thessaloniki European Council, 20 June, 2003, http://ue.eu.int/pressdata/EN/reports/76255.pdf, pp. 7 – 10.

全；从安全的主体看，不仅是国家的安全，更是人的安全，所以要通过实行民主、人权、法治以及经济发展等实现人的安全和国家的稳定。而民主是关键要素。"东西方冲突最重要的教训是，民主化是减少武力以及使非武力的处理冲突模式机制化的唯一有效战略。"① 概而言之，欧盟安全模式就是以综合安全观为基础的一体化模式。

对比欧、美的安全模式，我们可以更清晰地看出欧盟安全模式的特点。从安全主体的角度来说，欧盟侧重于追求地区安全，国家安全可以通过地区安全来实现，而美国则始终重视国家安全，为了美国的安全利益可以牺牲和不顾他国与世界的安全，比如拒绝签署《京都议定书》和部署国家导弹防御系统等。从安全客体来看，欧盟经过一体化的长期发展，特别是建构了欧共体这样的一个安全共同体，所以在冷战结束以后它的敌情观念降低，在某种程度上欧盟是在寻找安全问题，解决安全问题，而不是更多地强调安全威胁。美国则不断寻找敌人——所谓流氓国家、失败国家、恐怖组织等，敌情观念非常强。在实现安全的手段上，欧盟侧重经济、政治等非军事手段，包括东扩，其主要目的都是为了解决安全问题，美国则陶醉在高科技的军事技术上，强化战争解决冲突的作用。

欧盟安全模式是与欧盟安全观相伴相生的，对此前文已有详述。全球化的发展与全球问题的凸显，核威慑的存在，民族国家间的相互依赖加强，使国家的安全与区域安全和全球安全客观上联系在一起。这就要求国家之间采取合作的态度，联手应对共同的威胁。正如伦敦政治经济学院学者西蒙·希克斯（Simon Hix）所说："欧盟是一个由共享的价值与目标、由共同的决策风格所集中在一起的成员国和超国家的制度网。换句话说，欧盟是一个政治控制的新颖形式，或者是一个后现代的国家形式。"② "像所有其他人类组织一样，建立民族国家是为了满足一些具体的需要。当民族国家不再能满足公民的需要时，公民就不再对它忠诚，现代国家会像它所取代的封建王国、帝国体系和城邦国家一样消亡。""日益扩大的区域一体化运动可以概括为对政治学家所谓'安全困境'的一种反应，在所谓'安全困境'中，

---

① 〔德〕奥托·岑皮尔：《变革中的世界政治：东西方冲突结束后的国际体系》，华东师范大学出版社，2000，第12页。
② 李巍、王学玉编《欧洲一体化理论与历史文献选读》，山东人民出版社，2001，第327页。

每个区域化运动都想加强自己对其他地区的讨价还价的地位。"因而"政治学家强调通过制度来解决战争和国际政治不稳定问题，把重点放在联邦制和世界政治一体化上"。① 欧盟安全模式就是解决相互依赖的民族国家体系安全的一种成功的探索，通过一体化和主权的部分转移，用多边主义制度和机制实现国家间的和平与稳定，把人的安全、国家的安全置于区域安全之中去实现。

戴维·卡莱欧对欧盟一体化给予高度的评价："欧洲混合而成的联邦事实上是民族国家的一个极具创意的演进，是一种全新的政治形式，由于这种形式，欧洲各国才得以把它们的互相依赖演变成一种力量而不是一种阻碍。……也许，当欧洲19世纪的民族国家变成为20世纪遍及全球的政治形式之时，欧洲20世纪的混合式的邦联会成为21世纪无论何处都需要的新的区域体系的模式。"② 欧洲一体化表明，世代延续的偏见、战争和痛苦之后，实现妥协与和解是可能的。将欧洲的奇迹推广到世界其他的地方已经成为欧洲新的文明使命。③

1999年4月，德国《经济周刊》记者同德国前总理科尔的谈话很能说明这个问题。记者问："战争在欧洲是否会进一步升级？"科尔回答："在我看来，欧盟的扩大是一个战争与和平的问题。当一个国家成为欧盟成员时，国界的意义会大大缩小。德国和法国的关系说明了这一点。德国和波兰的关系同样说明了这一点。……从长期看，我认为巴尔干冲突唯一真正的解决办法是各国都成为欧盟成员国。"科尔认为，欧盟应包括东南欧所有国家，也就是说，可以通过加入欧盟来消除民族之间的矛盾和冲突。④

欧盟主席普罗迪曾说过，欧洲在世界"治理"中的作用就是将欧洲的经验推广到全世界。"通过成功的一体化，我们向世界证明了有可能创造一

---

① 〔美〕罗伯特·吉尔平：《全球政治经济学：解读国际经济秩序》，上海人民出版社，2003，第20、378、383页。
② 〔美〕戴维·卡莱欧：《欧洲的未来》，人民出版社，2003，第410~411页。
③ 〔美〕罗伯特·卡根：《天堂与实力：世界新秩序下的美国与欧洲》，新华出版社，2004，第93页。
④ 张月明、魏晓锋：《欧盟东扩的前景分析》，《当代世界社会主义问题》2000年第1期，第84页。

种实现和平的方法。"① 如果仅仅从经济角度讲,欧盟对待中东欧国家完全可以像对待加勒比、非洲和太平洋地区的77国那样,通过签订类似"洛美协定"(2000年3月23日改为"科托努协定")援助这些国家的发展。吸收这些国家入盟除了有实现欧洲先贤们"统一欧洲"之梦的成分,更多的是欧盟对自己的安全模式有信心,希望通过欧盟的东扩来扩大欧盟的"安全圈",扩大欧盟安全模式的应用范围,为世界治理做出欧洲式的贡献。

(二) 欧盟安全模式成功之原因

人们对于欧盟的前景存在两种态度。悲观派认为欧盟会因为财政危机和利益纷争而分崩离析,但乐观派认为欧盟会迎难而上推动一体化纵深发展,变得更具竞争力。笔者认为,欧盟是当今世界最成熟的地区一体化组织,有60多年历史,不会那么容易崩溃。其之所以成功在于它独特的模式。欧盟宪法对欧洲政治经济模式做了高度概括:价值取向是"人的平等、自由和尊重理性",目标是"促进和平","保证欧洲公民的自由、安全和正义",以及"在经济增长和社会市场经济之间,在高度竞争性和全面就业与社会进步之间寻求平衡";"尊重文化和语言的多样性";"在外部世界"推广并促进"和平、安全、可持续发展、民族团结和互敬、自由公平的贸易、消除贫困和保护人权"。② 欧盟安全模式的突出特点,是它的自由主义价值取向的超国家一体化调节和机制化。

1. 拉哈—科赫解释

法国学者拉哈强调欧盟成功的原因有三点。第一,从较为容易实现和获利的经济一体化开始。"把经济领域的行动能力置于共同管理之下是一体化进程中的关键一步。内部大市场的建立、由此开始的一体化进程所导致的日益增强的相互依赖以及集体处理大家所面临的共同问题的紧迫性等,贯穿其间的必然联系是欧盟内部实现经济与政治统一的强大动力。"第二,共同体法律的保障。"建立能够代表普遍利益的自治机构与制度,从而凭借意志开创一种欧洲秩序。事实证明,制度与机构的存在对强化一体化的动力,确保

---

① 转引自〔美〕戴维·卡莱欧《欧洲的未来》,上海人民出版社,2003,第92页。
② 中国社会科学院欧洲研究所、中国欧洲学会:《欧洲模式与欧美关系:2003~2004年欧洲发展报告》,中国社会科学出版社,2004,第10页。

共同体的协调一致、稳定持续,把一体化建设永远进行下去至关重要。"换句话说,欧盟的超国家机构和制度是推动欧盟一体化发展成功的关键动力因素。第三,成员国的同质性及其微妙平衡。"只有内聚愈趋同的力量大于分崩离析的力量时,部分与部分之间和部分与整体之间(两者互为条件)才可能走向一体化。从这一点看,欧共体的建立享有得天独厚的条件:不论经济形势还是地缘政治形势(远离欧洲最贫困的国家)都极其有利。六个创始国虽然存在结构差异,但是它们所构成的空间在地缘政治、文化和经济领域相对而言都具有一定程度的同质性。"①

科赫的观点可以看成是对拉哈观点的补充。他认为,欧洲一体化之所以看起来是一项大有前途的事业,主要有三个方面的原因。第一,它涉及一个实际领域。这个领域不涉及价值观冲突,所有参与者都可望获利,合作容易实现。第二,与第一个原因相关,这个领域有技术专家进行治理。政治方面的摩擦纷争可以降至最低。经济合作可以实现政治目标。第三,务实的政治纲领获得公众的普遍认同。② 科赫实际上只是对拉哈的第一点有关欧盟成功的经济原因做了进一步解析。把二者合起来可称为"拉哈—科赫解释",它是欧盟一体化发展的直接经验总结,又可称为"经验解释"。

从欧盟对候选国采取的原则和标准可以进一步验证"拉哈—科赫解释"。两个原则:第一,"自愿加入"的原则,它可以避免成员国反复无常从而影响欧盟稳定,比如挪威就两次全民公决否决加入欧盟的提案,所以至今没有加入欧盟;第二,新成员国必须接受"共同体成果",即落实欧盟的法律法规和制度,因此可以确保一体化的成果。三个标准:第一,民主、法治、人权,尊重与保护少数民族,即政治标准;第二,行之有效的市场经济和应对欧盟内部竞争和市场力量的能力,即经济标准;第三,具有履行成员国义务的能力,包括恪守政治、经济和货币联盟的目标,也就是制度标准。这些条件和标准,是欧盟对候选国进行"条件性"控制和降低风险的措施,也是欧盟东扩对候选国"同质性"的把关。

---

① 〔法〕法布里斯·拉哈:《欧洲一体化史(1945-2004)》,中国社会科学出版社,2005,第120~122页。
② 〔德〕科勒·科赫等:《欧洲一体化与欧盟治理》,中国社会科出版社,2004,第54页。

显然,"拉哈—科赫解释"存在一个明显的不足,即就欧盟谈欧盟。从结构层次看,第一,它忽视了欧盟之下国家的作用,尤其忽视法德和解和领导对欧盟成功的关键作用;第二,它忽视了欧盟之上国际政治经济格局的影响,尤其忽视了冷战格局和美国因素对欧盟成功的影响。

2. 吉尔平解释

国际政治经济学名家吉尔平认为,"许多建立区域一体化的经济行动都有一个或几个共同的成分:经济动机、确定某种对外关税以及一个或多个关心推进区域一体化的领导国"。欧盟的成功也是如此。

第一,有合理的经济动机。经济区域主义成为增强本地区公司国际竞争力的手段。这是自由主义经济学的基本观点,也是欧盟经济一体化的内在驱动力。欧盟成立之初,政治原因是想通过经济一体化实现和平,经济原因则是为垄断资本和跨国公司创造一个更大的"没有国家的市场"。正因为如此,地区一体化才获得社会政治经济精英的广泛支持。关税同盟和统一大市场,不仅可以为本地区的公司创造市场,使其获得贸易创造的好处、规模经济效益、壮大公司竞争力,而且可以改善本地区福利。用吉尔平的话说,"经济区域主义也已成为增强本地区公司国际竞争力的手段。各种形式的经济区域主义(关税同盟、自由贸易区和统一市场)在不同程度上提供了自由贸易的益处,例如增强竞争力和规模经济效应,区域主义还为集中利用经济资源和建立区域性公司联盟提供了方便条件。鉴于所有这些理由,区域主义成为国家集团用以增强经济和政治实力的核心战略,因此已经是世界经济中极其重要的特征"。①

第二,持久的外在竞争压力迫使欧洲政治联合。吉尔平认为,"欧洲一体化最终是否成功,当然取决于政治的发展,而不是经济的发展"。面临美国、日本等发达国家,以及以中国、印度、俄罗斯、巴西等金砖国家为代表的新兴市场的政治经济竞争,欧洲必须联合起来。单个欧洲国家的力量不足以与其抗衡,只能沦为二流国家。欧洲联合起来,作为一个整体的力量,才可以在一个政治经济多极化加速发展的世界成为至关重要的一极,有自己的一席之地,发出自己的声音。正如基辛格博士所说,"欧洲,倘若联合起来,将继

---

① 〔美〕罗伯特·吉尔平:《全球政治经济学:解读国际经济秩序》,上海人民出版社,2003,第394~396页。

续扮演大国角色；若是分立为许多民族国家，只会沦落为第二流的地位"。①

第三，有一个或多个关心、推进区域一体化的领导国。北美自由贸易区的成功在于美国的推动，而东亚经济一体化的发展滞后在于日本没有意愿与中国真诚合作，欧盟一体化成功的关键是法德合作。从欧盟一体化发展的历史看，法德合作，则欧盟一体化事业进行顺利；反之则停滞不前，甚至倒退。早在1946年9月19日丘吉尔就在著名的"欧洲的悲剧"演讲中提出，"创造欧洲家庭的第一步必须是法国和德国建立一种伙伴关系，只有这样法国才能恢复对欧洲的道义上的领导作用。没有具有伟大精神的法国和德国，欧洲就不可能复苏"。②法德合作是欧洲一体化的基石、引擎，法、德必须在欧洲联合中发挥领导作用。

笔者把它称为"吉尔平解释"，既考虑内部动力与外部压力，又考虑经济与政治互动作用，因此也可以称为"动力模式"。从理论上分析，"拉哈—科赫解释"是超国家主义的解释，着力点在欧盟地区层面，而"吉尔平解释"则是现实主义观点，重视国家与国际体系的影响。二者互为补充，可以构成对欧盟成功原因的较为完整的解释。

当然，欧盟成功还有其他一些原因。第一是善于"妥协"，成员国间虽然存在利益冲突，但能"妥协"并达成最终协议；第二是采取灵活的"多速欧洲"原则，允许特殊情况和尊重多样性，对英国、丹麦、瑞典等三国采取例外条款，允许它们不加入欧元区，允许8个以上的国家在不损害他国利益的基础上"强化合作"等；第三是"辅助性原则"，民族国家仍是欧盟治理的主角，欧盟只有在主权国家不作为的领域发挥关键作用。"辅助性原则"限制了欧盟机构职权无限扩张的趋势，实现了欧盟超国家组织与成员国政府之间的平衡。

二 欧盟安全模式面临的挑战

我们肯定欧盟安全模式的价值和生命力，但同时我们也应该清楚，它仍面临一系列的严峻挑战。除了本书前面提到的国家民族主义和安全防务

---

① 〔美〕亨利·基辛格：《大外交》，海南出版社，1998，第780页。
② 李巍、王学玉编《欧洲一体化理论与历史文献选读》，山东人民出版社，2001，第6页。

能力的挑战外，还存在国际政治无政府状态的结构性挑战。经济问题、宗教问题、移民问题等，欧盟都有经验和能力予以解决，但一个人口4.5亿的联盟能不能战胜体系的挑战，能不能在东扩之后继续维持自己的有效运转，还有待观察。约翰·罗尔克指出："这个世界正处在一个紧要关口。一条路是传统的道路，主权国家在一个往往不公平而又充满冲突的世界上追逐着自身的利益。另一条路，也是人迹罕至的路，是合作之路，体系中各国弱化主权要求，而由国际组织扮演更广泛且更有权威的角色。"① 欧盟走的是"人迹罕至"的合作安全之路，自然免不了来自旧世界、旧体系各个层面的挑战。

（一）体系结构性挑战

60多年以来，欧盟内部实现了和平与繁荣，但欧盟以外的世界却充斥着冷战和地区冲突。世界并不太平。为什么？因为世界的无政府自助体系性质没有根本改变。虽然国际间的合作增多了，国际组织的作用加强了，区域一体化的步伐加快了，但国家仍然是国际政治舞台上最重要的行为体。国际合作和多边主义是国家行为的选项，霸权主义和单边行为也是。只要没有国际权威组织能为世界提供政治公共品，国家的行为准则就是国家利益。一个国家面对新的全球化安全环境，可以为了自己国家的生存发展主动或被迫参与国际合作，实行多边主义外交；但参与国际组织和多边合作多以不损害国家的根本利益为底线，否则，就会行使退出权。换句话说，国家总是在计算自己的利益得失。如汉斯·摩根索所说，"假如一国相信自己的力量强大到不需要外援就足以保卫自己时，它会避免结盟；当在联盟内承担义务而带来的负担超过预期的利益时，它也不会采取联盟政策"。② 戴维·米特兰尼（David Mitrany）在《一个有效的和平体系》中讲，"从民族国家跳到国际组织比从省跳到国家要艰难得多，因为它没有地区、家族和历史因素为依托"。③ 因此，欧盟首先面临来自内外两个层面的结构

---

① 〔美〕约翰·罗尔克编著《世界舞台上的国际政治》（第9版），北京大学出版，2005，第2页。
② 〔美〕汉斯·摩根索：《国家间政治——寻找权力与和平的斗争》，中国人民公安大学出版社，1990，第136页。
③ 李巍、王学玉编《欧洲一体化理论与历史文献选读》，山东人民出版社，2001，第96页。

性体系挑战。

1. 欧盟内部的民族国家体系的结构性挑战

就内部来说，欧盟还是一个国家联盟，本身也存在联邦主义与邦联主义之争。根据欧盟与成员国的"辅助性原则"，限制了欧盟机构职权无限扩张的趋势，核心问题决定权还握在成员国手里。① 欧盟能走多远，还取决于成员国主权让渡的意愿和程度。国际一体化的基本特征是主权让渡的自愿性和平等性。② 而成员国的行为原则是国家利益。"国家总是按照自己的私利行为，不会为了其他国家的利益而出卖自己的国家利益，也不会为了所谓的国际共同体而牺牲自己的利益。"③ "合作理论的核心是合作的动力或利益要超过单边行动的动力或收益。"④ 而成员国的国家利益与欧盟的区域整体利益之间是存在矛盾和差异的。它们的交集是决定成员国与欧盟合作程度大小的基准。美国《国际先驱论坛报》2004年1月15日刊载里查德·诺斯题为《欧盟东扩可能导致其终结》的文章认为，新东扩的10个国家会在欧盟内部造成紧张关系，致使欧盟分裂为拉姆斯菲尔德所说的"老欧洲"和"新欧洲"。实际上，欧盟东扩后面临的任务非常艰巨，因为成员国越多越难协调。新老成员、大小国家、中东欧国家与西欧国家之间的争吵是免不了的。中东欧国家原来也没有料到，欧洲内部分歧会这么大，其原因是都有自己特殊的利益。⑤

应该说，欧盟创造了传统冲突的和平解决模式，但对非传统安全威胁并没有足够的成功的经验和能力。欧盟的综合安全应对机制还在形成之中。而欧盟内部民族国家间的冲突也没有因为欧盟的存在而消失，只是解决冲突的方式发生了变化而已。法国想通过西欧和欧盟"一体化"来制约德国，英国想通过"大西洋"机制抑制德国，但德国的实力增长和东扩后的地缘优势又很容易引诱德国追求与其实力相称的权力，追求联合国常任理事国地位以及与美国建立"领导伙伴关系"。德国的越来越独立性的行为，容易引起

---

① 吴志成：《治理创新：欧洲治理的历史、理论与实践》，天津人民出版社，2003，第256页。
② 宋新宁、陈岳：《国际政治经济学概论》，中国人民大学出版社，1999，第93～94页。
③ 〔美〕约翰·米尔斯海默：《大国政治的悲剧》，上海人民出版社，2003，第46页。
④ 〔美〕詹姆斯·多尔蒂、小罗伯特·普法尔茨格拉夫：《争论中的国际关系理论》，世界知识出版社，2003，第544页。
⑤ 陈新明：《欧洲的分歧与俄罗斯回归欧洲的困扰》，《俄罗斯中亚东欧研究》2005年第1期，第39～45页。

英、法等国的警惕和担心。而意大利如果把欧盟的利益置于国家利益之上，就不会与德国争夺联合国常任理事国地位。德国如果真正想走欧洲一体化之路，建立"欧盟的德国"，就应该着力推动欧盟成为联合国常任理事国，而不是德国自己。实际上，德、法、英、意等大国，都是根据自己的国家利益来对待欧盟的，把欧盟当做实现国家利益的工具，而不是目的。作为国际组织的欧盟实质上成了"构建权力关系的舞台"。

2006年11月，波兰又否决了欧盟一项关于加强"欧盟与俄罗斯经贸关系"的协议，表明欧盟成员国会利用欧盟的"一致通过"原则，随时否决任何一项对欧盟有利而对本国不利的动议。近来，欧盟部分成员国相互采取经济保护主义的行为成为一个突出问题，一些成员国的排外情绪和民族主义有较大幅度上升。它表明，欧盟国家根深蒂固的民族特性并没有因半个多世纪的一体化进程而消失或减弱，相反，它在欧盟东扩及全球化的压力下被"唤醒"或有了某种程度的回归，并将给欧盟内部团结带来较大消极影响。由于欧盟成员国从被动应对全球化挑战到重新确立自己的优势地位还需要经过痛苦的结构调整，因此，这种经济民族主义在未来几年内有可能进一步发展。①

"民族主义可能是世界上最强大的政治意识形态，它美化和颂扬了国家。实际上，很明显，世界上许多民族想有自己的国家或成为民族国家，而对其他政治安排没有什么兴趣。"② 欧盟究竟是工具还是目标？从功能主义讲，大多数人会回答，它是实现欧洲和平的功能性组织。仅此而已。国家利益始终是国家行为的准则。正因如此，德国冒险推动东扩，大胆追求与国力相称的国际影响力；法国迫于国内政治的压力，2006年11月在国民议会通过了"亚美尼亚大屠杀案"，为此土耳其断绝了与法国的一切军事关系。英国则始终抱着美国的大腿在欧盟内扮演消极角色，甚至提出了建立由各成员国议员组成的欧洲第二议会，借以稀释欧盟的超国家性质。由于大多数国家的反对，才不了了之。③ 而希腊与土耳其对塞浦路斯的长期争斗也没有因为欧盟的扩大或"欧洲化"的机制而获得真正解决。在欧盟，民族国家之间

---

① 张健：《当前欧盟经济民族主义辨析》，《现代国际关系》2006年第8期。
② 〔美〕约翰·米尔斯海默：《大国政治的悲剧》，上海人民出版社，2003，第510~511页。
③ Heather Grabbe, "Preparing the EU for 2004," http://www.cer.org.uk/pdf/briefing_enlargement.pdf.

的冲突和斗争没有根绝，只是在"共同体"机制中得到不同程度的缓解或和解，拥有一个和平对话解决冲突的平台而已。

2. 欧盟外部欧洲大陆的民族国家体系结构性的挑战

从泛欧洲大陆的安全体系来看，即使苏联解体了，俄罗斯仍然是欧洲安全的关键因素。基辛格说，"紧邻着俄罗斯的国家的领袖，没有人跟美国一样有信心，肯把自己国家的安全寄托在俄罗斯的转变上"。① 所以，德国国际关系专家奥托·岑皮尔提出："至于欧洲和平秩序应该如何，则必须在西欧、中欧和东欧以及独联体之间确立起来。……民主、对称和国际组织成了这一秩序的基准点。起决定性作用的是东欧国家和独联体的民主化。……美国前国务卿贝克说，就西方的安全来说，克里姆林宫的民主主义者要比众多远程导弹来得重要。"② 俄罗斯是一个有着悠久历史文化传统的大国，它不可能采取西方式的民主制度，它的民主体制必须是与俄罗斯国情相适宜的渐进的民主政治。"中央集权"对于一个地大物博的大国来说是国家治理的必然选择。然而，对于西欧大国和中东欧国家来说，这却是一种另类，一种潜在的威胁。这也是欧盟进一步扩大的外在动因。

而如基辛格所说："德国和俄罗斯各以对方为主要伙伴或主要敌手，绝非各国之福。如果她们关系太密切，会使人产生德、俄共治的忧惧；如果她们争吵，欧洲可能因危机升级而被卷入风波。"从这个意义上讲，就像当年英国极力引进美国来平衡德国一样，如今英法如果平衡不了德国，尤其不能阻拦德俄形成新的合作霸权，美国在欧洲将是一个长期的稳定因素。美国与欧洲的共同目标就是要"避免德国和俄罗斯的国家政策失控而竞逐欧洲大陆心脏地带"。所以，法德既想要把美国逐出欧洲，又不能没有美国。但在一个相当长的时期内，欧洲离开美国平衡不了德国和俄罗斯。英国由于对欧洲缺乏信心，"大西洋战略"始终是其首要的欧洲战略。③ "大西洋同盟与欧盟都已经成为稳定的新世界秩序不可缺少的基石。北约组织是针对来自任何地区军事威胁的最佳保障；欧盟则是维持中欧、东欧安定的基本机制。"④

---

① 〔美〕亨利·基辛格：《大外交》，海南出版社，1998，第793页。
② 〔德〕奥托·岑皮尔：《变革中的世界政治：东西方冲突结束后的国际体系》，华东师范大学出版社，2000，第21～26页。
③ 金安：《欧洲一体化的政治分析》，学林出版社，2004，第148页。
④ 〔美〕亨利·基辛格：《大外交》，海南出版社，1998，第794～796页。

基辛格的意思很明白,美国领导的北约对付俄罗斯,法、德主导的欧盟安抚中东欧。其暗含的前提是,美国是世界唯一的领导者。

但戴维·卡莱欧赞成北约与欧盟的区域分工,反对二者的功能分工,他认为,"没有一个强大而理智的欧洲,美国将发现它越来越难以维持其内在的平衡。没有一个强大而独立的盟友加朋友,美国可能永远也走不出战略的误区"。如果欧洲与美国各自以最佳的方式发挥其领导作用,"对美国而言,它就意味着去除单极化的心魔"。① 德国前外长菲舍尔也指出,"对跨大西洋来说,最大的危险就是欧洲弱小。我确信,跨大西洋的伙伴关系的未来取决于欧洲是否强大、完整和具有行动能力。欧洲强大和具有行动能力了,跨大西洋伙伴关系就稳定"。② 面对新的后冷战世界挑战,美国应该欢迎欧盟发展安全与防务一体化,让欧盟承担更多的世界安全责任。而欧美之间的这种不对称的安全关系,对欧美双方都是一种损害。欧盟不会长期屈居人下,美国也没有能力单独维护世界和平与稳定。欧美之间需要平等合作。③ 对此,欧美双方都要经过一个较长时期的战略调整才可能走向新的战略合作。

除了俄罗斯,在欧盟看来,白俄罗斯、南高加索等也是欧洲的潜在不稳定因素。根据有关统计,20世纪90年代以来发生的59起冲突和战争中,原苏联和东欧地区有28起,占总数的37.5%;非洲20起,占34%。可见,原苏联、东欧地区和非洲是冷战后爆发冲突的主要地区。④ 冲突带来的移民、难民,以及经济社会动荡都会对欧盟的安全构成威胁。

3. 欧盟外部的世界性体系结构性挑战

从世界范围来看,冷战结束之后,两极格局的霸权体系终结,世界秩序的供给和管理者缺失。地区大国的行动自由增加了。以伊拉克入侵科威特为标志,世界进入了一个新旧秩序更替的长期而动荡不安的过渡时期。岑皮尔认为,"东西方冲突时代,人们受到超级大国之间随时存在的核冲

---

① 〔美〕戴维·卡莱欧:《欧洲的未来》,上海人民出版社,2003,第427~428页。
② 童世骏、曹卫东编《老欧洲新欧洲》,华东师范大学出版社,2004,第33页。
③ Daniel Hamilton, "Three Strategic Challenges for a Global Transatlantic Partnership," *European Foreign Affairs Review* 8, 2003, pp. 543–555.
④ 倪世雄等:《当代西方国际关系理论》,复旦大学出版社,2001,第442页。

撞威胁的束缚,而摆脱了这一束缚后,世界又重新发现可以将战争作为政治的手段,就像伊拉克所做的那样"。① 而美国作为世界唯一的超级大国,也获得了战争的行动自由,以"新秩序卫士"的名义在世界范围内收割冷战胜利果实,奉行单边主义,从打伊拉克到打南斯拉夫,再到打阿富汗;先是"邪恶轴心国",后是"全球恐怖主义",美国找敌人、找机会,在全世界重新布局。对欧亚大陆,通过北约东扩,牵制德法,遏制俄罗斯;通过"美日同盟",扼制日本,遏制中国;南联印度,牵制中俄;改造大中东伊斯兰世界。一句话,美国利用自己的超强优势,尤其是军事优势实现建立单极世界和称霸世界的目的。面对欧盟的深化与扩大,美国的心态是极为矛盾的。它需要欧盟壮大来分担世界的责任,但又害怕欧盟会逐渐摆脱美国的羽翼,挑战自己的霸权。美国学者理查德·罗蒂说,"华盛顿最不愿看到的就是有一个充分联合和自信的欧洲来挑战美国的霸权"。② 罗伯特·卡根说,"欧洲人正走出霍布斯无政府状态世界而进入一个康德的永久和平世界。……事实上,是美国帮助欧洲人解决了康德悖论。……国家怎样能够获得永久和平而不摧毁人类自由是一个康德无法解决的问题。但对欧洲来说,这个问题被美国解决了。通过从外部提供安全保护,美国使欧洲的超国家政府不必为此做出行动。欧洲人不需要实力来获取和平,也不需要它来维护和平"。③ 冷战时期,欧盟确实是在美国的核保护伞下生活,没有安全顾虑。冷战后,欧洲安全格局发生了根本性的变化,美国愿意继续为欧盟的"后现代国家"体系提供保护,只要欧盟继续接受美国的霸权领导,但欧盟却勉为其难了。

根据苏珊·斯特兰奇的权力结构理论,安全结构处于核心地位,谁在安全上受制于人,谁就会在政治、经济等方面失去权力和自主性。在冷战时期,西欧对以美国为首的北约的军事安全依赖,决定了欧美关系中美主欧从的格局。但冷战结束之后,苏联解体了,欧盟不再面临来自俄罗斯的军事安全威胁。欧盟对美国的安全依赖程度大为减轻。欧盟安全环境改善,以及全

---

① 〔德〕奥托·岑皮尔:《变革中的世界政治:东西方冲突结束后的国际体系》,华东师范大学出版社,2000,第19~20页。
② 童世骏、曹卫东编《老欧洲新欧洲》,华东师范大学出版社,2004,第104页。
③ 〔美〕罗伯特·卡根:《天堂与实力:世界新秩序下的美国与欧洲》,新华出版社,2004,第9288~9289页。

球化浪潮下的政治、经济、社会、环境等新的非传统安全凸显,面对新的综合安全威胁,欧盟更多的要依靠自己的力量。而欧盟几十年以来形成的安全机制和模式也更适合于应对新的综合安全挑战。

在这种新的安全形势下,欧盟,尤其是德、法等大国,有着悠久的大国历史传统,面对世界秩序的重构不可能置身事外。它们必然会要求摆脱美国单极霸权的控制,去除寄人篱下的耻辱,恢复昔日大国的光荣,与美国分享世界政治的领导权。这是它们共同的梦想。它们自己的力量不够,就借助欧盟的扩大和深化,力求在多极化发展的世界谋求成为一极。但问题不在欧洲,而在美国。美国如果愿意与德、法等分享世界领导权,那么德、法等大国就会在欧盟的超国家性质发展上止步不前,使欧盟停留在国家联盟的政府间主义水平上,甚至为了国家利益而使欧盟发展出现某种程度的倒退,但用和平的方式解决冲突和争端的理念不会变。这对美欧是较好的结局。如果美国坚持单极霸权,置欧洲大国的诉求于不顾,那么,法德轴心就会力推欧盟的扩大以实现欧洲统一的"泛欧洲"之梦,加强欧盟的安全与防务建设,真正实现欧盟的安全与外交的一体化,最终使欧盟能成为与美国平起平坐的一极。但这又意味着欧盟成员国主权的让渡力度加大,推动安全、外交、防务与司法的超国家建设,意味着欧盟朝着联邦制国家的方向发展,逐渐演变成一个新的"超级大国"。如此一来,欧盟又陷入了世界范围内的民族国家体系的安全困境之中了。欧盟内部是"后现代国家体系",而欧盟本身又必须置身于世界性的民族国家体系中求生存。欧盟最终是演变成一个近5亿人口的超级大国,还是会在体系的结构性力量压力下而分崩离析,取决于欧盟内外两种力量的作用和斗争。

(二) 欧盟"吸收能力"的挑战

"吸收能力",欧盟强调,它是一个功能概念,而不是一个地理概念,它是指欧盟扩大吸收新成员的同时,能否继续有效地运转。它涉及欧盟的行动和决策能力,包括制度内的公平、平衡,尊重预算的限制和实施共同的政策等方面。① 但实际上,它涉及多方面的含义,一方面,它存在欧盟所说的

---

① "Myths and Facts about Enlargement," http://ec.europa.eu/enlargement/questions_and_answers/myths_en.htm.

功能性含义，主要指欧盟有没有能力在吸收了众多的成员国之后还能正常有效地运转；另一方面，吸收能力不仅取决于欧盟自身，也取决于吸收对象的性质和数量，因此它含有地理上的意义。同族同种同文明国家的加入，就像找到失散多年的兄弟一样，对欧盟管理上有一定的挑战，但不大，却有利于增强欧盟的总体实力和竞争力。但不同民族和文明国家的加入，就如爱慕男子经济条件的女子嫁入豪门一样，家庭的人口增加了，但只是增加了一个贪图享受而又工于心计的消费者而已，欧盟的实力有所增加但竞争力却可能下降。欧盟否定"吸收能力"的地理上的含义，道理很简单，就是怕土耳其等非基督教文明国家的猜疑，怕这些国家丧失加入欧盟的信心和耐心。欧盟希望这些国家向自己靠拢，但又害怕吸纳这些不同文明的国家会稀释欧盟。所以，欧盟不断发出要以"特惠关系"来代替"欧盟成员国身份"的声音，想以"吸收能力"为借口体面地将不愿吸纳的国家排除在外，而又不落人以欧盟为"基督教俱乐部"之口实。

第一是对欧盟协调能力的挑战。

从政治学的角度讲，"成员国的扩大需要一个更为强大的内核——具有类似于国家的功能和一套决策及行政体系"。欧盟扩大之后，在结构上形成了一个层次分明的环形圈，第一环是以法、德为核心的欧元区，第二环是欧盟老成员国，第三环是中东欧的新成员国，第四环是欧盟的入盟谈判国以及候选国，最外一环是欧盟联系国。由内至外，不同层次的国家在欧盟的利得和对欧盟的向心力也是依次递减的。不同的利益圈对欧盟的期望不同，反过来，欧盟对不同的利益圈的影响力也不同。欧盟的扩大加大了欧盟结构上的非对称性。"在国际政治中，不平等几乎是政治生活的全部内容。"[1] 从欧盟的地区政策和农业政策中的团结资金和发展基金的分配的争斗中可以看出，成员国之间，成员国与欧盟之间的矛盾始终是欧盟工作的一个难点。难怪卡莱欧讲，"扩大的过程毫无疑问将改变欧盟本身。随着它的成分变得越来越复杂，它要么会分崩离析，要么会变得更具帝国特征"。[2]

这样欧盟就陷入了传统的联邦主义与邦联主义，或国家主义与超国家主义的争斗之中。如果成员国不让渡更多的主权，建立联邦性质的国家，欧盟

---

[1] 〔美〕肯尼思·华尔兹：《国际政治理论》，上海人民出版社，2003，第91页。
[2] 〔美〕戴维·卡莱欧：《欧洲的未来》，上海人民出版社，2003，第320页。

就不能对广大的疆域实施有效的控制，特别是核心西欧不能对外围实施有效的治理。欧盟的能力会受到"欧盟公民"的质疑。而如果要建立联邦性质的国家，把成员国的主权汇集到欧盟层面，把人们的忠诚从成员国转移到欧盟，那么就会遭到英国等邦联主义者的反对，遭到珍视主权和独立的中东欧国家的反对，欧盟又可能陷入更大的生存危机。从当前情况来看，欧盟的超国家一体化有了新的发展，比如，欧盟宪法草案的出台就是最好的证明。但欧盟的权力是主权国家让渡的，在世界性的民族国家体系框架里，成员国受到欧盟外主权国家的引诱和干扰，成员国不会轻易地放弃主权，英、法、德等大国也不可能轻易放弃自己行动的独立性和自由。这就是欧盟宪法草案遭成员国否决的原因。2007年3月19日，匈牙利总统就提出要修改欧盟宪法草案。而英国的《经济学家》周刊则刊登了"欧盟发展遭遇路线之争"的文章。所谓的存在主义与工具主义之争，其实就是超国家主义与国家主义，或联邦主义与邦联主义之争。[①] 因此，建设以合法权力为基础的行政能力还是一个艰难的过程。即便成员国让渡了主权，欧盟决策在成员国内的实施也会是一个有选择、打折扣的"过滤"过程。欧盟政策对不同成员的国家利益含义是不同的。为此，欧盟也许需要强大的监督系统。

而随着欧盟的扩大，成员国数量的增加，在内存在以德、法、英为首的三个利益集团的实力消长，在外有俄罗斯因素和美国因素，或大西洋联盟与独联体的影响和干扰，在欧盟"谁将威胁谁，谁将反对谁，谁将从其他国家的行为获益或受损，这些问题所包含的不确定性，随着国家数量的增加而加剧"。正因为如此，法国最初两次否决英国入盟，担心英国是美国打入欧共体的"奸细"；而伊拉克战争爆发之际，波兰等国又违背法德意愿，支持美国对伊动武，法国又怀疑波兰是美国打入欧盟的"特洛伊木马"。中东欧国家，特别是波罗的海三国和波兰等，由于与苏联不愉快的历史经历，也可能阻碍或抵制欧盟进一步发展与俄罗斯的战略伙伴关系。肯尼思·华尔兹用"联盟的灵活性"来描述这种成员国增加所带来的不确定性。一个国家所追求的盟友也许更青睐另一个追求者，也意味着一国当前的盟友有可能背叛它。这不仅意味着德、法、英三国的追随者会更改追随对象，也意味着欧盟成员国会退出欧盟追随美、俄。每一个国家都是依据国家利益原则进行选择

---

① 《参考消息》2007年3月25日，第3版。

行为的。所以,"联盟的团结,就像政党的党纪一样,要借助于娴熟而谨慎的管理"。① 这对欧盟的协调管理能力是一个严峻的挑战。

第二是吸收对象的选择或认同问题上的挑战。

按照欧盟(欧共体)成立之初的宗旨,原则上所有欧洲国家都可以申请加入欧盟,但必须取得成员国的一致同意方能被接纳。② 欧盟官方和欧洲政治家也反复重申欧盟是一个政治共同体,而不是一个宗教共同体。"欧洲认同,它不单单是欧洲各民族性的总和,而更是一种政治行动认同,不太是一种存在、种族或语言认同——欧洲认同不排外,它可以与地区认同、区域认同和民族认同等其他层面的认同相提并论。欧洲认同是以'后国家主义'的角度看问题的产物。"③ 换句话说,只要认同欧盟的价值观——自由、民主、法制,以及超国家一体化与多边主义制度,同时又是欧洲国家,就可以申请加入欧盟。

但欧美的文化界,包括普通百姓,大多数还是认为,欧盟虽是一个政治经济共同体,但要真正实现欧洲的统一,欧盟必须建设一个文化或精神共同体。法国著名学者朱利安·班达就断言,"欧洲唯有接受一套道德价值体系才能建成"。④ 新功能主义者哈斯也承认,一体化的政治进程,"如果得不到深层次的意识形态或哲学信念的支持,基于实用主义考虑的利益,如期望获得经济收益,可能只是'短暂的利益'。……建立在实用主义利益基础上并以此为出发点的政治进程必定是脆弱的,容易出现反复"。⑤ 客观地讲,政治与经济都是一种权利的考量和算计,对各方都有利,共同体才能维持;利益分配大不均,共同体摇摇欲坠;对各方都无利,共同体必然会崩塌。因此,只有建构一个文化和道德的共同体,才能从根本上维系欧盟的长久存在,经受住政治与经济风险的考验。所以,德国思想家哈贝马斯指出,"要把欧洲统一所带来的经济优势作为继续扩大欧盟的理由,就不能离开大大超

---

① 〔美〕肯尼思·华尔兹:《国际政治理论》,上海人民出版社,2003,第222~225页。
② 杨逢珉、张永安编著《欧洲联盟经济学》,华东理工大学出版社,1999,第67页。
③ 〔法〕法布里斯·拉哈:《欧洲一体化史(1945~2004)》,中国社会科学出版社,2005,第129页。
④ 〔法〕朱利安·班达:《对欧洲民族的讲话》,上海人民出版社,2005,第1页。
⑤ 〔美〕詹姆斯·多尔蒂、小罗伯特·普法尔茨格拉夫:《争论中的国际关系理论》,世界知识出版社,2003,第553页。

越经济范畴的文化凝聚力"。① 法国思想家埃德加·莫兰也呼吁："我们希望的是政治家们更多地关心欧洲命运共同体。但必须树立一个新的欧洲精神，让欧洲的共同命运成为共识。"② 在历史上，尽管有边界、语言和国家的分割，在长达几个世纪的时间里这一"文化欧洲"是存在的。这就是人们常说的，以古希腊罗马和文艺复兴为源泉的基督教文明和以法国为主的资产阶级启蒙思想。维谢格莱德集团和波罗的海国家，以及斯洛文尼亚、克罗地亚和马耳他加入欧盟，联盟的范围就将与西方文明的范围重合。这也是这些国家在加入欧盟时会得到优先考虑的原因。③

因此，文明冲突论始作俑者美国学者塞缪尔·亨廷顿认为，"文化共同体正在取代冷战阵营，文明间的断层线正在成为全球政治冲突的中心界线"。因此，欧盟东扩的最终边界"结束于基督教的范围、终止于伊斯兰教和东正教的范围开始的地方"。西欧的首要任务是"重新把中欧各国人民吸收到他们本应属于的我们的文化和经济共同体中来"。④ 也许正是因为文化共同体比政治与经济共同体更重要的缘故，土耳其入盟谈判才姗姗来迟，东正教的欧洲国家入盟申请和呼声还没有得到欧盟官方任何回应。希腊作为西方文明的发祥地，虽是东正教国家，但民族历史和文化还是与西方文明密切联系在一起的，是个例外。

这样，欧盟在选择候选国时所面临的困难比欧盟自身的改革和深化还大。入盟先后在欧盟是一个政治标准的考量，但在候选国眼里，则是一个亲疏远近的差异性待遇。这很可能使有些国家出现入盟前与入盟后对欧盟态度判若两人的现象，滥用成员国身份权力否决欧盟任何重大的决策来发泄怨气。因此，欧盟不可不谨慎行事，这也许正是欧盟加快第二批候选国入盟谈判步伐的缘故，意在消除后者的被冷落感。但要做到完全的平等和公平又是非常困难的，更何况，候选国各国的国情和条件也不一样。吸纳对象的选择本身构成了欧盟协调管理能力的一部分。

欧盟一体化本身包含两层意思：一是欧盟共同政策实施的领域和程

---

① 童世骏、曹卫东编《老欧洲新欧洲》，华东师范大学出版社，2004，第4页。
② 〔法〕埃德加·莫兰：《反思欧洲》，生活·读书·新知三联书店，2005，第113~114页。
③ Timothy A. Byrnes, "The Catholic Church and Poland's Return to Europe," *East European Quarterly*, Winter 1996, 30, 4, Academic Research Library, pp. 433–449.
④ 〔美〕塞缪尔·亨廷顿：《文明的冲突与世界秩序的重建》，新华出版社，1998，第171页。

度，二是包含到欧盟中去的国家数量的增加。① 但是，"区域认同度同区域面积的大小成反比。区域认同度恰恰是区域一体化实现的地缘文化因素"。② 显然，欧盟的进一步扩大会因为成员国的增加及其认同和利益差异的增大而变得更加困难。"事实上，欧盟成员国和申请国双方存在着根深蒂固的经济、文化、宗教差异，需要有一个较长时间的协调和磨合过程。因此，无论欧盟想实现'大欧洲'梦想也好，还是候选国极力想成为'欧洲大家庭'中名副其实的一员也好，它们的期望与现实目前至少是有一定距离的。"③

接纳新成员要取得老成员国的"一致同意"，也使得欧盟扩大变得更加困难。历史因素、边界纠纷，以及宗教、种族等问题都会成为干扰因素。土耳其入盟难，不仅有政治、经济因素，也有宗教因素，更有希腊和塞浦路斯因素。这两个国家完全可以利用"一致同意"原则中存在的"否决权"否决与自己有历史积怨和边界纠纷的土耳其入盟。反过来，土耳其要入盟就不仅要处好与欧盟的关系，也要处好与某些成员国的关系，成本和难度加大。所以，欧盟在选择候选国对象时面临非常大的困难。当初，吸纳塞浦路斯，就是希望在欧盟的制度框架下解决希、土、塞三边关系问题，但并没有如愿。

第三是对欧盟决策能力的挑战。

欧盟东扩之后，成员国数量增至 27 个，④ "30 国欧盟"也指日可待。随着成员国数量的大幅增加，欧盟的多样性以及来自中东欧新成员国的特殊的历史和政治工作文化，对欧盟的决策能力会带来新的挑战。

首先是中东欧国家会利用欧盟担心中东欧重新落入俄罗斯势力范围的心理谋求欧盟更多的让步和利益，考虑国家的利益多于欧盟的整体利益。"联盟是由某些方面具有共同利益，而非在所有方面都拥有共同利益的国家构成。"新成员国由于与美国的特殊关系，而可能更倾向于"大西洋主义"，或者在德、法、英三国之间纵横渔利。而且，由于这些新成员国都是些小国

---

① 杨逢珉、张永安编著《欧洲联盟经济学》，华东理工大学出版社，1999，第 337 页。
② 宋新宁、陈岳：《国际政治经济学概论》，中国人民大学出版社，1999，第 96 页。
③ 胡荣花：《东扩对欧盟和中东欧国家的双重影响——期望差异的分析》，《世界经济研究》2002 年第 2 期，第 58~62 页。
④ 2013 年 7 月 1 日，克罗地亚正式成为欧盟第 28 个成员国。

家,在与欧盟和其他大国的谈判和交换中的"议题联系能力"差,即可用的资源和手段有限,很可能成为欧盟内的"二等公民"。为了泄愤或为了引起欧盟及其大国的注意,也可能做出非常之举。所有这一切都不利于欧盟形成共同的政策。

其次是欧盟的工作文化对新成员国是一个挑战。欧盟长期以来形成的政府间文化和系统游戏规则,对新成员国来说是一种严重的挑战。欧盟有"俱乐部的集市"或"集市的俱乐部"之称。据统计,欧盟绝大多数政策不是在桌面上谈判形成的,而是在非正式场合私下妥协的结果。而中东欧国家的民族性格,以及长期在中央集权统治下所形成的官僚文化,一时很难适应欧盟的这种独特系统文化。"改变欧盟已经习惯的运作方式固然不易,使新的东欧申请者适应这种运作方式同样不易。"① 所以,至少在短期内,双方需要磨合,不同的工作文化会影响欧盟的决策效率。而27个国家就有23种工作语言,这不仅需要大量的翻译人员,而且也会影响欧盟的工作效率。以基欧汉的国际制度功能理论论,国际制度或机制的最主要的功能是为行为者提供信息和预期,减少交易成本。但是,"即使在行为者相互之间存在共同利益的情况下,世界政治中的信息和沟通的障碍也可能阻碍合作的实现,并导致纷争涌现"。② 显然,欧盟扩大之后,欧盟的政府间文化及工作语言会影响欧盟的决策和运作效率。

最后是欧盟的决策原则和程序会影响欧盟的决策效率。为了迎接2004年的东扩,欧盟的尼斯会议做了准备,为了避免欧盟扩大后陷入瘫痪而扩大了欧盟的多数表决范围,不仅第一根支柱实现多数表决,第二和第三根支柱也大量引进多数表决。2000年12月,欧盟首脑会议在法国尼斯城召开,其核心议题是机构改革。经过艰苦谈判和磋商,与会各国达成一致意见并签订《尼斯条约》,其主要的贡献有三。第一,就欧盟委员会与欧洲议会等机构改革达成一致。但是分配原则有利于大国,比如欧洲议会按人口分配名额,德国99名,法国、英国、意大利各78名,西班牙和波兰各54名,罗马尼亚35名,其他国家的名额都在30以下。第二,扩大"特定多数表决制"

---

① 〔美〕戴维·卡莱欧:《欧洲的未来》,上海人民出版社,2003,第301~303页。
② 〔美〕罗伯特·基欧汉:《霸权之后:世界政治经济中的合作与纷争》,上海人民出版社,2001,第84页。

适用范围。各成员国同意将在29个领域放弃一致通过表决制，并将部长理事会的特定多数原则的表决范围扩大到环境、交通及欧盟委员会主席决定等问题和领域。第三，"强化合作"。只要有8个成员国同意，就可以在某一领域开展"强化合作"，即先行推进某些一体化措施。很明显，欧盟的特定多数表决程序和方法还是过于复杂，而且有大国借东扩之机瓜分权力之嫌。而"强化合作"的多速欧洲方式也存在风险，多速欧洲意味着欧盟的结构层次化，意味着有些国家存在被边缘化的危险。而欧盟为了解决民主赤字问题，寻求合法性，不仅扩大欧洲议会的权力，而且要求所有重要的欧盟政策都要经过成员国议会或全民公投表决。这也为民族主义政治提供了机会。所有这些原则与程序都会延缓或阻碍欧盟的政策形成和落实。更重要的是《尼斯条约》只是解决了欧盟扩大到27国时的机构设置和运行机制，并没有为更进一步的扩大做准备。往后的扩大不仅要各成员国通过，而且扩大之前要评估欧盟的吸纳能力和机构运行效率。①

（三）安全目的与手段相悖

如前所述，欧盟的对外政策是分层次的，对中东欧和巴尔干东南欧国家通过一体化方式把它们纳入欧盟组织框架，对独联体和南地中海国家则试图采取多重的结构性框架，即通过逐步的经济一体化，次区域性多边政治对话，以及强化安全合作来维持和实现欧盟周边的和平与稳定。客观地讲，在全球化的时代，综合安全的相互依赖加强了，欧盟所采取的一系列新自由制度主义的安全政策总体上是符合时代潮流的。经济的相互依赖和国际制度有助于和平。尽管依赖的程度对双方是不对等的，但对于这些中小国家来说，政治经济实力雄厚的欧盟始终是施舍者，而问题在于受惠者收益的差别和期望会不会导致新的不稳定因素。另外，国际机制有提供信息和预期的功能，有助于冲突双方的对话与和解。但如果所有的机制都是欧盟主导或一手炮制的，那么所有的其他的参与者就会或多或少地怀有戒心，参与的积极性和主动性就会大打折扣。但是，如罗伯特·基欧汉所说，"如果没有国际合作，那么我们人类的前景真的将是不幸的。合作并

---

① Pascal fontaine, "Europe In 12 Lessons ," http：//ec. europa. eu/publications/booklets/eu_glance/60/ en. pdf, pp. 12 – 15.

非总是有利的；但是没有合作，我们就无法愉快地生活、工作"。① 从南地中海国家对参与欧盟主导的"地中海倡议"持保留态度可见一斑。区域合作还是主流和大势。

而最严重的是欧盟所抱持的"民主和平论"遇到了前所未有的挑战。② 无论是东扩，还是与周边国家发展经济关系，欧盟都把民主、自由、人权、法制与经济援助挂钩。对于认同欧盟政治文明、要求入盟的国家来说，这没有问题。但对那些不愿意或不可能入盟的国家来说，特别是对北非国家和原苏联加盟共和国来说，民主、人权、法制就意味着社会政治秩序的重建，也意味着统治阶级和既得利益集团的特权的丧失。鱼和熊掌不可兼得，舍鱼而取熊掌者也。正如英国欧盟专家查尔斯·格兰特说的，"胡萝卜做经济奖励并不能诱使摩尔多瓦改革经济，埃及拥抱民主"。③ 这些国家的当权者也许会应付国民要求参与欧盟的倡议，加强和欧盟的安全合作，但政治上的民主改革则不可能真正落实。欧盟所要求的民主政治模式，对这些国家来说就意味着内战和分裂。与其让民主人权破坏这些国家的稳定，不如尊重它们自己的发展道路，求同存异，谋求平等合作。民主是世界发展的大势，成熟的民主社会国家之间确实少有战争；但民主应该也必须是一个渐进的演进过程。把政治标准与发展经贸关系捆绑起来，这是欧盟进一步发展与周边国家政治安全关系的最大阻碍。

不幸的是，欧盟至今还没有认识到这一点，或认识到了又不愿放弃用欧盟民主模式改造其他国家的理念和雄心。但这样做的结果将适得其反，根本达不到预期的目标，有时甚至还会渐行渐远。欧盟与俄罗斯的关系、欧盟与伊朗的关系等，都是这种情况。这是欧盟对外关系发展的悖论。而欧盟居高临下的态度，"按我说的做，而不是照我做的做"，④ 对那些渴望尊重和追求平等的候选国以及新成员国来说，都是不可接受的。

---

① 〔美〕詹姆斯·德·代元主编《国际关系理论批判》，浙江人民出版社，2003，第324页。
② Kristi Raik, "EU Accession of Central and Eastern European Countries: Democracy and Integration as Conflicting Logics," *East European Politics and Societies*, Fall 2004, Vol. 18, Iss. 4, p. 567.
③ Charle Grant, "Europe's Blurred Boundaries—Rethinking Enlargement and Neigbourhood Policy," http: //www.cer.org.uk/pdf/pr_696_boundaries_grant.pdf.
④ Michael Johns, "'Do as I Say, not as I Do': The European Union, Eastern Europe and Minority Rights," *East European Politics and Societies*, Fall 2003, Vol. 17, Iss. 4, p. 682.

三 欧盟的安全形势

通过以上分析，我们完全可以得出结论：欧盟的内部安全形势总体上会朝好的方向发展；但欧盟东扩，成员国数量大幅增加，邻近世界的"破碎地带"，又受到世界政治体系结构性的挑战，欧盟外部安全环境也存在一些变数。由于美国、欧盟和俄罗斯都过于强大，欧盟一体化或扩大难以真正建立包容俄罗斯的泛欧洲体系，而没有美国的欧洲也会陷入失去平衡的局面。所以，卡莱欧为欧洲的未来设计了一个"泛欧洲的三极体系"：欧盟还是维持它的西欧特点，稳定西欧和其周边邻国是其根本；北约保持大西洋联盟的安全功能，通过北约的和平伙伴关系或欧安组织把俄罗斯纳入泛欧洲体系之中。[①] 这样，美国、欧盟和俄罗斯各得其所，就能维持欧洲大陆的和平与稳定。卡莱欧显然有维护美国在欧洲霸权地位的一面；但这也是当前相当一段时间内欧洲安全格局的现实和定数。目前，欧盟东扩没有吸纳俄罗斯的打算，甚至独联体国家也没有考虑在内。未来 15 年内，欧盟扩大的对象是东南欧国家，包括土耳其。但在欧盟门外，在欧洲大家庭之内存在一群以俄罗斯为首的"弃儿"，在欧洲存在欧盟和独联体两个独立的地区组织，欧盟的安全前景似乎是黯淡的。

欧盟东扩的最终边界问题是欧盟安全面临的最大考验。实际上，欧盟在东扩的过程中，就通过"合作与伙伴关系"安抚这些"弃儿"，但现实是这些政策措施很难满足它们想加入欧盟、获得成员国身份的要求。俄罗斯是大国，为了自己的行动自由和独立性，一时入盟的要求还不强烈，只要欧盟能给予其经济上的好处就行。但对乌克兰、格鲁吉亚、亚美尼亚等想摆脱俄罗斯控制的欧洲国家来说，加入欧盟是它们的首要目标。欧盟仅仅用开放市场、经济援助等经济手段笼络周边国家，能满足它们的要求吗？而为什么亚洲特性居多的土耳其能入盟呢？对此，欧盟的解释是苍白的，难以服人。[②] 只要欧盟

---

① 〔美〕戴维·卡莱欧：《欧洲的未来》，上海人民出版社，2003，第 374～393 页。
② Nino Kopaleishvili, "Chances of Georgia Joining EU 'Low'," Centre of European Reform (CER), 24 June, 2005, http://www.cer.org.uk; Roman Petrov, "Recent Developments in the Adaptation of Ukrainian Legislation to EU Law," *European Foreign Affairs Review* 8, 2003, pp. 125–141.

的门外有不满和抱怨者，欧盟的外部安全环境就不能乐观。它们之间在安全方面的合作也不可能是同心协力的。这些国家必然会从自己的利益出发计算得失并采取行动，欧盟的安全利益只有在不悖于它们国家的安全时才能得到支持。而欧盟何时能把外人和自己人真正地通过欧盟的组织框架包容起来呢？

欧盟独特的安全模式适应了冷战后全球化时代的安全环境的要求，也是二战后西欧融合的成功经验的继续，欧盟东扩反映了这种模式的扩张和自信。但这种模式除了要面对体系结构性的挑战，还要面对欧盟"吸收能力"的挑战。2006年10月，欧盟已经出现了"扩大疲劳症"，大多数人不支持欧盟继续扩大，成员国政府多数也呈现厌倦感。罗马尼亚和保加利亚入盟后，最多是马其顿挤入欧盟，之后的扩大就只有用其他"邻居政策"替代了。[1] 但是，欧盟官方并没有正式放弃对东南欧巴尔干国家和土耳其的入盟承诺，他们明白"欧盟成员国身份"对候选国的"稳定器"作用，不过，兑现承诺可能是另一回事。从战略看，欧盟一定会克服"扩大疲劳症"，至少会完成对这些国家的入盟议程。至于乌克兰等独联体国家是否能如愿入盟，将取决于欧盟与俄罗斯的双边关系的发展和博弈，而不取决于这些国家的入盟愿望和其他条件是否成熟。但至少10~15年内欧盟不可能考虑乌克兰、格鲁吉亚等独联体国家的入盟问题，当前只想用"伙伴与合作"机制，以及"新邻居政策"框架加强与这些国家的关系。[2] 北约在东扩中迷失了方向，欧盟又何尝不是？[3] 欧盟不可能无限扩大，但是边界在哪呢？对此，欧盟至今没有定论。这就很容易引起困惑和不安。因此，东扩问题，不仅是对象或地理空间的问题，也是政治认同或欧盟最终定位的问题。这本身就是一个重大理论和安全问题。

冷战结束，解除了来自苏联的军事威胁，总体安全环境得到根本的改善。而欧盟利用东扩不仅壮大了自身的实力，而且占据了欧亚大陆心脏地带的门户，对俄罗斯处于攻势。所以，欧盟的外部安全面临的挑战虽多，但总体形势还是好的。

---

[1] Charle Grant, "Europe's Blurred Boundaries—Rethinking Enlargement and Neigbourhood Policy," http://www.cer.org.uk/pdf/pr_696_boundaries_grant.pdf.

[2] Ziya Onis, "Diverse but Converging Paths to European Union Membership: Poland and Turkey in Comparative Perspective," *East European Politics and Societies*, Summer 2004, Vol. 18, Iss. 3, p. 481.

[3] Richard E Rupp, "NATO Enlargement: All aboard? Destination Unknown," *East European Quarterly*, Fall 2002, 36, 3, Academic Research Library, pp. 341–367.

历史证明，法德轴心是欧洲一体化的火车头和发动机，是欧盟的支柱，也是欧洲安全的基石。只要法德轴心紧密合作，欧盟一体化的前景就是乐观的。正如阿登纳所说，"在战后世界形势的发展中，一个欧洲国家的经济单靠自己的力量是不可能永葆青春健康的……没有一个欧洲国家——不管是哪一国，即使是重新统一后的德国也一样，是能单独在世界经济和世界政治中起作用的，因为单独一个国家在这方面力量过于单薄"。[1] 在今天这样一个多极化的世界格局里，欧洲只有作为一个整体才具有世界竞争力，才能在世界政治经济舞台上发挥领导作用。对于法、德来说，没有任何选择比推动欧盟一体化更符合自身的利益。所以，我们有理由相信，欧盟不会在困难面前退缩，而会在曲折中继续前进。欧盟的未来安全形势会变得越来越好。

欧盟东扩的成功意味着欧洲一体化朝纵深度发展，对于在全球化竞争中寻求合作的东亚来说极具参考价值。但东亚与欧盟有所不同。第一，法德合作是欧盟一体化成功的关键，而东亚大国的合作意愿和决心还存在较大差距，尤其是日本对东亚一体化发展的诚意不够，总想排斥他国，一国独大。第二，共同的利益和外在的压力较小。冷战时欧盟意在对付苏联，冷战后制衡德国和威慑俄罗斯。东亚似乎在这方面没有共识，没有共同的竞争对手，共同利益模糊。个别国家还抱持冷战思维，没有顺应全球化时代综合安全实践要求。第三，欧盟有共同的文化渊源，共同的宗教和历史，而东亚虽然一再强调共同的儒家文化，但自从日本脱亚入欧之后一直摇摆不定，而且日本作为一个经济大国，在历史上与邻国有过战争，又缺乏责任感，所以东亚共同体构建的最大障碍是日本的国际定位不清、责任不明。第四，和欧盟一样，地区一体化最大的外在因素是美国，欧盟作为一个整体与美国合作竞争，而东亚则是各个国家从自己的国家利益出发发展与美国的双边关系，从而抑制了东亚一体化发展。有鉴于此，东亚可以从欧盟身上学什么呢？第一，从容易入手的经济合作开始，逐步进入政治与安全领域的合作；第二，化解历史恩怨，关键是侵略者要承担历史责任，有诚意，就像西德或今天的德国那样彻底根除法西斯主义；第三，地区各国领导人要有历史责任感，而且要教育人民和争取人民的支持，从战略高度重视地区合作的重要性和紧迫性，积极推动一体化合作的进程。

---

[1] 康拉德·阿登纳：《阿登纳回忆录（三）》，上海人民出版社，1973，第306页。

参考文献

中文书目

1. 〔法〕埃德加·莫兰：《反思欧洲》，生活·读书·新知三联书店，2005。
2. 〔德〕奥托·岑皮尔：《变革中的世界政治：东西方冲突结束后的国际体系》，华东师范大学出版社，2000。
3. 〔英〕巴瑞·布赞、〔丹麦〕奥利·维夫、〔丹麦〕迪·怀尔德：《新安全论》，浙江人民出版社，2003。
4. 〔美〕本尼迪克特·安德森：《想象的共同体：民族主义的起源与散布》，上海人民出版社，2003。
5. 〔比〕布鲁诺·考彼尔特斯、宋新宁：《欧洲化与冲突解决：关于欧洲边缘地带的个案研究》，法律出版社，2006。
6. 蔡拓等：《全球问题与当代国际关系》，天津人民出版社，2002。
7. 陈朝高编著《欧洲一体化与世界》，时事出版社，1999。
8. 陈志敏、古斯塔夫·盖拉茨：《欧洲联盟对外政策一体化——不可能的使命?》，时事出版社，2003。
9. 丛鹏主编《大国安全观比较》，时事出版社，2004。
10. 戴炳然译：《欧洲共同体条约集》，复旦大学出版社，1993。
11. 〔美〕戴维·卡莱欧：《欧洲的未来》，上海人民出版社，2003。
12. 〔美〕丹尼尔·辛格：《谁的千年》，中国人民大学出版社，2002。
13. 〔俄〕德·谢·利哈乔夫：《解读俄罗斯》，北京大学出版社，2003。
14. 〔法〕德尼兹·加亚尔、贝尔纳代特·德尚等：《欧洲史》，海南出版社，2000。

15. 〔法〕法布里斯·拉哈：《欧洲一体化史（1945~2004）》，中国社会科学出版社，2005。
16. 方长平：《国家利益的建构主义分析》，当代世界出版社，2002。
17. 冯寿农、项颐倩编《欧盟概况》，鹭江出版社，2006。
18. 〔美〕弗兰西斯·福山：《历史的终结》，远方出版社，1998。
19. 郭华榕、徐天新主编《欧洲的分与合》，京华出版社，1999。
20. 〔英〕哈·麦金德：《历史的地理枢纽》，商务印书馆，1985。
21. 〔美〕汉斯·摩根索：《国家间政治——寻找权力与和平的斗争》，中国人民公安大学出版社，1990。
22. 何新：《论政治国家主义》，时事出版社，2003。
23. 何新：《全球战略问题新观察》，时事出版社，2003。
24. 〔美〕亨利·基辛格：《大外交》，海南出版社，1998。
25. 胡鞍钢、门洪华主编《解读美国大战略》，人民出版社，2003。
26. 胡瑾、王学玉主编《发展中的欧洲联盟》，山东人民出版社，2000。
27. 〔英〕贾斯廷·罗森伯格：《市民社会的帝国：现实主义国际关系理论批判》，江苏人民出版社，2002。
28. 〔英〕贾斯廷·罗森伯格：《质疑全球化理论》，江苏人民出版社，2002。
29. 姜毅等：《重振大国雄风：普京的外交战略》，世界知识出版社，2004。
30. 〔英〕杰弗里·帕克：《地缘政治学：过去、现在和未来》，新华出版社，2003。
31. 〔英〕杰弗里·帕克：《二十世纪的西方地理政治思想》，解放军出版社，1992。
32. 金安：《欧洲一体化的政治分析》，学林出版社，2004。
33. 金鑫、辛伟主编《世界热点问题报告》，浙江人民出版社，2004。
34. 〔美〕肯尼思·华尔兹：《国际政治理论》，上海人民出版社，2003。
35. 〔美〕拉西特、〔美〕斯塔尔：《世界政治》，王玉珍译，华夏出版社，2001。
36. 李巍、王学玉编《欧洲一体化理论与历史文献选读》，山东人民出版社，2001。
37. 李兴：《从全面结盟到分道扬镳》，武汉大学出版社，2000。

38. 李智：《全球化时代的国际思潮》，新华出版社，2003。
39. 〔美〕理查德·N.哈斯：《"规制主义"：冷战后的美国全球新战略》，新华出版社，1999。
40. 〔美〕理查德·尼克松：《超越和平》，世界知识出版社，1995。
41. 〔美〕理查德·尼克松：《真正的战争》，新华出版社，1980。
42. 连玉如：《新世界政治与德国外交政策——"新德国问题"探索》，北京大学出版社，2003。
43. 梁守德主编《新形势与新国际观》，中央编译出版社，2004。
44. 刘从德：《地缘政治学：历史、方法与世界格局》，华中师范大学出版社，1998。
45. 刘德斌主编《国际关系史》，高等教育出版社，2003。
46. 刘金质：《冷战史》，世界知识出版社，2003。
47. 〔俄〕卢日科夫：《历史的更新：21世纪的人类和俄罗斯的未来》，新华出版社，2003。
48. 陆齐华：《俄罗斯与欧洲安全》，中央编译出版社，2001。
49. 〔美〕罗伯特·基欧汉：《霸权之后：世界政治经济中的合作与纷争》，上海人民出版社，2001。
50. 〔美〕罗伯特·基欧汉、约瑟夫·奈：《权力与相互依赖——转变中的世界政治》，中国人民公安大学出版社，1992。
51. 〔美〕罗伯特·吉尔平：《国际关系政治经济学》，上海人民出版社，2006。
52. 〔美〕罗伯特·吉尔平：《全球政治经济学：解读国际经济秩序》，上海人民出版社，2003。
53. 〔美〕罗伯特·卡根：《天堂与实力：世界新秩序下的美国与欧洲》，新华出版社，2004。
54. 〔英〕罗杰斯：《失控：21世纪的全球安全》，新华出版社，2004。
55. 〔英〕马丁·阿尔布劳：《全球时代：超越现代性之外的国家和社会》，商务印书馆，2001。
56. 〔美〕玛莎·费丽莫：《国际社会中的国家利益》，浙江人民出版社，2001。
57. 倪世雄等：《当代西方国际关系理论》，复旦大学出版社，2001。

58. 庞中英主编《全球化，反全球化与中国》，上海人民出版社，2002。
59. 〔法〕皮埃尔·热尔贝：《欧洲统一的历史与现实》，中国社会科学出版社，1989。
60. 〔俄〕普京：《普京文集：文章和讲话选集》，中国社会科学出版社，2002。
61. 钱其琛：《外交十记》，世界知识出版社，2003。
62. 饶蕾：《欧盟委员会：一个超国家机构的作用》，西南财经大学出版社，2002。
63. 〔美〕塞缪尔·亨廷顿：《文明的冲突与世界秩序的重建》，新华出版社，1998。
64. 沈骥如：《欧洲共同体与世界》，人民出版社，1994。
65. 宋国涛等：《中国国际环境问题报告》，中国社会科学出版社，2002。
66. 宋新宁、陈岳：《国际政治经济学概论》，中国人民大学出版社，1999。
67. 〔英〕苏珊·斯特兰奇：《国际政治经济学导论》，经济科学出版社，1990。
68. 童世骏、曹卫东编《老欧洲新欧洲》，华东师范大学出版社，2004。
69. 王恩涌等编著《政治地理学》，高等教育出版社，1999（2003年重印）。
70. 王树春：《转型时期的俄罗斯国家安全战略》，中山大学出版社，2002。
71. 王正毅、张岩贵：《国际政治经济学：理论范式与现实经验研究》，商务印书馆，2003。
72. 〔法〕魏明德：《全球化与中国》，商务印书馆，2002。
73. 温国才等编著《现代西方经济学原理》，暨南大学出版社，1994。
74. 文甘君：《忧郁的俄罗斯在反思》，生活·读书·新知三联书店，2000。
75. 吴志成：《治理创新：欧洲治理的历史、理论与实践》，天津人民出版社，2003。
76. 伍贻康、周建平、戴炳然、蒋三铭：《欧洲经济共同体》，人民出版社，1983。
77. 肖欢容：《地区主义：理论的历史演进》，北京广播学院出版社，2003。
78. 肖星编著《政治地理学》，测绘出版社，1995。
79. 〔俄〕谢·格拉济耶夫：《俄罗斯改革的悲剧与出路——俄罗斯与新世界秩序》，经济管理出版社，2003。

80. 〔日〕星野昭吉、刘小林：《全球政治学》，张胜军译，新华出版社，2000。

81. 邢爱芬等：《影响世界格局的国际关系理论》，北京师范大学出版社，2001。

82. 阎学通、孙学峰：《国际关系研究实用方法》，人民出版社，2001。

83. 杨逢珉、张永安编著《欧洲联盟经济学》，华东理工大学出版社，1999。

84. 杨龙：《西方新政治经济学的政治观》，天津人民出版社，2004。

85. 俞可平主编《西方政治学名著提要》，江西人民出版社，2000。

86. 俞正梁等：《大国战略研究》，中央编译出版社，1998。

87. 〔美〕约翰·罗尔克编著《世界舞台上的国际政治》（第9版），北京大学出版社，2005。

88. 〔美〕约翰·米尔斯海默：《大国政治的悲剧》，上海人民出版社，2003。

89. 〔美〕詹姆斯·德·代元主编《国际关系理论批判》，浙江人民出版社，2003。

90. 〔美〕詹姆斯·多尔蒂、小罗伯特·普法尔茨格拉夫：《争论中的国际关系理论（第5版）》，世界知识出版社，2003。

91. 张宏毅编著《现代国际关系发展史》，北京师范大学出版社，1993。

92. 张建华：《俄国史》，人民出版社，2004。

93. 张豫：《一个人的振兴：直面普京》，世界知识出版社，2003。

94. 郑秉文主编《欧洲发展报告：欧盟东扩》，社会科学文献出版社，2003。

95. 郑秉文主编《欧洲发展报告：欧元与欧洲改革》，社会科学文献出版社，2002。

96. 中国社会科学院欧洲研究所、中国欧洲学会编《大欧盟 新欧洲：2004~2005欧洲发展报告》，中国社会科学出版社，2005。

97. 周全：《21世纪的俄罗斯经济发展战略》，中国城市出版社，2002。

98. 周荣耀主编《9.11后的大国战略关系》，中国社会科学出版社，2003。

99. 周水根：《全球经济新版图》，中国商业出版社，2002。

100. 朱立群：《欧洲安全组织与安全结构》，世界知识出版社，2002。

101. 朱晓中：《中东欧与欧洲一体化》，社会科学文献出版社，2002。

102. 〔美〕兹比格涅夫·布热津斯基：《大抉择：美国站在十字路口》，新华出版社，2005。

103. 〔美〕兹比格涅夫·布热津斯基：《大棋局：美国的首要地位及其地缘战略》，上海人民出版社，2007。

中文期刊论文

1. 〔俄〕A. A. 赫罗莫娃：《俄与欧盟关系中的能源因素》，《西伯利亚研究》2002年第4期。

2. 〔荷〕P. 特雷纳：《欧洲新不平等的9个特征》，《国外社会科学》2003年第6期。

3. 〔俄〕K. 勃里索娃：《欧洲一体化发展的最重要阶段——评〈欧盟东扩：欧盟各国的立场〉》，孙育芬摘译，《国外社会科学》2003年第3期。

4. 曹志平：《地缘政治与俄罗斯外交》，《东欧中亚研究》1998年第5期。

5. 陈俊锋、张金海：《俄欧关系由冷转热》，《瞭望新闻周刊》2000年第24期。

6. 陈淑梅、张明：《欧盟的东扩与标准化进程》，《世界标准化与质量管理》2003年第7期。

7. 陈新：《加大的边界与成本》，《国际贸易》2003年第2期。

8. 陈玉刚：《欧盟东扩：跨世纪的挑战》，《国际观察》1999年第2期。

9. 陈玉荣：《俄罗斯同西方国家关系发展的新阶段》，《国际问题研究》2002年第5期。

10. 陈支农：《欧盟东扩——反倾销又增变数》，《WTO经济导刊》2004年第7期。

11. 崔宏伟：《欧盟东扩与中东欧国家的发展战略》，《世界经济研究》1997年第2期。

12. 戴炳然：《欧盟东扩的政治含义》，《国际观察》2004年第2期。

13. 〔德〕迪特玛·赫尔茨：《欧盟扩大过程中的安全政策问题》，《德国研究》2005年第2期。

14. 丁原洪：《欧盟扩大和欧洲一体化建设》，《和平与发展》2004年第2期。

15. 董磊：《国际关系三大理论范式与国际安全观的建构》，《南京政治学院学报》2003年第4期。

16. 范建中：《俄罗斯的国际战略环境及其与西方国家的关系》，《当代世界与社会主义》2002年第1期。

17. 范军：《俄欧关系：一个共同的欧洲家园？》，《华东师范大学学报》（哲学社会科学版）2004年第1期。

18. 范军：《欧洲的边界在哪里——欧盟东扩与俄欧关系》，《俄罗斯研究》2004年第2期。

19. 方红伟：《论冷战后欧盟的国际地位》，《聊城大学学报》（社会科学版）2005年第3期。

20. 方雷：《欧盟东扩的正负效应分析》，《欧洲研究》2003年第4期。

21. 方雷：《欧盟东扩对中东欧政治转轨的影响》，《国际学术动态》2004年第1期。

22. 方雷：《欧盟东扩与利益均衡》，《国际观察》2003年第4期。

23. 方雷：《欧盟东扩战略探析》，《山东大学学报》（哲学社会科学版）2003年第3期。

24. 冯剑：《欧盟东扩的收益、代价及其影响》，《开放导报》2004年第3期。

25. 冯绍雷：《欧盟东扩与大国博弈》，《俄罗斯研究》2004年第2期。

27. 冯仲平：《欧盟与美俄中关系的演变与发展》，《现代国际关系》2002年第1期。

28. 冯仲平：《欧洲安全观与欧美关系》，《欧洲》2003年第5期。

29. 高歌：《试析欧盟东扩对中东欧新成员国政党制度的影响》，《俄罗斯中亚东欧研究》2004年第5期。

30. 高华：《欧盟安全和防务的不同概念辨析》，《现代国际关系》2002年第5期。

31. 葛瑞明：《地缘政治思想对俄罗斯外交政策的影响》，《解放军外语学院学报》1998年第4期。

32. 龚洪烈：《俄罗斯外交：历史与现实》，《东欧中亚研究》2001年第2期。

33. 龚子方、刘文秀：《欧盟东扩对共同外交与安全政策的负面影响》，《领导科学》2005年第14期。

34. 郭连成、钱谊：《欧盟东扩对俄罗斯与欧盟经济关系的影响》，《俄罗斯中亚东欧研究》2004年第6期。

35. 侯少令、吴乃兵:《欧亚结合部的文明与俄罗斯外交思潮》,《佳木斯大学社会科学学报》2003 年第 5 期。
36. 黄光耀:《冷战后欧盟安全防务政策的调整》,《世界经济与政治论坛》2002 年第 3 期。
37. 黄华光、林蔚:《欧盟跨世纪的综合安全战略》,《当代世界》1999 年第 5 期。
38. 贾文华:《深化与挑战：欧盟东扩及其走向分析》,《郑州大学学报》2004 年第 2 期。
39. 姜振军:《俄罗斯外交调整的背景和意图探析——俄罗斯对外政策十年综述》,《西伯利亚研究》2004 年第 3 期。
40. 金启明:《欧盟东扩的喜与忧》,《全球科技经济瞭望》2004 年第 8 期。
41. 李建民:《解读俄欧统一空间"路线图"》,《世界知识》2005 年第 14 期。
42. 李力、曾强:《宗教因素对国家安全的影响》,《现代国际关系》2005 年第 9 期。
43. 李明祥:《欧盟东扩：欲圆大欧洲之梦》,《当代世界》2001 年第 7 期。
44. 李兴:《北约欧盟双东扩：俄罗斯不同对策及其原因分析》,《俄罗斯中亚东欧研究》2005 年第 2 期。
45. 李兴:《论冷战后美俄关系中的欧亚地缘因素》,《国际政治研究》2005 年第 3 期。
46. 李兴:《论欧盟共同防务的特点、问题及其前景》,《武汉大学学报》(社会科学版) 2001 年第 1 期。
47. 李兴:《论欧盟共同防务与安全政策中的俄罗斯因素》,《现代国际关系》2002 年第 9 期。
48. 李兴:《浅议东欧分与合的特点》,《国际政治》(人民大学复印资料) 1997 年第 6 期。
49. 林红:《后冷战时代的欧洲新民粹主义》,《国际论坛》2005 年第 4 期。
50. 刘戈宏:《欧盟东扩：问题与前景》,《社会科学辑刊》2001 年第 2 期。
51. 刘建生:《欧洲的安全形势与机制》,《国际问题研究》2001 年第 1 期。
52. 刘军梅、黎媛菲:《俄罗斯与欧盟经贸合作的问题与启示》,《东北亚论坛》2004 年第 2 期。

53. 刘卫兵：《欧盟东扩与欧元区的扩大》，《金融广角》2004 年第 7 期。

54. 柳建平：《安全、人的安全和国家安全》，《世界经济与政治》2005 年第 2 期。

55. 路晓军：《俄欧关系："新时代"已经来临？》，《当代世界》2001 年第 9 期。

56. 罗松涛：《统一欧洲的大战略——欧盟东扩论》，《国际问题研究》2000 年第 4 期。

57. 罗英杰、常思纯：《俄罗斯能源外交浅析》，《贵州师范大学学报》（社会科学版）2003 年第 5 期。

58. 罗志刚：《俄罗斯与欧盟共同安全和防务政策》，《武汉大学学报》（哲学社会科学版）2004 年第 3 期。

59. 罗志刚：《欧盟东扩战略与俄罗斯》，《现代国际关系》2001 年第 9 期。

60. 罗志刚：《欧洲安全问题与俄罗斯的战略抉择》，《国际观察》2001 年第 1 期。

61. 马风书：《融入欧洲：欧盟东扩与俄罗斯的欧洲战略》，《欧洲研究》2003 年第 2 期。

62. 马风书：《转型期的俄罗斯外交战略》，《当代世界社会主义问题》2001 年第 1 期。

63. 马青云：《欧盟东扩——全球聚焦东欧市场》，《环球经贸》2004 年第 2 期。

64. 马颖：《欧盟地区政策改革与欧盟东扩》，《武汉大学学报》2001 年第 1 期。

65. 孟秀云：《美国与欧洲：谁是俄罗斯外交的优先选择？》，《和平与发展》2004 年第 2 期。

66. 聂军：《论欧盟东扩的动因》，《襄樊学院学报》2003 年第 3 期。

67. 《欧盟扩容有风险》，容平译，《国外社会科学文摘》2001 年第 10 期，原载英国《经济学家》2001 年 5 月 19 日。

68. 《欧洲联盟和世界》，http://europa.eu.int/comm/world。

69. 潘琪昌：《欧盟东扩的机遇与风险》，《当代世界》2004 年第 5 期。

70. 潘忠岐：《非传统安全问题的理论冲击与困惑》，《世界经济与政治》2004 年第 3 期。

71. 庞大鹏：《国家利益与外交决策——普京执政以来的俄罗斯外交》，《世界经济与政治》2003 年第 2 期。

72. 彭云、刘伟：《合作性世界秩序：欧盟的全球治理构想》，《世界经济与政治》2003 年第 11 期。

73. 钱其琛：《美国国家安全战略调整与新世纪初的国际关系》，《国际问题研究》2004 年第 1 期。

74. 邱芝：《论欧盟东扩与深化的动力基础》，《世界经济与政治论坛》2004 年第 4 期。

75. 裘元伦：《2004 年欧洲联盟的政治与经济》，《国际经济评论》2005 年第 1 期。

76. 裘元伦：《从五大关键词语入手了解欧洲外交》，《现代国际关系》2002 年第 3 期。

77. 任锋：《西欧领导对欧盟外交战略和欧中关系的看法》，《现代国际关系》1998 年第 4 期。

78. 沈明霞：《欧盟艰难的独立防务之路》，《六盘水师范高等专科学校学报》2004 年第 2 期。

79. 时殷弘：《国际权势格局变动引起的理论问题》，《现代国际关系》2002 年第 3 期。

80. 时雨田：《欧盟东扩对发展中国家的经济影响》，《税务与经济》2001 年第 1 期。

81. 时雨田：《欧盟东扩与俄罗斯的对外经济贸易取向》，《东北亚论坛》2001 年第 4 期。

82. 〔英〕斯蒂芬·柯比：《欧洲的安全结构》，《欧洲》1996 年第 6 期。

83. 宋耀：《欧盟东扩对中东欧国家的负面影响分析》，《俄罗斯中亚东欧研究》2005 年第 1 期。

84. 苏惠民：《欧盟的外交谋略》，《和平与发展》2002 年第 1 期。

85. 苏惠民：《评"新欧洲"、"老欧洲"论》，《国际问题研究》2003 年第 6 期。

86. 苏惠民：《西欧在多极化世界中寻找自我》，《和平与发展》1999 年第 2 期。

87. 孙晓青、江穗春：《2004 年的欧盟形势》，《国际资料信息》2005 年第 1 期。

88. 孙逊：《论欧盟东扩所面临的困境和挑战》，《国际论坛》2002 年第 3 期。

89. 〔英〕托尼·麦克格鲁：《走向真正的全球治理》，《马克思主义与现实》2002 年第 1 期。

90. 汪波：《论英国对建立冷战后欧盟共同安全与防务政策的态度》，《武汉大学学报》2000 年第 6 期。

91. 王郦久：《普京的"融入"欧洲战略及其前景评估》，《现代国际关系》2003 年第 7 期。

92. 王潇：《欧盟东扩不是一场盛宴》，《WTO 经济导刊》2004 年第 7 期。

93. 王泽平：《试论冷战后土耳其的欧盟政策》，《国际问题研究》2005 年第 2 期。

94. 王振华：《罗马条约以来的欧洲安全和防务合作》，《欧洲》1997 年第 2 期。

95. 王正泉：《俄罗斯围绕外交构想的三次争论》，《国际观察》1998 年第 2 期。

96. 王志强、戴启秀：《后冷战欧洲界定与欧盟东扩》，《国际观察》2001 年第 2 期。

97. 王志强、戴启秀：《欧盟东扩的文化基础及其战略意义》，《德国研究》2003 年第 2 期。

98. 危素华：《议案 2000 与中东欧国家加入欧盟的实际影响》，《经济科学》2001 年第 4 期。

99. 〔德〕乌尔丽克·居罗特、〔德〕安德烈亚·维特：《欧洲的新地缘战略》，《世界经济与政治》2005 年第 6 期。

100. 吴潮、宋春兰：《北约东扩与欧盟东扩的比较分析》，《浙江师范大学学报》（社会科学版）1999 年第 6 期。

101. 吴弦：《影响深远的欧盟东扩》，《求是》2004 年第 12 期。

102. 吴晓奎：《"全球军事化"假说与"欧洲安全"构想》，《山东师范大学学报》2004 年第 4 期。

103. 伍贻康：《欧盟东扩和引发的思考》，《世界经济研究》2001 年第 1 期。

104. 伍贻康：《欧盟东扩与机构改革进程评析》，《现代国际关系》2002 年第 3 期。

105. 伍贻康：《欧盟新进展和加强中欧关系的战略意义》，《国际观察》1998 年第 2 期。

106. 武锦：《浅谈"新欧洲"与"老欧洲"的分歧》，《忻州师范学院学报》2004 年第 2 期。

107. 夏义善：《俄罗斯的外交走向：大西洋主义，还是欧亚主义》，《国际问题研究》2003 年第 3 期。

108. 夏云：《对欧盟国际地位的再认识》，《世界经济与政治》1997 年第 10 期。

109. 肖元恺：《世纪之交的欧洲安全结构》，《欧洲》1997年第3期。
110. 肖主安、肖运安：《浅析欧盟的国际环境战略》，《世界经济与政治论坛》2002年第6期。
111. 徐坚：《当前国际关系调整中若干趋势》，《国际问题研究》2002年第6期。
112. 徐之明、王正泉：《欧盟东扩与俄罗斯》，《国际观察》2003年第6期。
113. 许志新：《俄罗斯对独联体政策（1992~2000年）》，《欧洲》2001年第5期。
114. 颜烨：《我国安全理论研究现状分析》，《科技进步与对策》2005年第7期。
115. 杨逢珉、张永安：《欧盟东扩进程及其困难》，《世界经济研究》2002年第1期。
116. 杨莉：《俄罗斯与中东欧国家关系浅析》，《国际问题研究》2004年第3期。
117. 杨烨：《欧盟东扩中的"波兰现象"评析》，《俄罗斯中亚东欧研究》2004年第4期。
118. 姚勤华、戴轶尘、朱雯霞：《从"魏玛三角"到"波兰现象"——欧盟东扩与整合中的利益博弈》，《现代国际关系》2004年第5期。
119.〔俄〕伊·伊万诺夫：《俄罗斯的外交传统》，徐向梅译，《俄罗斯研究》2003年第2期。
120. 俞邃：《冷战后俄罗斯安全战略的调整及其对华影响》，《太平洋学报》1996年第1期。
121. 张东升：《全球化与欧盟的合作安全》，《世界经济与政治》2002年第1期。
122. 张健：《试析欧盟对土耳其政策的矛盾性》，《现代国际关系》2005年第6期。
123. 张生祥：《浅析欧洲的民族认同及其新认同政治》，《中共长春市委党校学报》2005年第3期。
124. 张铁钢：《俄欧越走越近》，《瞭望新闻周刊》2001年第22期。
125. 张晓阳、杨大伟：《浅谈欧盟与俄罗斯关系的发展》，《东欧中亚研究》1996年第6期。
126. 张业亮：《核威慑与冷战后的欧洲安全》，《欧洲》1997年第4期。
127. 张业亮：《科索沃危机与欧洲安全》，《世界经济与政治论坛》1999年第3期。
128. 张业亮：《论欧盟东扩及其对欧洲一体化的影响》，《国外社会科学情况》1998 年第 4 期。

129. 张月明、魏晓锋：《欧盟东扩的前景分析》，《当代世界社会主义问题》2000 年第 1 期。

130. 张征东：《欧盟在变化中寻找新定位》，《瞭望新闻周刊》2002 年第 38 期。

131. 张祖谦：《欧洲是决定和平与战争的关键地区》，《世界经济与政治》1999 年第 11 期。

132. 赵怀普：《"分裂"与"整合"——伊战后欧盟一体化形势评析》，《国际观察》2004 年第 3 期。

133. 赵洁、房乐宪：《欧盟东扩的内外影响及其对中欧关系的意义》，《思想理论教育导刊》2004 年第 7 期。

134. 赵鸣文：《俄罗斯战略收缩及其影响》，《国际问题研究》2004 年第 1 期。

135. 郑保国：《冷战后美俄欧在欧洲安全问题上的争斗》，《当代世界》1996 年第 5 期。

136. 郑春荣：《多视角看欧盟东扩》，《德国研究》1999 年第 2 期。

137. 郑先武：《"安全复合体"与区域秩序建构：一种理论阐释》，《欧洲研究》2004 年第 3 期。

138. 郑羽：《"和平伙伴"计划与俄罗斯外交》，《欧洲》1994 年第 5 期。

139. 周桂香：《加里宁格勒飞地问题及俄欧关系浅析》，《黑龙江教育学院学报》2003 年第 5 期。

140. 周军：《欧盟的"大欧洲"之路》，《世界经济与政治》2001 年第 9 期。

141. 周谦：《入盟对中东欧国家的利与弊》，《中国党政干部论坛》2004 年第 8 期。

142. 朱立群：《北约、欧盟"双扩"与欧洲新安全结构》，《国际问题研究》2002 年第 6 期。

143. 朱立群：《欧洲安全格局中的欧安组织》，《欧洲》1999 年第 1 期。

144. 朱立群：《欧洲地区安全机制的百年演变》，《外交学院学报》1999 年第 1 期。

145. 朱行巧：《波黑战争与美俄欧关系》，《东欧中亚研究》1997 年第 4 期。

146. 〔英〕朱迪·登普西（Judy Dempsey）：《铁幕会重降吗？》，微翁译，

《国外社会科学文摘》2001 年第 11 期，原载英国《金融时报》2001 年 8 月 2 日。

147. 祝政宏：《论"9·11"事件后俄罗斯对外政策的重大调整——评普京总统的"世界稳定弧"构想》，《新疆社科论坛》2003 年第 1 期。

148. 祝政宏：《论俄罗斯"融入西方"的可能性》，《新疆大学学报》（社会科学版）2003 年第 4 期。

149. 祖强、邱芝：《扩大后欧盟的内部发展动力与外部环境》，《欧洲研究》2004 年第 3 期。

学位论文

1. 毕洪业：《欧盟东扩与俄罗斯的选择》，华东师范大学博士论文，2005。
2. 陈春常：《欧盟一体化视域中的文化多样性》，华东师范大学硕士论文，2004。
3. 董入雷：《"欧盟—地中海伙伴关系"研究》，外交学院硕士论文，2006。
4. 李丹琳：《东南欧的稳定与新地区主义》，中国社会科学院博士论文，2002。
5. 李业圣：《欧盟第四次扩大及其影响》，武汉大学硕士论文，2005。
6. 刘超：《欧盟东扩及其制度互动》，外交学院博士论文，2003。
7. 刘秀萍：《欧盟北约双东扩与欧美关系》，外交学院硕士论文，2004。
8. 刘珍玉：《欧盟共同外交与安全政策探析》，河南大学硕士论文，2005。
9. 路文勇：《论欧洲融合——对民族特性与欧洲同一性关系的诠释》，中国社会科学院博士论文，2002。
10. 罗英杰：《俄罗斯与欧盟的经济关系》，外交学院博士论文，2004。
11. 米建英：《欧盟共同移民政策探析》，河北师范大学硕士论文，2004。
12. 莫顺学：《影响欧盟扩大的三大因素剖析》，云南大学硕士论文，2004。
13. 聂军：《论欧盟东扩的动因及面临的问题》，陕西师范大学硕士论文，2002。
14. 苏景楠：《欧盟共同农业政策浅析》，东北财经大学硕士论文，2004。
15. 王维：《土耳其加入欧盟问题》，外交学院硕士论文，2005。
16. 王妍：《欧盟东扩：中东欧候选国家入盟谈判解析》，吉林大学硕士论文，2004。

17. 吴艳君：《欧盟安全战略"欧洲化"研究》，武汉大学博士论文，2006。
18. 杨解朴：《欧盟层面的利益集团》，中国社会科学院硕士论文，2001。
19. 张敬新：《冷战后欧洲安全构建中的美国因素》，复旦大学硕士论文，2001。
20. 赵淑芳：《普京执政后的俄罗斯与欧盟关系》，中央党校硕士论文，2002。
21. 周勇：《欧盟东扩的政治动因分析》，武汉大学硕士论文，2005。

英文文献

1. Adrian Hyde-Price, "European Security, Strategic Culture, and the Use of Force," *European Security*, Winter 2004, Vol. 13, Iss. 4, p. 323.
2. Adrian Hyde-Price, "Recreating Europe. The European Union's Policy Towards Central and Eastern Europe," *Europe - Asia Studies*, Jan. 1999, Vol. 51, Iss. 1, pp. 167 – 168.
3. Agnes Gulyas, "Dilemmas of Transition: The Hungarian Experience," *Europe - Asia Studies*, May 2000, Vol. 52, Iss. 3, pp. 583 – 585.
4. Aleksander Pavkovic, "Yugoslavia and After: A Study in Fragmentation, Despair and Rebirth," *Europe - Asia Studies*, Dec. 1997, Vol. 49, Iss. 8, pp. 1546 – 1547.
5. Aleks Szczerbiak, "Social Costs of Transformation to a Market Economy in Post-Socialist Countries. The Case of Poland, the Czech Republic and Hungary," *Europe - Asia Studies*, Jun 2000, Vol. 52, Iss. 4, pp. 763 – 764.
6. Amuel P. Huntington, *The Clash of Civilizations and the Remaking of Word Order*, Simon & Schuster, 1996.
7. Andrei P. Tsygankov, "Hard-line Eurasianism and Russia's Contending Geopolitical Perspectives," *East European Quarterly*, Fall 1998, Vol. 32, Iss. 3, pp. 315 – 335.
8. Andrei P. Tsygankov, Pavel A. Tsygankov, "New directions in Russian international studies: pluralization, Westernization, and isolationism,"

Communist and Post-Communist Studies, 2004 (37), pp. 1 – 17.

9. Andrew Cottey, et al., "Civil-Military Relations in Post Communist Europe: Assessing the Transition," *European Security*, Mar. 2005, Vol. 14, Iss. 1, p. 1.

10. Anna Grzymala-Busse, Abby Innes, "Great Expectations: The EU and Domestic Political Competition in East Central Europe," *East European Politics and Societies*, Winter 2003, Vol. 17, Iss. 1, p. 64.

11. Anne Aldis, Graeme Herd, "Managing Soft Security Threats: Current Progress and Future Prospects," *European Security*, Spring 2004, Vol. 13, Iss. 1/2, p. 169.

12. Anne Myrjord, "Governance Beyond the Union: EU Boundaries in the Barents Euro-Arctic Region," *European Foreign Affairs Review*, 2003 (8), pp. 239 – 257.

13. Anonymous, "Building Blocks for Peace: Civil-military Interaction in Restoring Fractured Societies," *Europe - Asia Studies*, Jul. 1999, Vol. 51, Iss. 5, pp. 929 – 930.

14. Anonymous, "Enlarging the EU Eastwards," *Europe - Asia Studies*, Nov. 1998, Vol. 50, Iss. 7, p. 1305.

15. Anonymous, "Keeping the Peace in the CIS: The Evolution of Russian Policy," *Europe - Asia Studies*, May 2000, Vol. 52, Iss. 3, p. 595.

16. Anonymous, "Troubled Transition. Social Democracy in East Central Europe," *Europe - Asia Studies*, Mar. 2000, Vol. 52, Iss. 2, p. 397.

17. Anonymous, "World Order in History: Russia and the West," *Europe - Asia Studies*, Dec. 1998, Vol. 50, Iss. 8, p. 1513.

18. Antonio Missiroli, "European Security Policy: The Challenge of Coherence," *European Foreign Affairs Review*, 2001 (6), pp. 177 – 196.

19. Antonio Missiroli, "Ploughshares into Swords? Euros for European Defence," *European Foreign Affairs Review*, 2003 (8), pp. 5 – 33.

20. Antono Missiroli, "The European Union: Just a Regional Peacekeeper?" *European Foreign Affairs Review*, 2003 (8), pp. 493 – 503.

21. A. Pickel, "Transformation Theory: Scientic or Political?" *Communist and Post-Communist Studies*, 2002 (35), pp. 105 – 114.

22. A. P. Tsygankov, "Mastering Space in Eurasia: Russia's Geopolitical Thinking after the Soviet Break-up," *Communist and Post-Communist Studies*, 2003 (36), pp. 101 – 127.
23. "A SecureEurope in a Better World—European Security Strategy Brussels," http://www.europa.eu.int, 12 December, 2003.
24. Attila Agh, "Processes of democratization in the East Central European and Balkan States: Sovereignty-related Conficts in the Context of Europeanization," *Communist and Post-Communist Studies*, 1999 (32), pp. 263 – 279.
25. Attila Pok, "Atonement and Sacrifice Scapegoats in Modern Eastern and Central Europe," *East European Quarterly*, Winter 1998, Vol. 32, Iss. 4, pp. 531 – 549.
26. Aydin Babuna, "Nationalism and the Bosnian Muslims," *East European Quarterly*, Summer 1999, Vol. 33, Iss. 2, pp. 195 – 219.
27. Barnabas Racz, "The Hungarian Socialists in Opposition: Stagnation or Renaissance," *Europe - Asia Studies*, Mar. 2000, Vol. 52, Iss. 2, pp. 319 – 348.
28. Ben Soetendorp, "The EU's Involvement in the Israeli-Palestinian Peace Process: The Building of a Visible International Identity," *European Foreign Affairs Review*, 2002 (7), pp. 283 – 295.
29. Bruce George MP and John Borawski, "The Once Nacho, and European Security in the Twenty-first Century," ISIS Briefing Paper No. 17, http://www.isis-europe.org, January 1998.
30. Caius Dobrescu, "Conflict and Diversity in East European Nationalism, on the Basis of a Romanian Case Study," *East European Politics and Societies*, Summer 2003, Vol. 17, Iss. 3, p. 393.
31. Carol R. Saivetz, "Witnesses to the End of the Cold War," *Europe - Asia Studies*, May 1998, Vol. 50, Iss. 3, pp. 563 – 564.
32. Cas Mudde, "Racist Extremism in Central and Eastern Europe," *East European Politics and Societies*, Spring 2005, Vol. 19, Iss. 2, p. 161.
33. Ceslav Ciobanu, Mikhail Gorbachev, "The Decay of Socialism and the Renaissance of Eastern Europe: From the Perspective of an Insider," *East

European Politics and Societies, Winter 2004, Vol. 18, Iss. 1, p. 45.

34. Charles Bukowski, "Slovenia's Transition to Democracy: Theory and Practice," *East European Quarterly*, Spring 1999, Vol. 33, Iss. 1, pp. 69 - 97.

35. Charles King, "Europe from the Balkans to the Urals: The Disintegration of Yugoslavia and the Soviet Union," *Europe - Asia Studies*, Nov. 1997, Vol. 49, Iss. 7, pp. 1338 - 1339.

36. Charles Kovacs, "US-European Relations from the Twentieth to the Twenty-first Century," *European Foreign Affairs Review*, 2003 (8), pp. 435 - 455.

37. Christian Haerpfer, et al., "Old and New Security Issues in Post-Communist Eastern Europe: Results of an 11 Nation Study," *Europe-Asia Studies*, Sep. 1999, Vol. 51, Iss. 6, pp. 989 - 1011.

38. Christoph Bluth, "Europe: The Cold Divide," *Europe - Asia Studies*, Abingdon Dec. 1998, Vol. 50, Iss. 8, pp. 1492 - 1493.

39. Christopher Hill, "The EU's Capacity for Conflict Prevention," *European Foreign Affairs Review*, 2001 (6), pp. 315 - 333.

40. Claire Piana, "The EU's Decision-Making Process in the Common Foreign and Security Policy: The Case of the Former Yugoslav Republic of Macedonia," *European Foreign Affairs Review*, 2002 (7), pp. 209 - 226.

41. Colin Lawson, Douglas Saltmarshe, "Security and Economic Transition: Evidence from North Albania," *Europe - Asia Studies*, Jan. 2000, Vol. 52, Iss. 1, pp. 133 - 148.

42. "Common Actions and Positions Adopted During 2003 by the Council of the European Union in the Framework of the Common Foreign and Security Policy," *European Foreign Affairs Review*, 2004 (9), pp. 141 - 148.

43. C. Ross, "Putin's Federal Reforms and the Consolidation of Federalism in Russia: one step Forward, two steps back!" *Communist and Post-Communist Studies*, 2003 (36), pp. 29 - 47.

44. Damien Geradin and Nicolas Petit, "Competition Policy and the Euro-Mediterranean Partnership," *European Foreign Affairs Review*, 2003 (8), pp. 153 - 180.

45. Daniel Hamilton, "Three Strategic Challenges for a Global Transatlantic Partnership," *European Foreign Affairs Review*, 2003 (8), pp. 543 – 555.
46. Daniel S. Papp, *Contemporary International Relations*, Macmillan Publishing Company, 1988.
47. David Hannay, "Strengthening Europe's Role in World Affairs: Foreign Policy, Security and Immigration," *European Foreign Affairs Review*, 2002 (7), pp. 365 – 368.
48. David Phinnemore, "Stabilization and Association Agreements: Europe Agreements for the Western Balkans?" *European Foreign Affairs Review*, 2003 (8), pp. 77 – 103.
49. Dieter Mahncke, "Russia's Attitude to the European Security and Defence Policy," *European Foreign Affairs Review*, 2001 (6), pp. 427 – 436.
50. Dina Iordanova, "In the Wake of the Balkan Myth: Questions of Identity and Modernity," *Europe - Asia Studies*, Jun. 2000, Vol. 52, Iss. 4, pp. 773 – 774.
51. Dmitry V. Shlapentokh, "Eurasianism : Past and Present," *Communist and Post-Communist Studies*, 1997 (2), pp. 129 – 151.
52. D. Roderick Kiewiet, Mikhail G. Myagkov, "Are the Communists Dying out in Russia?" *Communist and Post-Communist Studies*, 2002 (35), pp. 39 – 50.
53. Eduard Gsolovyev, "Geopolitics in Russia—Science or Vocation?" *Communist and Post-Communist Studies*, 2004 (37), pp. 85 – 96.
54. Elisabeth Johansson-Nogués, "The Fifteen and the Accession States in the UN General Assembly : What Future for European Foreign Policy in the Coming Together of the 'Old' and the 'New' Europe?" *European Foreign Affairs Review*, 2004 (9), pp. 67 – 92.
55. Ellen Comisso, "The Consolidation of Democracy in East-Central Europe," *Europe - Asia Studies*, Nov. 1998, Vol. 50, Iss. 7, pp. 1287 – 1288.
56. Elspeth Guild, "International Terrorism and EU Immigration, Asylum and Borders Policy: The Unexpected Victims of 11 September 2001," *European Foreign Affairs Review*, 2003 (8), pp. 331 – 346.
57. Emil Kirchner and James Sperling, "The New Security Threats in Europe:

Theory and Evidence," *European Foreign Affairs Review*, 2002 (7), pp. 423 – 452.

58. Emil Kirchner, James Sperling, "The New Security Threats in Europe: Theory and Evidence," *European Foreign Affairs Review*, 2002 (7), pp. 423 – 452.

59. Eric Hanley, "Self-employment in Post-Communist Eastern Europe: a Refuge from Poverty or Road to Riches?" *Communist and Post-Communist Studies*, 2000 (33), pp. 379 – 402.

60. Eric Philippart, "The Euro-Mediterranean Partnership: A Critical Evaluation of an Ambitious Scheme," *European Foreign Affairs Review*, 2003 (8), pp. 201 – 220.

61. Erik Yesson, "NATO, EU and Russia: Reforming Europe's Security Institutions," *European Foreign Affairs Review*, 2001 (6), pp. 197 – 221.

62. Erzy Gierus, "Political Change in Eastern Europe Since 1989: Prospects for Liberal Democracy and a Market Economy," *Europe-Asia Studies*, May 1999, Vol. 51, Iss. 3, p. 518 – 519.

63. E'va Fodor, "Gender and the Experience of Poverty in Eastern Europe and Russia after 1989," *Communist and Post-Communist Studies*, 2002 (35), pp. 369 – 382.

64. Fotios Moustakis, "Soft Security Threats in the New Europe: The Case of the Balkan Region," *European Security*, Spring 2004, Vol. 13, Iss. 1/2, p. 139.

65. Frances Millard, "The Radical Right in Central and Eastern Europe Since 1989," *Europe - Asia Studies*, Jun 2000, Vol. 52, Iss. 4, pp. 774 – 775.

66. Frank Golczewski, "Central Europe. Enemies, Neighbors, Friends / Three Eras of Political Change in Eastern Europe," *Europe - Asia Studies*, May 1998, Vol. 50, Iss. 3, pp. 556 – 558.

67. Fulvio Attinà, "The Euro – Mediterranean Partnership Assessed: The Realist and Liberal Views," *European Foreign Affairs Review*, 2003 (8), pp. 181 – 199.

68. Gale Stokes, "For Democracy's Sake: Foundations and Democracy Assistance in Central Europe," *Europe - Asia Studies*, May 1998, Vol. 50, Iss. 3, pp. 558 – 560.

69. Gamze Avci, "Putting the Turkish EU Candidacy into Context," *European Foreign Affairs Review*, 2002 (7), pp. 91 – 110.

70. George Schopflin, "Ethnic Conflict in the Post-Soviet World: Case Studies and Analysi," *Euope - Asia Studies*, Dec. 1997, Vol. 49, Iss. 8, pp. 1557 – 1559.

71. Georgy Ganev, "Where Has Marxism Gone? Gauging the Impact of Alternative Ideas in Transition Bulgaria," *East European Politics and Societies*, Summer 2005, Vol. 19, Iss. 3, p. 443.

72. Gerhard Wagner, "Nationalism and Cultural Memory in Poland: The European Union Turns East," *International Journal of Politics, Culture and Society*, Winter 2003, Vol. 17, Iss. 2.

73. Geza Jeszenszky, "More Bosnians? National and Ethnic Tensions in the Post-Communist World," *East European Quarterly*, Fall 1997, Vol. 31, Iss. 3, pp. 283 – 301.

74. Gisela Müller-Brandeck-Bocquet, "The New CFSP and ESDP Decision-Making System of the European Union," *European Foreign Affairs Review*, 2002 (7), pp. 257 – 282.

75. Gisela Müller, "The New CFSP and ESDP Decision-Making System of the European Union," *European Foreign Affairs Review*, 2002 (7), pp. 257 – 282.

76. Glen Segell, "The Eastward Enlargement of the EU: A New Economic Diplomacy for a United Europe," *European Foreign Affairs Review*, 2000 (5), pp. 63 – 93.

77. Günter Verheugn, "The Enlargement of the European Union," *European Foreign Affairs Review*, 2000 (5), pp. 439 – 444.

78. Grassley Charlese, "Renewing The US – EU Trade Relationship," *European Foreign Affairs Review*, 2000 (5), pp. 445 – 451.

79. Hanspeter Neuhold, "Transatlantic Turbulences: Rift or Ripples?" *European Foreign Affairs Review*, 2003 (8), pp. 457 – 468.

80. Haralambos Kondonis, "Prospects for Balkan Cooperation after the Disintegration of Yugoslavia," *East European Quarterly*, Fall 1998, Vol. 32, Iss. 3, pp. 377 – 395.

81. Harley Balzar, "Russia's Politics of Uncertaint," *Europe - Asia Studies*, Nov. 1998, Vol. 50, Iss. 7, pp. 1283 – 1285.

82. Heather Grabbe, "How the EU Should Help Its Neighbours," http://www.cer.org.uk, June 2004.

83. Heinz Timmermann, "European-Russian Partnership: What Future?" *European Foreign Affairs Review*, 2000 (5), pp. 165 – 174.

84. Hugo Brady and Daniel Keohane, "Fighting Terrorism: the EU Needs a Strategy not a Shopping List," http://www.cer.org.uk, October 2005.

85. Ilter Turan, Dilek Barlas, "Turkish-Greek Balance: A Key to Peace and Cooperation in the Balkans," *East European Quarterly*, Winter 1998, Vol. 32, Iss. 4, pp. 469 – 489.

86. Irina Ivakhniouk, "Illegal migration: Russia", *European Security*, Spring 2004, Vol. 13, Iss. 1/2, p. 35.

87. Jack Clarke, "The United States, Europe, and Homeland Security: Seeing Soft Security Concerns Through a Counterterrorist Lens," *European Security*, Spring 2004, Vol. 13, Iss. 1/2, p. 117.

88. James Baxednale, "EU – Russia Relations: Is 2001 a Turning Point for Kaliningrad?" *European Foreign Affairs Review*, 2001 (6), pp. 437 – 464.

89. James Sherr, "Strengthening 'Soft' Security: What is to be Done?" *European Security*, Spring 2004, Vol. 13, Iss. 1/2, p. 157.

90. Jan Adam, "A Society Transformed: Hungary in Time-Space Perspective," *Europe - Asia Studies*, Sep. 2000, Vol. 52, Iss. 6, pp. 1168 – 1170.

91. Janusz Mucha, Marek S Szczepanski, "Polish Society in the Perspective of its Integration with the European Union," *East European Quarterly*, Winter 2001, Vol. 35, Iss 4, pp. 483 – 499.

92. Jarko Fidrmuc, "Trade Diversion in 'Left-outs' in Eastward Enlargement of the European Union: The Case of Slovakia," *Europe-Asia Studies*, Jun. 1999, Vol. 51, Iss. 4, pp. 633 – 645.

93. J. Beyer, "Please Invest in Our Country—How Successful Were the Tax Incentives for Foreign Investment in Transition Countries?" *Communist and Post-Communist Studies*, 2002 (35), pp. 191 – 211.

94. Jeffrey S. Lantis, "American Perspectives on the Transatlantic Security Agenda," *European Security*, Winter 2004, Vol. 13, Iss. 4, p. 361.

95. Jennifer D. P. Moroney, "Ukraine and European Security," *Europe - Asia Studies*, Jan. 2000, Vol. 52, Iss. 1, pp. 168 – 170.

96. Jerzy Jedlicki, "Historical Memory as a Source of Conficts in Eastern Europe," *Communist and Post-Communist Studies*, 1999 (32), pp. 225 – 232.

97. Jiri Sedivy, Marcin Zaborowski, "Old Europe, New Europe and Transatlantic Relations," *European Security*, Autumn 2004, Vol. 13, Iss. 3, p. 187.

98. Joanne van Selm, "Safe Third Countries. Extending the EU Asylum and Immigration Policies to Central and Eastern Europe," *Europe-Asia Studies*, May 2000, Vol. 52, Iss. 3, pp. 581582.

99. Joanne Van Selm-Thorburn, "The Challenge of East-West Migration for Poland," *Europe - Asia Studies*, Sep. 1999, Vol. 51, Iss. 6, pp. 1121 – 1122.

100. John Gledhill, "States of Contention: State-led Political Violence in Post-socialist Romania," *East European Politics and Societies*, Winter 2005, Vol. 19, Iss. 1, p. 76.

101. John Hiden, "Baltic Security. Looking Towards the 21st Century," *Europe-Asia Studies*, Jul. 1999, Vol. 51, Iss. 5, pp. 908 – 909.

102. John Lowenhardt, "Back to Europe: Central and Eastern Europe and the European Union," *Europe - Asia Studies*, May 1999, Vol. 51, Iss. 3, pp. 521 – 523.

103. John Lowenhardt, "Sub-regional Cooperation in the New Europe: Building Security, Prosperity and Solidarity from the Barents to the Black Sea," *Europe - Asia Studies*, Jul 1999, Vol. 51, Iss. 5, pp. 907 – 908.

104. John O'Loughlin, et al, "Russian Geopolitical Storylines and Public Opinion in the Wake of 9 – 11: a Critical Geopolitical Analysis and National Survey," *Communist and Post-Communist Studies*, 2004 (37), pp. 281 – 318.

105. John P. Willerton, "Russia and the New Regionalism—a Review

Article," *Europe - Asia Studies*, Jan. 1999, Vol. 51, Iss. 1, pp. 143 – 151.

106. John Russell, "Language and Society in Post-Communist Europe: Selected Papers from the Fifth World Congress of Central and East European Studies, Warsaw, 1995," *Europe - Asia Studies*, Mar. 2000, Vol. 52, Iss. 2, pp. 393 – 395.

107. John S. Dryzek, "The Experience of Democratization in Eastern Europe: Selected Papers from the Fifth World Congress of Central and East European Studies, Warsaw, 1995," *Europe - Asia Studies*, Jun. 2000, Vol. 52, Iss. 4, pp. 762 – 763.

108. John T. Ishiyama, "Regionalism and the Nationalization of the Legislative Vote in Post-communist Russian Politics," *Communist and Post-Communist Studies*, 2002 (35), pp. 155 – 168.

109. Jürgen Storbeck, "The European Union and Enlargement: Challenge and Opportunity for Europol in the Fight Against International Crime," *European Foreign Affairs Review*, 2003 (8), pp. 283 – 288.

110. Julian Lindley – French, "The Revolution in Security Affairs: Hard and Soft Security Dynamics in the 21st Century," *European Security*, Spring 2004, Vol. 13, Iss. 1/2, p. 1.

111. Julius Horvath, "EU Enlargement and Its, Macroeconomic Effects in Eastern Europe. Currencies, Prices. Investment and Competitiveness," *Europe-Asia Studies*, Mar. 2000, Vol. 52, Iss. 2, pp. 377 – 378.

112. Katinka Barysch and Heather Grabbe, "Who's Ready for EU Enlargement?" (Working paper), Centre for European Reform (CER), 2002.

113. Katinka Barysch, "East versus West? The European Economic and Social Model after Enlargement," http://www.cer.org.uk, 26th October 2005.

114. Katinka Barysch, Heather Grabbe and Steven Everts, "Why Europe Should Embrace Turkey," http://www.cer.org.uk, September 8th, 2005.

115. Kerry Longhurst, Marcin Zaborowski, "The future of European Security," *European Security*, Winter 2004, Vol. 13, Iss. 4, p. 381.

116. Klaus Becher, "Has-been, Wannabe, or Leader: Europe's Role in the World after the 2003 European Security Strategy," *European Security*, Winter 2004, Vol. 13, Iss. 4, p. 345.
117. Kristi Raik, "EU accession of Central and Eastern European Countries: Democracy and Integration as Conflicting Logics," *East European Politics and Societies*, Fall 2004, Vol. 18, Iss. 4, p. 567.
118. Laslo Sekelj, "The Return of the Left in Post-Communist States: Current Trends and Future Prospects," *Europe - Asia Studies*, Sep. 2000, Vol. 52, Iss. 6, pp. 1164 – 1166.
119. Laszlo Csaba, "Between Transition and EU Accession. Hungary at the Millennium," *Europe - Asia Studies*, Jul. 2000, Vol. 52, Iss. 5, pp. 805 – 827.
120. Leonid Ryabikhin, Jevgenia Viktorova, "Weapons Transfers as a Soft Security Issue in Eastern Europe: Legal and Illicit Aspects," *European Security*, Spring 2004, Vol. 13, Iss. 1/2, p. 73.
121. Lynn M. Tesser, "The Geopolitics of Tolerance: Minority Rights under EU Expansion in East-Central Europe," *East European Politics and Societies*, Summer 2003, Vol. 17, Iss. 3, p. 483.
122. Margotlight, et al., "Russian Perspectives on European Security," *European Foreign Affairs Review*, 2000 (5), pp. 489 – 505.
123. Margot Light, et al, "Russian Perspectives on European Security," *European Foreign Affairs Review*, 2000 (5), pp. 489 – 505.
124. Mark Leonard and Charles Grant, "Georgia and the EU: Can Europe's Neighbourhood Policy Deliver?" http://www.cer.org.uk, September 2005.
125. Mark Webber, "Third-Party Inclusion in European Security and Defence Policy: A Case Study of Russia," *European Foreign Affairs Review*, 2001 (6), pp. 407 – 426.
126. Matthew R. Auer, "The Historical Roots of Environmental Conflict in Estonia," *East European Quarterly*, Fall 1996, Vol. 30, Iss. 3, pp. 353 – 381.
127. MB Biskupski, "Eastern Europe in the Twentieth Century—and After Atlas

of Eastern Europe in the Twentieth Century," *Europe - Asia Studies*, Dec. 1998, Vol. 50, Iss. 8, pp. 1497 – 1499.

128. Michael Johns, "Do as I Say, not as I Do: The European Union, Eastern Europe and Minority Rights," *East European Politics and Societies*, Fall 2003, Vol. 17, Iss. 4, p. 682.

129. Mikhail A. Alexseev, Vladimir Vagin, "Russian regions in Expanding Europe: The Pskov Connection," *Europe - Asia Studies*, Jan. 1999, Vol. 51, Iss. 1, pp. 43 – 64.

130. "More Unity and More Diversity: The European Union's Biggest Enlargement," http://www.europa.eu.int/comm/publications, November 2003.

131. Nanette Neuwahl, "The Atlantic Alliance: For Better or for Wars," *European Foreign Affairs Review*, 2003 (8), pp. 427 – 434.

132. Nikolaos lavranos, "Europol and the Fight Against Terrorism," *European Foreign Affairs Review*, 2003 (8), pp. 259 – 275.

133. Oksana Stouppo: "Russia Faces NATO Expansion: Bearing Gifts or Bearing Arms," *Europe - Asia Studies*, Nov. 2000, Vol. 52, Iss. 7, pp. 1362 – 1363.

134. Ole Elgstrom, "Lomé and Post-Lomé: Asymmetric Negotiations and the Impact of Norms," *European Foreign Affairs Review*, 2000 (5), pp. 175 – 195.

135. Oleh Protsyk, "Domestic Political Institutions in Ukraine and Russia and Their Responses to EU Enlargement," *Communist and Post-Communist Studies*, 2003 (36), pp. 427 – 442.

136. Osvaldo Croci, "A Closer Look at the Changing Transatlantic Relationship," *European Foreign Affairs Review*, 2003 (8), pp. 469 – 491.

137. Paul Dukes, "We now Know: Rethinking Cold War History," *Europe - Asia Studies*, Jul. 1998, Vol. 50, Iss. 5, pp. 922 – 923.

138. Pavel A. Tsygankov, Andrei P. Tsygankov, "Dilemmas and Promises of Russian Liberalism," *Communist and Post-Communist Studies*, 2004 (37), pp. 53 – 70.

139. Peter J. Soderlund, "The Significance of Structural Power Resources in the Russian Bilateral Treaty Process 1994 – 1998," *Communist and Post-Communist Studies*, 2003 (36), pp. 311 – 324.

140. Peter Mair, "Popular Democracy and EU Enlargement," *East European Politics and Societies*, Winter 2003, Vol. 17, Iss. 1, p. 58.

141. Peter Van Elsuwege, "The Baltic States on the Road to EU Accession: Opportunities and Challenges," *European Foreign Affairs Review*, 2002 (7), pp. 171 – 192.

142. Piotr Nowina-Konopka, "Democratic Deficit: A European Scapegoat for Domestic Trouble," *European Foreign Affairs Review*, 2003 (8), pp. 1 – 4.

143. Raymond Pearson, "National Identities and Ethnic Minorities in Eastern Europe," *Europe - Asia Studies*, Jan. 1999, Vol. 51, Iss. 1, pp. 164 – 166.

144. Reinhardt Rummel, "From Weakness to Power with the ESDP?" *European Foreign Affairs Review*, 2002 (7), pp. 453 – 471.

145. Reneo Lukic, "The Fragmentation of Yugoslavia. Nationalism in a Multinational State," *Europe - Asia Studies*, Dec. 1997, Vol. 49, Iss. 8, pp. 1545 – 1546.

146. Ricardo Gomez and john Peterson, "The EU's Impossibly Busy Foreign Ministers: No One is in Control," *European Foreign Affairs Review*, 2001 (6), pp. 53 – 74.

147. Richard E. Rupp, "NATO Enlargement: All Aboard? Destination Unknown," *East European Quarterly*, Fall 2002, Vol. 36, Iss. 3, pp. 341 – 367.

148. Robert M. Bigler, "Back in Europe and Adjusting to the New Realities of the 1990's in Hungary," *East European Quarterly*, Summer 1996, Vol. 30, Iss. 2, pp. 205 – 235.

149. Robert Hislope, "Intra-ethnic Conflict in Croatia and Serbia: Flanking and the Consequences for Democracy," *East European Quarterly*, Winter 1996, Vol. 30, Iss. 4, pp. 471 – 501.

150. Robert Scharrenborg, "Collision and Collusion. The Strange Case of

Western Aid to Eastern Europe," *Europe -Asia Studies*, Dec. 1999, Vol. 51, Iss. 8, pp. 1491 – 1493.

151. Robert D. Greenberg, "Muslim Identity and the Balkan State / Whose Democracy? Nationalism, Religion and the Doctrine of Collective Rights in Post – 1989 Eastern Europe," *Europe - Asia Studies*, Mar. 1999, Vol. 51, Iss. 2, pp. 359 – 361.

152. Roderick Martin, "Central and Eastern Europe and the International Economy: The Limits to Globalisation," *Europe - Asia Studies*, Jan. 1998, Vol. 50, Iss. 1, pp. 7 – 26.

153. Roman Petrov, "Recent Developments in the Adaptation of Ukrainian Legislation to EU Law," *European Foreign Affairs Review*, 2003 (8), pp. 125 – 141.

154. Roman Petrov, "Recent Developments in the Adaptation of Ukrainian Legislation to EU Law," *European Foreign Affairs Review*, 2003 (8), pp. 125 – 141.

155. Roman Szporluk, "Nationalism in Eastern Europe: Causes and Consequences of the National Revivals and Conflicts in the Late-Twentieth – Century Eastern Europe," *Europe - Asia Studies*, Sep. 1998, Vol. 50, Iss. 6, pp. 1086 – 1087.

156. Rossen Vassilev, "Bulgaria's Ethnic Problems," *East European Quarterly*, Spring 2002, Vol. 36, Iss. 1, pp. 103 – 126.

157. Sean Hanley, "From Neo-liberalism to National Interests: Ideology, Strategy, and Party Development in the Euroscepticism of the Czech Right," *East European Politics and Societies*, Summer 2004, Vol. 18, Iss. 3, p. 513.

158. Sergej Flere, "The Impact of Religiosity upon Political Stands: Survey Findings from Seven Central European Countries," *East European Quarterly*, Summer 2001, Vol. 35, Iss. 2, pp. 183 – 200.

159. Shirin Akiner, "Security Politics in the Commonwealth of Independent States: The Southern Belt," *Europe - Asia Studies*, Sep. 1998, Vol. 50, Iss. 6, pp. 1089 – 1090.

160. Simon Duke, "CESDP: Nice's Overtrumped Success?" *European Foreign Affairs Review*, 2001 (6), pp. 155 – 175.

161. Stefan Auer, "Nationalism in Central Europe—A Chance or a Threat for the Emerging Liberal Democratic Order?" *East European Politics and Societies*, Spring 2000, Vol. 14, Iss. 2, p. 213.

162. Stefan Bojnec, "Trends in Development of Transition Countries: Characteristics and Possibilities of Slovenia in Comparison with Other Post-Communist Countries and the European Union," *Europe - Asia Studies*, Sep. 2000, Vol. 52, Iss. 6, pp. 1170 – 1171.

163. Stefan Toepler, Lester M. Salamon, "NGO Evelopment in Central and Eastern Europe: An Empirical Overview," *East European Quarterly*, Fall 2003, Vol. 37, Iss. 3, pp. 365 – 279.

164. Stephan Keukeleire, "Directorates in the CFSP/CESDP of the European Union: A Plea for Restricted Crisis Management Groups," *European Foreign Affairs Review*, 2001 (6), pp. 75 – 101.

165. Stephen Day, "The Post-Communist Era: Change and Continuity in Eastern Europe," *Europe - Asia Studies*, Sep. 2000, Vol. 52, Iss. 6, pp. 1162 – 1163.

166. Stephen Webber, "Russia and Europe: The Emerging Security Agenda," *Europe - Asia Studies*, Jan. 1998, Vol. 50, Iss. 1, pp. 168 – 169.

167. Steven Everts, "An Asset but not a Model: Turkey, the EU and the Wider Middle East," http://www.cer.org.uk, October 2004.

168. Suha Bolukbasi, "The Controversy over the Caspian Sea Mineral Resources: Conflicting Perceptions, Clashing Interests," *Europe - Asia Studies*, May 1998, Vol. 50, Iss. 3, pp. 397 – 414.

169. Sven Biscop, "In Search of a Strategic Concept for the ESDP," *European Foreign Affairs Review*, 2002 (7), pp. 473 – 490.

170. Tatyana A. Shakleyina, Aleksei D. Bogaturov, "The Russian Realist School of International Relations," *Communist and Post-Communist Studies*, 2004 (37), pp. 37 – 51.

171. Teija Tiilikainen, "To Be or Not to Be?: An Analysis of the Legal and Political Elements of Statehood in the EU's External Identity," *European*

Foreign Affairs Review, 2001 (6), pp. 223 – 241.

172. Teija Tiili Kainen, "To Be or Not to Be?: An Analysis of the Legal and Political Elements of Statehood in the EU's External Identity," *European Foreign Affairs Review*, 2001 (6), pp. 223 – 241.

173. The European Commission, "The European Union One Year after Enlargement Representing Peace, Freedom and Optimism," May 2005, http://europa.eu.int/comm/public_ opinion/index_ en.htm.

174. Thomas Jaeger, "Enhanced Cooperation in the Treaty of Nice and Flexibility in the Common Foreign and Security Policy," *European Foreign Affairs Review*, 2002 (7), pp. 297 – 316.

175. Timothy A. Byrnes, "The Catholic Church and Poland's Return to Europe," *East European Quarterly*, Winter 1996, Vol. 30, Iss. 4, pp. 433 – 449.

176. Todd Clark, "The Defense Industry in East-Central Europe: Restructuring and Conversi," *Europe - Asia Studies*, Jul. 1998, Vol. 50, Iss. 5, pp. 919 – 920.

177. Tomasz Zarycki, "Politics in the Periphery: Political Cleavages in Poland Interpreted in Their Historical and International Context," *Europe-Asia Studies*, Jul. 2000, Vol. 52, Iss. 5, pp. 851 – 884.

178. T. Mills Kelly, "America's First Attempt at Intervention in East Central Europe," *East European Quarterly*, Spring 1995, Vol. 29, Iss. 1, p. 1.

179. Valerie Bunce, "The National Idea: Imperial Legacies and Post-Communist Pathways in Eastern Europe," *East European Politics and Societies*, Summer 2005, Vol. 19, Iss. 3, p. 406.

180. Vladimir Shlapentokh, "'Old', 'New' and 'Post' Liberal Attitudes Toward the West: From Love to Hate," *Communist and Post-Communist Studies*, 1998 (3), pp. 199 – 216.

181. Vladimir Velebit, "Kosovo: A Case of Ethnic Change of Population," *East European Quarterly*, Summer 1999, Vol. 33, Iss. 2, pp. 177 – 185.

182. W. Brian Newsome, "'Dead Lands' or 'New Europe'? Reconstructing Europe, Reconfiguring Eastern Europe," *East European Quarterly*, Spring 2002, Vol. 36, Iss. 1, pp. 39 – 63.

183. William L. Miller, "Democratic Consolidation in East-Central Europe,"

Europe - Asia Studies, May 1999, Vol. 51, Iss. 3, pp. 520 – 521.

184. Yaroslav Bilinsky, "Ukraine under Kuchma: Political Reform, Economic Transformation and Security Policy in Independent Ukraine," Europe - Asia Studies, May 1998, Vol. 50, Iss. 3, pp. 550 – 552.

185. Ziya Onis, "Diverse but Converging Paths to European Union Membership: Poland and Turkey in Comparative Perspective," East European Politics and Societies, Summer 2004, Vol. 18, Iss. 3, p. 481.

英文杂志

1. Communist and Post-communist Studies
2. East European Politics and Societies
3. East European Quarterly
4. European Foreign Affairs Review
5. European Journal of Political Research
6. European Security
7. Europe-Asia Studies
8. International Affairs
9. International Journal of Politics, Culture and Society
10. Orbis

俄文文献

1. Людмила Воробьёва. Политические последствия расширения ЕС для России, международ-ная конференция "Европейская интеграция и Россия", 2003.

2. Шишков Ю. В. Орасширении ЕС и интересах России. Расширение ЕС: угроза или шанс для России?, 2002 В москве, www.rue.ru.

3. Интервью Президента Российской Федерации В. В. Путина телеканалу Финляндии "Юлейсрадио", Haaretz, 2001.08.31, http://www.strana.ru.

4. Путин нашел евросоюзников, Сегодня газета, 2001.03.24, http：//www. segodnya. ru.

相关网站

http：//ue. eu. int

http：//www. europa. eu. int/comm/enlargement

http：//www. eurunion. org

http：//www. cer. org. uk

http：//www. ceps. be

http：//www. theepc. be

http：//www. isis – europe. org

http：//www. delchn. cec. eu. int

http：//www. europanet. org

http：//www. wordingo. com

http：//ec. europa. eu/comm/enlargement/index_ en. htm

后 记

本书是在我的博士论文《欧盟东扩的安全因素分析》基础上修改而成的。在付梓之际,我由衷地感谢我的恩师李兴教授。李老师学问深厚,为人谦和,对学生更是平易近人。李老师因材施教,对不同的学生采取不同的教育方法。这一点我深有体会。我是跨专业学国际关系的。李老师要求我花一年左右时间读国际政治的经典教材和著作,同时加强国际关系理论与历史的学习,争取早进入状态。他用心良苦、不辞辛劳,几乎每周都要约我谈一谈学习体会和心得,且经常拿各种重大的国际新闻要求我进行分析,不厌其烦地教导我用国际政治思维方法思考问题,并不失时机地肯定我的点滴进步,从而逐渐地培育了我的学习兴趣和信心。对博士论文的写作,他提出"早选题,早动手",以便于我的学习逐渐集中、收集相关资料,鼓励我克服困难、理出思路。论文提纲一定下来,他又提出写作要求,要我一鼓作气完成,不追求字数,追求写作质量,留足时间修改,争取拿出八九万字的"干货"。论文从提纲到定稿,反复修改,字字句句都凝聚了导师的心血。老师的严格、严谨使我始终不敢懈怠,我也生怕辜负老师的教导和苦心。三年来,在导师的指导下,我逐步进入状态并按时、保质地完成了学位论文的写作。李老师对我言传身教,不仅教我做学问,也教我做人。他对学问的孜孜追求与严谨的治学态度,待人的坦诚和宽厚,以及淡泊名利的人生态度,对我影响深刻,使我受益终身。

感谢中国社会科学院郑羽研究员,中国人民大学陈新明教授,外交学院杨闯教授,中国政法大学卫灵教授,北京师范大学刘小林教授、张胜军教授等,他们对我的论文提出了许多宝贵的指导性意见。本书就是在答辩之后按照他们提出的意见加以修改和完善的。在此,我表示深深的谢意。师兄马勇、杜敬明在学习、生活等各方面都给予了我诸多帮助和关照，师妹赵臻为我收集俄文资料，为充实我的论文提供了有益的帮助。我非常感谢他们。

感谢南昌大学胡伯项教授、陈世润教授、胡传明教授等，他们是我的老师、领导和同事，多年来，他们为我提供了宝贵的理解和支持。胡传明老师还帮我审阅了书稿，提出了很好的修改意见。在此，我表示深深的谢意。

感谢南昌大学社科处和马克思主义学院的出版资助。社会科学文献出版社的李洋编辑和许玉燕编辑为本书的出版付出了辛勤劳动，提出了不少宝贵意见，我也表示诚挚的感谢。她们的热情和敬业精神给我留下了深刻的印象。

最后，我要感谢我的家人，感谢在我成长过程中所有帮助过我的人。他们的帮助和鼓励使我克服了无数的困难，他们的恩情永铭我心。由于自己疏懒和理论水平有限，不足之处，还敬请各位专家学者及读者批评指正。不胜感激。

易文彬
2013 年夏

图书在版编目（CIP）数据

欧盟东扩的安全因素分析/易文彬著. —北京：社会科学文献出版社，2013.9
ISBN 978-7-5097-4940-1

Ⅰ.①欧… Ⅱ.①易… Ⅲ.①欧洲国家联盟-国家安全-研究 Ⅳ.①D750.35

中国版本图书馆 CIP 数据核字（2013）第184356号

欧盟东扩的安全因素分析

著　者／易文彬

出　版　人／谢寿光
出　版　者／社会科学文献出版社
地　　　址／北京市西城区北三环中路甲29号院3号楼华龙大厦
邮政编码／100029

责任部门／全球与地区问题出版中心（010）59367004　　责任编辑／高明秀　许玉燕
电子信箱／bianyibu@ssap.cn　　责任校对／李若卉
项目统筹／王晓卿　李洋　　责任印制／岳阳
经　　　销／社会科学文献出版社市场营销中心（010）59367081　59367089
读者服务／读者服务中心（010）59367028

印　　装／北京季蜂印刷有限公司
开　　本／787mm×1092mm　1/16　　印　张／14
版　　次／2013年9月第1版　　字　数／237千字
印　　次／2013年9月第1次印刷
书　　号／ISBN 978-7-5097-4940-1
定　　价／49.00元

本书如有破损、缺页、装订错误，请与本社读者服务中心联系更换
版权所有　翻印必究